安保条約を解消し、豊かな福祉国家へ

はじめに

２００６年（平成18年）９月から始まった安倍晋三内閣の内政及びその強い支持の継承者である菅義偉、岸田文雄各内閣（以下、三首相の政策を「安倍派政治」と呼ぶ）は、戦後78年の日本の政治のそれなりの歴史的な功績を一挙に70年も逆回転させるような、戦後最悪の政権です。

端的に安倍派政治とは、日米安保条約の強化であり、経団連の強い指示に従い、国民生活レベルの低下・働き方・福祉・教育・医療・原発政策などのさらなる改悪です。しかし、それ以上に最も危険なことは、日本を米軍とともに対中、北朝鮮などの他国との間で戦争できるように誘導しつつあるものでもあります。

一方、２０２３年4月16日の報道では、ＥＵでにおいてビックニュースが二件報道されました。一つはドイツにおいて、4月15日に国内最後の原発が稼働停止したことです。停止理由につき、レムケドイツ環境相は記者会見で、ドイツでも原子力事故は制御不能、原発の存在は戦争時に標的になる、標的となれば防御策がない、原発廃棄物の処理方法がないなどを挙げ、決断の正しさを述べました。これに関連して、オーストリア、イタリア、スペインなども今後数十年以内に原発廃止を決定したとも伝えています。

二つ目は、フランスのマクロン首相は年金改正法において、２０２３年3月の国会で年金受給開始年齢を62歳から64歳へわずか二年先延ばしした強行採決をしました。するとフランス国民が一斉に抗議デモを開始し、一か月以上、連日１５０万人（内務省発表は38万人）もの人がストライキによる抗議活動を継続しているとのことです。

ドイツの原発停止の決定、フランスの抗議活動を行なう人たちを見ていると、日本との大きな落差を感じざるを得ません。

私はこの五十数年間、ごく普通の弁護士として職務を行なってきました。能力の限界を感じて3年ほど前に仕事を辞めましたが、その時、改めて現在の日本の政治状況に関心を持つようになりました。「でたらめな政治」（この表現は東京大学大学院教授小野塚知二氏の紙上発言）の原因を探ると、日本の近現代史に大きく関わるのではないかと思い、本書の作成動機に至ったのです。

日本の近現代史には実に色々な悲惨な事件、戦争があり、逆に良き文化、経済、民衆芸術などの時代があったといは言え、国民の幸せは時の為政者の良し悪しによる影響が大きいと感じました。

今日の日本は国民主権であり、間接的であるにせよ選挙で最高為政者を選出できる時代です。しからば選挙民は投票につき、婚戚関係、商売関係、身分関係、そのほかの利害関係など忖度にとらわれずに、自分自身の生活向上や将来の子どものため、次世代のために投票すべきが重要です。

このような気持ちを込めて、日本の現状と将来の問題を若い世代へ伝えたいと思い、本書を世間に問うた次第です。

第3章　日米安保条約批判　……　125

第4章　憲法第9条の堅持と改憲批判

第1章

安倍・菅・岸田政治の本質と総括的批判

1　現代自公政治の3大問題（日米安保条約、憲法改悪、新自由主義経済）

現在の我々日本国民の日常生活を取り巻き、強く影響を与えている政治社会問題を突きつめていくと、その根源に三つの大問題があると考えています。

身の回りには毎日、種々雑多なニュース、事件が多々発生しています。例えば、コロナ禍、憲法改正の是非、ウクライナ問題、いじめによる生徒の自殺、親による子どもへの虐待、政治の忖度発言、食品や生活必需品の一斉超値上げ、辺野古基地問題、３・11震災復興問題などです。

これら、種々雑多な問題の原因を突きつめていくと、私は結局三つの根本的な原因にいき着くと考えます。

第一は戦後の日本の政治、経済社会全般に覆いかぶさっている軍事同盟、つまり日米安保条約（本書では「安保条約」、「日米安軍事保条約」、「日米安保条約」とも言う）の存在と、その強化推進策の弊害です。

戦後70年余の間、敗戦により米国の占領統治から引き続き米国の日本全体に対する経済、社会、自衛隊運用などに対する支配は日々強化されつつあります。

安保条約を前提とした米国の貿易自由化の要求により、日本の経済は構造的に相当な損害を受けました。例を挙げるなら、社会保障、労働問題、福祉政策、食糧問題などのほかに、辺野古基地拡張、騒音問題、日本の空域制限・海域制限問題、米軍駐留経費負担、原発問題など、ことごとく米国との安保条約が直接、または間接的に原因となって国益、国民生活に多大な被害と損害が出ているのです。

この際、日本の経済、外交の真の独立のために、安保軍事体制からの脱却が必要であり、それはいかにすれば可能であるのか。これからの日本の最大の政治問題です。

第二の問題は、安倍・菅・岸田政権（以下、安倍派政治と呼ぶ）による憲法9条改悪の問題です。現在の平和憲法は、全国民の多くが先の戦争で無駄な死を招き、莫大な人的、財産的、精神的損害があって心からの強い反省のもとに、初めて獲得した世界的にもレベルの最も高い、尊い歴史的憲法です。

しかし、安倍派政治は現在、軍事同盟である安保条約推進及び経団連、右翼団体である日本会議の方針に従い、自衛隊の再軍備強化、自衛隊の憲法明記、戦力としての軍備増強、海外派兵を目的とし、戦前同様の強大な軍国主義国家の再来を目論でいます。

現在、日本はすでに世界で米、ソ、中、印に次いで第五位の軍事力を保持しています（2021年4月）。このまま安倍派政治を続投させれば、私たちの子ども、孫たちは再び兵隊として戦争に徴兵され、天皇のために犬死にせねばならぬことも十分にあり得るのです。この好戦的な安倍派政治の暴挙をいかにすれば阻止できるのか。

第三の問題は、日本も先頭に立って推し進めている、世界的経済政策である新自由主義経済政策による国民の格差、分断、貧困、福祉切捨て政策です。

新自由主義の思想は、その初期においてオーストリアのハイエクにより提唱されましたが、この新経済政策は、東西冷戦対立の解消（1991年）後、米国シカゴ大学のフリードマンにより資本主義体制の勝利による今後の世界経済政策として普及しました。

米国ワシントンの経済学者ジョン・ウイリアムソンが1989年に発表した論文が震源地となり、世界的に先進国、発展途上国へ新たな経済・政治政策として普及したので、「ワシントン・コンセンサス」とも言われています。

その主たる政策として10項目に要約されます。
・政府支出の抑制策としての各種福祉年金、保護費、補助金の削減
・大企業優遇の税制改革
・競争力ある為替レート（円高）の創出
・貿易の自由化推進
・公的事業の民営化
・各種規制の規制緩和
・その他

これらの基本政策につき、ワシントンに本部を持つＩＭＦ、世界銀行、米国財務省などはいずれも東西冷戦、ベルリンの壁崩壊後、欧米の自由主義国家がとるべき対外経済政策として掲げて推奨したものとして「小さな政府」、「規制緩和」、「市場原理」、「民営化」などを主な政策として実施してきました。

それにも関わらず、この新自由主義経済政策に対しては、一部の国々から強い反対論もあります。

その理由は、この政策が格差社会を生み出すことになり、マレーシアのＩＭＦ勧告拒否、ラテンアメリカやＥＵ諸国での「規制緩和」、「市場原理主義」への反対政策などがそれです。

日本では日米安保条約のもと、すべて米国の指示に従い、中曽根内閣以降、特に小泉、安倍、菅、岸田内閣では、新自由主義経済に基づいた政治、経済・社会政策が構造改革として強行されました。現在でも世界に類を見ない徹底的な規制緩和、民営化、貿易自由化（ＴＰＰ）などが強力に推し進められつつあるのです。

その背後には、経団連が自民党に多額な政治献金を行なって政策を金で買い（多額な政治献金をして

経団連の求める法人税減税、社会保障削減などの法律を作らせる）、経団連が最も望む政策である人件費削減策として非正規労働者の拡大が行なわれてきました。また、働き方改革による長時間労働、1億総働き社会、社会保障制度の削減もあります。そして、農水林業への大企業の進出によって、家族労働中心の農水林業の衰退や解体が進み、人口減少、地方の過疎化、格差社会が拡大するなど、国民生活全般に深刻な貧困化が現実化しつつあるのです。

以上の三大問題を整理しますと、

①外交問題としては、日米安保条約の強化・深化＝米軍基地問題、米国の従属政治、自主外交放棄など。

②国内問題としては、憲法第9条改悪手続き、海外派兵、軍事費拡大、福祉予算の大幅削減など。

③経済政策として新自由主義の徹底、非正規雇用、原発再稼働、貿易自由化、経済的格差問題など。

これら①〜③の基本的政策が今日の日本の経済活動、日常的国民生活、個人生活のストレス増大に大きな原因と影響を与えているのです。

さらに、①〜③には、日本の政治において内部・外部で密接な関連性があり、その根源的な影響力は日米安保条約の存在であると考えます。

安倍派政治は国民、国土の安全保障の大前提として、安保条約のさらなる強化を前提として、多数の米軍基地とともに、米国の核の傘下に収まり（①の点）、加えて、戦後自民党のナショナリズムと安倍内閣の急激な極右化と合体して自衛隊の合憲化を目指し、憲法改正問題が急浮上し（②の点）、さら米軍及び米国経済の従属化による経済政策として米国の要請する日本経済、社会全般の構造改革を受け入れ、新自由主義政策が採用、実施されているのです（③の点）。

この三点の根源的な政治・経済施策を通じて現代日本の政治上、経済上、社会生活上の諸問題を整理し、現代日本社会の現状の理解を探究し、現代日本社会の欠陥、今後の日本及び日本人の平和的な生活のあり方を改革・提言せんとするのが本稿の目的です。

換言すれば、安倍派政治の実態を暴露し、その反国民性を明らかにして岸田内閣の早期退陣とともに、日本の将来、即ち我々の子ども、孫たちに対して真っ当な政治、経済、社会の有意義な諸政策を早急に推し進めるには、どうすればよいかを考えてみたいのです。

2　安倍派治の基本的政策・特質とは何か

〈概要〉

安倍派政治の目指している根本的政策とは一体何でしょうか。その本質的概要を以下述べます。

一国の政治は大きくは内政と外交にわけて考えることができます。そして、日本では特に貿易立国であり、まず外交政策に規定されて、それに見合う内政が定まってくるのです。安倍派政治の違憲・不当な外交・内政の概要は、次のとおりです。

〈外交施策は日米安保条約に従う徹底的な米国従属主義〉

①防衛政策――自衛隊は今や日米安保条約に組み込まれ、世界第5位の軍備を保有し、米軍隊の一部として機能し、憲法上の「専守防衛」の範囲を越えて、米軍と一体化して積極的に海外派兵を進め、米国の世界制覇の一翼を担って戦争への道を歩みつつあるのです。原発再開・増設問題も米国の要請に

基づき、将来の原爆製造のためであり、「核兵器禁止条約」の署名拒否も原発問題との関連です。

②防衛費――限りない防衛予算の増大、1機約100億円以上のF35A・F5Bなどの爆買い、各戦闘機を計105機購入予定など、米国の言いなりに爆買いし、5年間で43兆円の防衛予算を計上し、その実現のために福祉予算を削減しているのです。

③憲法9条改悪政策――安保条約による米国の要請で集団的自衛権の閣議決定をなし、そのために自衛隊合憲化明記のための憲法改悪。

④沖縄などの米軍基地――「辺野古基地」は米国の太平洋、インド洋にて中国、ロシア、北朝鮮制圧のための基軸的多機能基地の新規大型基地設置工事であり、沖縄の普天間飛行場基地の代替基地のためでは決してありません。それゆえに、辺野古基地の成否は米国、安倍派ら保守政権、革新勢力三つ巴の歴史的闘いです。

⑤米軍機の騒音問題、落下事故、米兵刑事事件など――米軍駐留があるためのトラブルは、現在の日本政府や司法のコントロールが不能です。従属的な日米軍事条約のために、日本政府には人権侵害、不平等条約である行政協定の改定交渉をする意思すらないのは、安保条約や行政協定があるためにできないのです。今日の日本国内の多くのトラブルは日米軍事条約がその原因になっているのです。

（内政の政治・経済政策＝新自由主義経済＝アベノミクスの貫徹）

⑥巨大企業（経団連）の資本活動自由、倫理なき飽くなき利潤追求、利益追求放任の政策（過大な内部留保金の規制、課税ゼロ）、法人税減税、研究開発費減税、企業海外転出自由、国内産業の空洞化是認→雇用の喪失放置。

⑦金融・財政政策——金融緩和による超財政赤字（国債発行1000兆円以上）、株価・投資信託の高値操作、カジノ推進など金融商品の促進（安倍派政治の世論支持が目的）。

⑧労務政策——労働者の賃金（人件費）の限りない減額政策、「働かせ方改革」の強行、人材派遣会社の公認、非正規雇用の増大、偽装請負の増大、外国人実習労働者の酷使、「働らき方改革」（「死ぬまで働かせ改革」）の強行、無制限な時間外労働、教員の1年単位の変型労働制導入、連合労働組合の御用化・右傾化。

⑨社会福祉政策——大企業優遇のための国民負担額の年々の増大、給付額の削減、大企業負担軽減のための福祉政策＝医療負担増額、年金減額、介護保険適用の削減と介護費負担増大。

⑩教育の統制介入政策——大企業に素直に従う人材・労働者育成（道徳教科、教科書検定の強化）、教育基本法の改悪、教員資格の10年更新制度改悪など。

⑪行政事務の民間委託——大学共通一次試験の民間委託、行政事務の「特定指定業者」委託、水道事業の民間委託など。

これらの施策は新自由主義経済の貫徹、国家予算負担の軽減（小さな政府）、大企業の減税、公共事業拡大など、大企業優遇策などを目的としたいずれも新自由主義経済の施策です。

国政全般の支配体制

①内閣府の支配強化——「内閣人事局」の設置で各省幹部の人事権掌握（忖度、ヒラメ公務員の育成）、最高裁裁判官15名全員の安倍首相の任命（最高裁の支配＝新自由主義政策の最終的な貫徹、ヒラメ裁判官の育成）、自民党議員の公認権掌握（ヒラメ自民党議員確保）、デジタル政策の実施。ＮＨＫ、四大新

聞など全マスコミの不当介入、マスコミ支配、日本学術会議委員任命拒否。
②全産業の規制緩和、支配体制——農業・林業・漁業各協同組合の解体、関税撤廃・外国産品輸入。
③社会的不景気、閉塞感の増大——ストレス社会、自殺者・引き籠り・死刑を求める凶悪犯罪の増大。
④安倍派政治の権力の私的悪用——国政の私物化（モリ・かけ・サクラ問題、菅長男の「東北新社」入社問題）。

このように、ほぼ全部の国策が上記①、②、③に密接に結びついた多くの政治・経済・社会問題が発生し、これも右傾化政策の推進でいまや三権分立さえも危ういのです。即ち、安倍派政治は総理大臣としての行政権を最強国家権力となして、国会議員に対してはその選挙候補者の公認権を濫用し、司法に対しては最高裁裁判官の任命権を握り、最高裁事務総局を通じて全裁判官の人事権を配下に従え、独裁政治を日々強行しつつあるのです。ただし、検察権業務の掌握（検事総長の支配）は、黒川検事長問題で野望は失敗に終わっています。

国民一人一人の日々の経済・福祉生活は政治に絶大な影響を受けているのであり、その政治が独裁政治であれば、その悪影響は計りしれないものがあります。上記のような現代の安倍派政治の実態、特徴をさら詳論すれば、次のとおり整理されると考えます。

政治的思想性（極右皇道派＝歴史修正主義）

安倍派政治は極右皇道派（日本会議）を信条とし、これからの日本を戦前の軍事一等国にせんと目指しています。換言すれば、安倍派政治は「皇国史観」を中心とする「歴史修正主義」に徹する政治的思想に基づいているのです。

歴史を偽る「歴史修正主義者」には共通する政治思想があり、その共通する主なキーワードは次のとおりです。

・天皇の「国体」維持（天皇主権主義）という特殊な価値観。
・自主憲法制定論（ＧＨＱの押しつけ憲法論）。
・極東国際軍事裁判の否定。
・朝鮮など東南アジア諸国の侵略を、大東亜共栄圏創立として賛美肯定。
・神話から始まる「皇国史観」は、史実に基づいた近代科学の「歴史学」の否定。

右記は天皇制と旧日本帝国憲法を正当化する虚構のイデオロギーです。

その政治的思想普及の活動組織としては、「日本会議」、「神道連盟」であり、それは極右皇道思想を強く信奉するもので、戦前回帰の特異な極右思想性によっています。

「日本会議」、「神道連盟」の目的とするところは、戦前の「万系一世の天皇制」維持を標榜し、男系天皇を中心とし国民全体を「家庭→国→天皇」という家父長制の大家族とする封建的社会の思想です。

歴史修正主義者の特に強調する「国体維持」について述べれば次のとおりです。「国体」とは「万系一世の天皇制」（神代の昔から天皇制は世界で唯一継続している支配者であること）を意味します。ところが、戦後の新憲法で天皇の地位は「絶対的な国家の権力的支配者」から「象徴としての地位」に格下げされてしまい「権力的支配権」を失いました。そこで歴史修正主義者は少なくとも天皇につき「権威的支配者」たる地位を回復せんとしているのです。そのために歴史修正主義者は天皇を「元首」にしたい、元号の維持、国歌斉唱、国旗掲揚を義務化せよと迫っています。

これを政治学の点から述べれば、近代国家以前の国家では「権威的支配」と「権力的支配」が王家、封建領主などに合体化した国家構造となっていましたが、近代的国家の構造は「権威的権力支配」は解体または変容して「権力的支配力」のみが自立した構造となっているのです。

現在の日本の国家構造は新憲法により、国民主権のもとで「権力的支配力」が三権分立のもとで運営され、国の最高機関は「国会」であり（憲法第41条）、内閣は国会に対して責任を負う（同66条3項）と定められています。しかし、今やこれもやや建前論となり、実際は行政権（内閣総理大臣）が絶大な権力的支配力を振るっていること、「象徴天皇」と言っても歴史修正主義者の利用により「権威的権力」が意味づられて復活、横行しているのです。

その思想の背後に、日本国家として軍事一等国の覇権主義を目指し、安倍派政治の軍事、教育行政もそこを目的にしているのです。

２０１９年10月2日、組閣の第4次安倍内閣では、大臣25名のうち22名が日本会議の役員または会員であり、神道政治盟会員は同じく22名です。副大臣25名中15名が同じく日本会議議員連盟会員、17名が神道連盟会員でした。

このような極端に異常な神道の宗教的色彩の濃い内閣は、従来の自民党の保守本流の思想とも無関係です。その狂信性は、悪名高いナチスのユダヤ人蔑視などの人種思想や、近時の麻原彰晃によるオウム真理教の狂信性に類似した特異性があります。

安倍派政治の信教の自由は認めるとしても、一国の総理大臣がこのような特異な宗教的右翼政治思想により、政治全体を統治せんとすることは絶対にあってはならないことで、安倍晋三・菅　義偉両氏は思想的な危険人物であり総理大臣としては当然、失格者であると言わねばなりません。２０２１年10月

4日発足の岸田内閣では、20名の大臣のうち日本会議の会員数は14名、神道連盟会員は17名であり、安倍内閣より少ないとは言え、過半数をはるかに超えており、実質は安倍右翼内閣と同質でと言わねばならないのです。

歴史修正主義について過看できない問題点として、極東国際軍事裁判の否定があります。換言すれば、戦勝国の敗戦国に対する裁判は認めないということであり、ひいては日本国の「戦争責任」を否定することに通ずることにもなります。

歴史修正主義者は、第二次大戦を東南アジア諸国の解放の聖戦とし、「敗北」を認めることは「自虐史観」として否定しているのです。しかし、日本が第二次世界大戦によって、特に東南アジア諸国、特に中国、南北朝鮮に対する軍事的侵略行為を行ない、約2000万人もの人命犠牲者を出したことは明白であり、この戦争責任について日本政府は歴史的事実を正面から教訓として受け止め、被害諸国とその認識を共有してこそ、将来の平和的関係が形成され得ると考えます。

さらに、歴史修正主義者の重大な問題点は、教育行政における反動教育の推進です。戦前の教育が若い学徒にどのような重大な影響を及ぼしたかにつき、第二次世界大戦の末期、次の事例を見逃すことはできません。大戦末期には承知のように、日本陸海軍は敵の攻撃に「神風特別特攻隊」や「人間魚雷」が何千回も使われました。この特攻隊員らはいずれも特に10代から20歳位の若い兵士が選ばれました。彼らはどのように心を整理し、どのような苦悶、決断、片道切符で敵艦隊に激突する狂行したのでしょうか。私は長らく疑問に思っていました。一つの鍵を解くヒントを「教育勅語」の厳しい特訓から見出すことができます。

教育勅語は明治憲法発布の翌年である明治23年10月30日に公布され、同時に日本全国のすべての学校にその勅語謄本（写し）が配布されました。教育勅語の特徴は、実に巧妙に作られているのです。即ち、片や「父母に孝行を尽くし、兄弟姉妹は仲よく、夫婦は睦合い、人々には慈愛を及ぼし、学問をよく修めて、善良有為の人となれ……」と、自然法的な良識を一方では説きながら、他方、そのような人格陶冶《とうや》のすべての目標は「万一危急が起きたら、大義に従い蛮勇を奮い起こして一身を皇室・国家のために尽くせよ」と、天皇への忠実なる臣民であることを求めているのです。

　結局、教育勅語は国民がはるか昔から天皇の家臣（一族、家来）であり、教育の根本は国家一大事の際には、天皇のために命を賭けて国体維持に尽せとの教えなのです。教育勅語の全国の尋常小学校での遵守義務は次の様に行なわれました。

・毎朝、授業開始前、天皇・皇后陛下の「御真影」に向かって全教員、全生徒の最拝礼。
・祝祭日に教員、児童の強制登校で儀式を行ない、校長の奉読、訓示、君が代斉唱など。
・修身授業で通釈授業（4年生以上の修身教科書に教育勅語全文掲載、全文暗唱義務）。
・校長の「御真影」、「勅語謄本」の絶対的保管義務。
・御真影と勅語謄本を納めた耐火製「奉案殿」前の歩行時には最敬礼。

　右記の励行は厳格な遵守義務であり、例えば学校校舎の火災で御真影などが焼失すれば、校長の責任は重大でした。作家の久米正雄の父は長野県上田の小学校校長の際、御真影などが焼失し、その責任をとって割腹自殺をしています。明治43年から昭和21年の間に学校火災により御真影などが27件焼失し、27名の校長が殉職していると言います。

　さらに、明治43年、内村鑑三氏は当時第一高等中学校（後の東京大学教養学部の前身）の嘱託教員でしたが、「勅語奉読式」の際、キリスト教の良心から深く拝礼せず、少しだけ頭を下げたことが不敬事件として問題になり、結局、依願解職となったのです。

このような命を賭けて天皇崇拝の強要が明治23年から昭和20年の敗戦まで50年間以上も生徒、教師、全国民に強いられていた教育から「神風特攻隊」、「人間魚雷」の実行のような、天皇のために進んで自らの命を自爆即死する決意が可能となったものと考えます。

今次、また安倍晋三氏は「憲法や教育基本法に違反しない形で「教育勅語」を教材として使うことは否定しない」と述べているのです。とんでもない時代錯誤の暴言と言うべきです。

自民党は結党時から、特に安倍派政治は歴史修正主義者の内閣です。

その具体例として教科書問題があります。自民党政府が進める教科書検定において、歴史修正主義に基づく教科書、特に社会科教科書（自由社版、育鵬社版、旧扶桑社版）では特徴的に次のような教科書の事例記述があります。
・「戦後の民主化」政策を独立項目とせず、戦前と戦後社会との違いの理解は困難。
・太平洋戦争につき、天皇の宣戦布告は記載なく、敗戦を「天皇の聖断」と記載。
・新憲法はＧＨＱの押しつけ憲法と強弁している。事実は日本側提出の案文も考慮して作成。
・旧憲法の理念（天皇尊重、自衛隊強化など）を肯定し、新憲法の理念を否定する。
このような誤った史実の教科書を検定合格として小・中・高の教科書として使い、若い人に右翼的教育を行なっているのです。最新事例としては、２０１８年から小学校で道徳教育が正式教科となり、指導要領では「国を愛すること」と定めました。教育者の検定基準では、「政府見解に基づく記述」が義務化されました。ここにも教育現場で歴史修正が行なわれ、日本の民主化を妨害している政策がまかりとおり、歴史修正主義者の誤った歴史の普及原因があるのです。

外交政策――日米安保条約に隷属した徹底的な米国従属主義

安倍派政治の外交政策は日米安保条約を絶対視し、これまた狂信的な米国一辺倒の従属外交で、沖縄の辺野古基地闘争に象徴されるように、沖縄県民をはじめ全国民の平穏な生活よりも、米国の世界制覇の外交に追従しているのです。安倍派政治の外交は米国の世界覇者外交戦略に引きずられて、近隣諸国である韓国、北朝鮮、中国などとの関係悪化を一顧もせず、その結果、経済面でも国内産業に大きなダメージを日々与えているのです。

自衛隊の戦闘機保有状況は、憲法所定の「専守防衛」の範囲を大幅に逸脱して、現在世界第5位の軍備を保有し、さらに毎年、軍事費予算増額の新記録を更新しています。2020年予算では、1機107億円ものF35Aステルス戦闘機を105機、(計1兆1235億円)、1機138億円のF35B戦闘42機(計5796億円)を合わせて147機、その維持費を入れて合計6兆6000億円を超える爆買をしているのです。その結果として、一定額の国家収入の中での予算配分では福祉予算、即ち年金、介護保険、医療費などの保険料額負担増、給付金の削減を徹底的に推し進めているのです。

自衛隊は米軍と一体化・従属化し(自衛隊の事実上の最高指揮官は米軍太平洋最高司令官です)、太平洋、インド洋を支配せんとし、中国、ロシア、イランなどの共同制圧軍事訓練行動を行なっています。また、重大なことに早くもアラビア半島のジプチに自衛隊の海外軍事基地第一号が常設されています。

沖縄の辺野古基地建設は、このような東アジアの広範囲な守備地域に多機能防衛が対応できる大型基軸多目的新基地建設が目的であり、決して普天間基地の代替基地ではないのです。

その裏づけとして、近時、対外防衛のさらなる沖縄基地周辺の強化策として、鹿児島県奄美諸島、沖縄県の先島諸島である「与那国」、「宮古島」、「石垣島」、「馬毛島」、「奄美大島」などへの自衛隊基地(やがては日米共同使用基地となる）の新軍事基地建設に強行着手しているのです。

原子力発電について述べれば、日本の原子力発電の再開・継続は実は日米安保条約に基づき制定された１９５５年開始の「日米原子力協定」により実施されているのです。

日本と米国との原子力協定はほかの約30か国とのそれと異なり、特に「プルトニュム濃縮技術」と燃料廃棄物からのプルトニュウム再生技術の二つが認められています。プルトニュウムを使用した原発、即ち「プルサーマル原発」は、容易に原子爆弾製造に転用できることから、米国からの期待もあって、将来日本がいざというときには原爆製造に備えているからです。

そのこともあって、現在の日本政府は原子力発電も廃止できず、さら国連の核兵器廃絶署名にも署名できず、核兵器所持国と非所持国との「橋渡し役」をしたい、「核の傘」の抑止力を維持したいなど言いながら、広島県出身の首相にあるまじき背信的な態度をとっているのです。

本来、敗戦国である日本の基本的外交重要方針は、国連中心主義であるべきで、紛争の解決は協議による「平和外交」です。これに反し現在の日本の外交施策は国連が関知しない米国中心の好戦的な「有志連合」に属する「軍備強化のバランス外交」、「武力による戦闘威嚇による解決」方法なのです。

日本は現在、米国との安保条約のもとに、米国の従属下で後者の「武力による紛争解決外交」＝「核の傘下での核抑止力外交」を進めているのです。第一次大戦、第二次大戦を経験した現在では当然のことながら、国連中心の協議解決による平和外交を展開すべきと考えます。

ところが、安倍派政治はトランプ元大統領の米国に莫大な利益をもたらす武器セールスに易々と利用され、米国から１機　１３３億円もするＦ35Ｂ戦闘機をはじめその他イージス・アショア２基、オスプレイ17機、早期警戒機など計約７兆円を超える爆買をしました。愚かにも多額の税金を使って、軍備増強、力の外交一点張りの国防予算を展開しているのです。このような安倍派政治の外交は最も危険であり、ただちに中止すべきです。ＡＳＥＡＮ（東南アジア諸国連合）の如く近隣諸国との平和外交にこそ見習うべきと考えます。

国内政治――問題は「経団連」従属の大企業最優先、「金融政策」重視の新自由主義経済

新自由主義経済政策は、従来の資本主義と異なります。「新」自由主義と言われる所以は、単に「規制緩和」、「事業の民営化」、「小さな政府」と言われることではなく、その本質は「資本企業同士が合併を繰り返して限りない大資本となり競争し、その結果、金融資本中心の巨大化、巨大多国籍企業（グローバル化）の放任と政府の積極的援助」です。その結果「中小企業・個人企業の無視、一般国民の生活費である人件費の限りない削減、年金、医療、介護などのすべての福祉予算の切捨て」、「国民の経済的差別拡大政策」、「大多数の国民の貧困化」をもたらしたのが「新自由主義経済」なのです。岸田政治は、まさにこのような新自由主義経済政策を現在もなお精力的に推し進めているのです。

〈三本の矢〉

安倍派政治はバブル崩壊後の失われた平成不況30年を脱却すべく、１９８１年のレーガン大統領の経済政策であった「レーガノミクス」の猿真似のネーミングとして「アベノミクス」と称し、三本の矢の政策を推進しました。

第一の矢は「金融政策の緩和策」です。この政策は市場に大量の紙幣を流通させて景気の上昇（目標は２％の物価上昇）を目指しましたが、景気は上昇せぬばかりか、投資先を失った大量の貨幣が「内

部留保金」として大企業が500兆円を超える膨大な使途不能金を懐に溜めこみました（2021年）。また、日本銀行は内部にだぶついた増発資金で国債を購入し、その国債購入高も560兆円（2023年1月）も積みあがってデフレ解消には何ら役立たずに眠っているのです。

第二の矢は、景気浮上策としての「財政再建」策ですが、その内容は国の軍事、公共財政支出の増加を中心に、経団連からの強い要請を受けて「低賃金による人件費削減、雇用の名目拡大策」が進められ「働き方改革」が強力に進められました。その結果、労働基準法の改悪と違反により労基法がボロボロとなり、さら非人間的な搾取強化の「人材派遣業」が公認され、「派遣社員、非正規雇用制度」の強化を推進しました。その結果、実質賃金の低下、長時間労働のために労働者の賃金は低減し、不況脱却に必要な「需要の圧力」（消費の購買力）は減殺されるばかりで、デフレ（不況）からの脱却はならず、格差拡大をもたらしたのです。

第三の矢の「成長戦略」は、その具体策が全く見出せず、ただ軍備の爆買い、リニア鉄道推進援助、カジノ賭博の導入支援などを企てるも、成長戦略の効果はなく失敗し、日本の経済成長率は世界最低レベルとなっているのです。

その結果、特に不況の製造業では騙しても利益を上げる詐欺的商法がはびこり、またペーパーのみの価値である株式、投資信託など金融商品の推進、乱売及び不動産の取引への転換がはびこり、株式、不動産ミニバブルも見られ、その他景気浮上のために原発再稼働推進、海外輸出用の兵器産業などによる景気刺激にわずかな頼みをかけているのが現状です。

以上のようにアベノミクスの三本の矢の政策はことごとく失敗したのです。

この点につき、東京工科大学名誉教授工藤昌宏氏は「安倍政治失敗七つの原因」として次の様に簡潔にまとめています。
・日本経済の停滞原因は経済劣化による「需要不足」にあるのに、金銭の流通不足にあると誤認したこと。
・金融緩和策で世の中にお金を流せば、経済停滞から脱却できると短絡的思考であったこと。
・金融緩和策でお金を流せば景気刺激となり2％の物価が上がると誤認したこと。実際は内部留保金のみが超増大し、景気回復せず物価上昇もなく逆に雇用も設備投資も低迷しています。
・金融政策の効果は限定的であるのに、誤認して過大評価し、よって設備投資、賃金の回復力はありません。
・経済停滞下での消費税値上げを2回行なう。これは安倍元首相の金融政策と矛盾する経済低迷政策。
・金融緩和で溢れた資金が株や相場に流れて、実体経済を隠し覆いかぶせて、貧富の格差拡大ともなる。
・2018年年1月に発覚した実質賃金の統計偽装を行って国民を欺き、日本経済の先行きを深刻化した。

以上のとおり、安倍政治の8年半は誤った悪政治で国民をさらに混迷の生活に追いやったのです。

（政府の株価操作）

安倍派政治の金融政策の歪みとしては、①日銀に大量の国債を買い取らせて、市中に貨幣を送り込んでいます。日銀は本来、中央銀行として投資信託のようなリスクのある資産保有は禁じ手なのですが、その禁じ手に手を出し、あえて「年金積立金管理運用独立行政法人」（ＧＰＩＦ）を設立し、国民からの年金預り金を元手として株式買い取りを行なっています。その額は２０１９年9月時点で約70兆円にもなり、この70兆円は全株式時価総額の約11％となり、安倍政権発足時の公的マネーの約4・6倍です。この結果、日経平均株価は2倍に上昇していますが、その実態は実体商品のないアブク表示株価なのです。ですからいつ暴落するかわかりません。

安倍政権がこれまで何とか作為的な世論調査で支持を得ていた原因は、株価の人為的な操作による株価上昇の結果であり、一定の支持率は大企業、富裕層の株、投資信託の売買によるアブク資産増加なのです。片や、この異次元の金融の超緩和により、国家の財政収支バランスは国の借金が1000兆円以上の赤字であり、このすべてを次世代に背負わせています。また、大企業の純益の社内積立金である「内部留保金」は約500兆円以上に膨らみ、内部留保金の存在、市中資金のだぶつきで銀行金利は低下、マイナス化して、銀行の民間への貸付金利収入の大幅低下、不景気による融資先激減などで大手銀行、地方銀行の経営は追いつめられているのです。

このような不況の中で、安倍元首相は経団連の強い要望もあり、消費税収入増大を目論んで2019年10月1日より消費税を10％に上げて、さら景気低迷政策を選択したのです。総理大臣でありながら、安倍元首相は政治経済政策の無教養、無知であることが証明されました。

〈消費税〉

消費税とは一体どんな税金なのでしょうか。

まず一般論として、誰からどんな税金を徴収するか、即ち何を税源とするかは、時の政府の税務行政の判断です。

例えば、1990年のドイツの東西併合の際は東西の間に経済格差がひどく、統一するには東ドイツ経済を支援する必要がありました。そのために政府の税務対策としてドイツ全国民に5・5％という高率の「連帯税」が新設され、2019年まで国民から徴収が続いた例があります。

税源の一般論として、国民に、どのような税金を課すかという考え方の基本は「応能負担の原則」（税金支払を負担できる経済力のある人――高額所得者、高額資産家などから徴収・負担してもらう）及び「受益者負担の原則」（経済的利益を受けた人――例えば多額の相続財産を受けた人、事業で利益（所得）を得た人からその受益の一定率を税金として負担してもらう）二つが税金財源のあり方の大原則です。

これに照らして「消費税」の税源の適否を考えてみるに、「消費税」は支払能力の有無、支払者の受益、貧富を問わず全国民から生活必需品の購入、企業の生産材料の必要不可欠な売買行為（取引）のたびに一律に一定率を徴収する「取引税」であることがわかります。

従って、一般国民の生活者・消費者にとっては、生活物資（食料品、衣料品、日常雑貨品）などの購入、企業の原材料費の購入はあっても、その売買につき購入者に特段の利益が発生するわけではありません。よって「応能負担の原則」、「受益者負担の原則」の観点から考えても、「消費税」徴収は税源としてその合理的根拠がなく、逆に消費税負担のために食料品などの「取引」を減少させる効果があり、経済循環を鈍らせる悪影響を及ぼすのです。

しかし、自民党政府は消費税を1989年（平成元年）4月1日以降「3％→5％→8％→10％」と、徐々に徴収を高めてきたのであり、次は消費税15％と言われています。

自民党政権はなぜ、合理的な根拠に欠ける「消費税」の高額徴収にこだわるのか。これには二つの理由があります。一つは経団連の要請により「応能負担」、「受益者負担」の多くの該当者である資産家、富裕層、大資本企業などには減税優先で、正当な税金徴収は極力抑えられており、その抑制分だけ国家の税収が減少するために、消費税の徴収でカバーするのです。二つ目には、軍事費など莫大な国家支出（現在の国家予算は年々増加し100兆円を超えている）が必要であるため、正当な税金徴収の大原則をあえて無視して、一般国民も含めて一律に根拠のない「消費税」の徴収を強行しているのです。

また、「消費税」は貧富を問わず一律に課税するもので不合理な税源であるばかりか、結果的には貧者から富裕者への富の再分配機能が働き、税源とするには極めて不合理な悪税と言われているのです。

消費税のない国があります。代表はアメリカ合衆国で、国税として消費税はありません。州レベルで3%～7%のところもありますが、オレゴン州、モンタナ州、ニューハンプシャー州などは消費税0%です。その他、サウジアラビア、クェート、オマーンでも消費税は0%です。然るに日本では消費税を3%→5%→8%→10%と上げてきました。このうち、安倍内閣は経団連の強い要請により消費税を5%→8%→10%と2回にわたりに大幅アップしたのです。そのために現在、国家の税収としては法人税収入より消費税収入の方が多い不合理があるのです。

（働かせ方改革、福祉政策低下）

安倍内閣の経団連要請による強権的な利益獲得増大の新自由主義経済政策の強行方法として、人件費削減策の「働かせ改革」があります。詳細は第5章で述べますが、経団連の強い要請により「人件費削減」を目的としてこれを「働き方改革」との美名（実態は詐欺的な「働かせ方改革」）のもとに大宣伝しているのです。しかし、その実態は非正規雇用、派遣社員、契約社員、パートなどは身分が不安定で、低賃金労働者である「隠れた失業者」とも言われ、その急激な増大が発生しています。現在、男子労働者の40％、女子労働者の実に70％が非正規雇用者なのです。片や、正社員についても非正規雇用者がいるために、労働者の多くが低賃金で会社の業務命令により長時間強制労働を強いられて、うつ病になって自殺、過労死、事故死などが頻繁に発生しています。

また、安倍内閣は日本が世界で一番企業活動がしやすい国にするとの経済方針を掲げ、世界にも稀な大資本企業の優遇政策（法人税の減額など）の数々をなし、経団連の無軌道な利潤追求要求に協力しているのです。

その結果、日本の多国籍大企業（代表はトヨタ、日立、東芝、三菱重工業など）は、人件費の低額な東南アジア（インド、タイ、ベトナム、インドネシアなど）の地域に生産工場を海外移転し、政府も工場の国外移転を積極的に認め、そのために日本国内の製造業企業、そこで働く国内雇用者の空洞化がどんどん進んでいるのです。

さらに、介護施設が不足し高齢者が自宅で孤独死したり、介護者の給与が低額または介護士不足で老人ホームにおいて介護放棄があったり、介護の過労から入居者虐待、殺人事件（神奈川県津久井事件）までが発生しているのが現状です。その背後には、高齢者など弱者に対する経団連と政府の予算措置の無視、無理解、国の福祉予算（医療、介護、年金など）への年々の削減があるからです。

高齢者社会となって高齢者の比率が高くなるのであれば、高齢者に対する医療、年金、介護などの予算を高齢者数増加に正比例して増額することは「人の生きる権利」として政治が行なうことは当然の理であり、それこそ政治の義務でしょう。政府は軍需品の爆買より高齢者介護を優先して行なうべきであり、それは米国からの軍需品爆買いをやめれば十分に可能です。それを裏で反対しているのは経団連であり、表で実行しているのが安倍派政治です。

（「大資本」活動の規制）

安倍政権はこのような非正規雇用など「隠れた失業者」の採用希望者を含めたデータを使い、有効求人倍率が「1・0」以上であると公表し、就労者も増加したかの如きフェイクデータをマスコミに流し、マスコミもその裏の実態を追及報道していないのです。安倍内閣による「大企業資本」への規制はほとんどないと言っても過言でありません。

このように世界的水準にも劣った多国籍企業、巨大資本企業を市場において自由に振舞わせれば、国内に極端な貧富の差が生じ、国民経済からも消費需要が減少し、貧富の差は増々拡大し、貧困問題、社会問題、家庭問題、動機不明の怪奇刑事事件の発生の温床となっているのです。

米国巨大多国籍企業の従属下にある日本の巨大資本については、その資本活動に大きく制限をかけて、国民福祉中心の、国民のための政治に種々資本活動に制限をかけていかなければ、日本の将来は一層、混沌とした、無秩序な社会になると言わざるを得ません。このような観点から、今後、公平な「ルールある資本活動」へ規制をかけていかなければならないのです。

国会の立法権軽視、国会の形骸化（多数決の横暴、不公正な選挙制度、国会の機能不全）

（多数決の横暴）

国会は国権の最高意思決定機関であり（憲法第41条）、国会の意思（国民の総意）は最も尊重されねばなりません。安倍内閣は現行選挙制度の小選挙区制を維持し、且つ国会議員の選挙における自民党議員候補者指名の公認権を独占・乱用して「日本会議派」の議員を優先した選挙、国会運営をしていました。即ち、国民の特異な一部である右翼、皇道派当選のための議員多数の選出を目的として、その多数で国会運営を行ないました。その典型例が広島選挙区で現職の溝渕現職議員を反安倍派として公認せず、代わりに安倍派の河井案里（当時、法務大臣河合克行の妻）を公認候補とし、河井案里候補に異例にも1億5000万円の選挙資金を支援して当選させたのです。このように衆参両院では安倍元首相に異議を述べられない国会議員の過半数を確保し、その多数をもって国会を抑え込んで安倍派の自民党が「国会」運営を独裁的に運営し、今や国会は半死状態であると言っても過言ではありません。

そもそも「多数決での決定方法」は常に正しいのでしょうか。多数決による決定は一般的に民主主義の原則と言われていますが、常に「多数決＝正しい決定」とは言えません。それにも限界、または条件を付さねばならない場合があるのです。単に数だけでは真に正しいとは言えません。第一にその多数見解がいつも歴史的・科学的に正義に基づいているとは言えないこと、第二に意見の多様性から、少数意見を尊重した決議であること、第三に歴史の経過から見て正義はいつも少数意見から発生することがあります。安倍元首相たちの国会運営は単純なる多数の横暴による国会運営で「多数決制度の濫用」と言わねばなりません。

（国会機能の不全）

現実の国会活動は自民・公明の単なる多数決による横暴政治が長期間吹き荒れており、国政調査権、臨時国会開催権（憲法第41条）、実質的公聴会（専門家の見解を何人も長時間拝聴し参考にすること）ではなく、予算案決議の直前に各党推薦の1名が公聴会で意見を聞く形式的なものであり、すでに形骸化し、到底国権の最高機関とは言えない実情にあります。

結局、安倍派の多数国会議員はそれ以上に、安倍元首相ら個人の政治力の悪用に忖度、利用されているのです。それゆえに「もり・かけ問題」、「桜を見る会問題」、菅首相の「日本学術会議委員選任拒否」、「菅長男の総務省高官の接待問題」など不正が次々と発生し、その解明も安倍派らの多数工作により未解決の状態なまま、闇に放置され続けているのが今日の国会です。

また、選挙制度の不公正（例えば現在の選挙運動で公示期間中の戸別訪問の禁止など）は、選挙権の自由を否定し、表現の自由を侵し、他国に例を見ない最たる違憲なものです。また、小選挙区制は死票を多く発生させて、選挙民の総意を正しく反映する選挙制度ではありません。

（小選挙区制度、国会調査権など）

筆者としては、国民の総意を選挙で正しく反映するには、政党政治のもとでは「比例代表制選挙」一本の選挙制度がよいと考えます。「小選挙区制度」は当選者以外に投票した選挙行使は死票となり、通常、小選挙区選挙の唯一の当選者は五〇％以下での当選のため、死票が五〇％以上も出ます。しんぶん赤旗の調査によれば、小選挙区制度のもとでは四〇％台の得票率でおよそ七〇％台の当選議員数が出ており、選挙民の総意を反映していないと考えます。現在の「小選挙区比例代表並立制」選挙も「小選挙区制」が前提になっています。この点が問題であり、さらにそこで落選しても比例代表制で当選者となり、選挙民の投票意思と矛盾すると考えます。

現在の小選挙区制など不公正な選挙の結果、多数決による国会決議が国民多数にとって悪法の成立をもたらすことがあり得るのです。その典型例は、戦争を可能とする安保法制の成立です。それをいかにチェックするか。議案によっては単純多数ではなく、3分の2以上の特別決議にする、国会の会期制を廃止する（国会の会期制は本来、歴史的にも君主制の基で国会での議論期間を短縮するための反民主的な制度です）、また国政調査権の開始も与野党全会一致の悪しき慣習を止める。例えば議員の3分の1の賛成があれば、国政調査を開始するなどの制度改革が必要があると考えます。

第一次安倍内閣は、２００６年（平成18年）９月～２００７年８月まで、第二次安倍内閣は２０１２年（平成26年）12月より２０２０年（令和２年）８月まで継続しましたが、次のような反動政治、戦争推進政治などを行ない、戦後最悪の暴政内閣であったことは間違いありません。

人事権の濫用、不当な政治介入の第一は、行政省庁の主要人事任命権の乱用です。その始めは２０１４年７月の集団的自衛権を閣議決定で合憲解釈を強行するための布石としての「内閣法制局長官」任命の人事権乱用でした。

この「人事権の濫用」は、人事権濫用自体が問題であるばかりではなく、その後の特に安倍元首相が憲法、法律違反の政策を通すために、布石を敷いた事前の策であったのです。

戦後からの法制局長官の見解は、「集団的自衛権」の行使は、戦後約70年間一貫して違憲とされてきました。然るに、安倍元首相は集団的自衛権は「合憲」との異例な独自見解を持っており、その実現のために従来は法制局長官人事は同法制局次長の昇格が長い慣例であったにも関わらず、あえて集団的自衛権は合憲との見解を持っていた筋違いの外務省官僚の小松一郎氏を２０１３年８月に法制局長官に任命したのです。その結果、翌２０１４年７月に集団的自衛権合憲の「閣議決定」をしましたが、案の定、小松新法制局長官をはじめ、その後の法制局は違憲の閣議決定につき何ら異議を述べず沈黙したままです。

集団的自衛権とは言うまでもなく、軍事同盟関係にある相手国が侵略を受けた時、自衛隊の軍事出動義務を認めるものであり、自国のための自衛権（個別的自衛権）の行使のみを認める憲法９条に反する明確な違憲の閣議決定なのです。

（日銀総裁選任の不当性）

２０１３年当初、当時の日銀総裁は白川方明《まさあき》氏であり、その後任は慣例に従い、日銀副総裁の昇格の予定でした。しかし、安倍元首相は今回も従来の慣例に反し、異例にもアベノミクスの支持者で「金融緩和政策」支持の財務省出身の黒田東彦《はるひこ》氏を２０１３年2月に任命しました。

以降、黒田総裁は日銀の本来の設立目的である物価の安定、自律性、独立性をかなぐり捨てて、安倍元首相の持論である「デフレ経済からの脱却、２％の物価上昇」をスローガンに「異次元の金融緩和政策」を言われるがままに無制限に進めました。

そのために、黒田氏は物価の2％上昇を目指して、紙幣の大量増発を強行しましたが、その後10年経っても2％の物価上昇は実現しませんでした。そればかりか、逆に国、自治体の国債発行総額（国民の借金）は１１００兆円を超え、その多くは大企業の利益のみを潤し、所得格差は拡大し、巨大企業は超多額の利益約５００兆円以上を抱えその投資先もなく、いわゆる「内部留保金」の増加のみをもたらしたのです。しかも、大企業はその巨額な利益の一部を役員報酬、株主配当に回し、その余りを「内部留保金」としてため込んでいるのです。無論、労働賃金の支払いにも回さず、賃金は一層低賃金に抑えたままであり、安倍派政治も「内部留保金」への課税など、何らの対策も取らずに現在に至っています。

安倍派政治の悪政の典型である金融商品（株式、投資信託など）の政策に関し、日銀は約４３０兆円の「国債」を買い取り保有し、また自ら作為的に前日の終値を考慮して株式を購入して株価高を支え、賃金を抑えて、あえてデフレを支えているのです。日銀の市場での国債買取は財政法第5条の日銀による国債引受禁止の脱法行為として違法なのです。よって、これは安倍内閣の異例な日銀総裁人選は違法な行為をするための選任であり、明らかに人事権の濫用です。

（内閣人事局の新設の不当性）

従来、各省庁の幹部人事任命権（局長、次官、審議官など）は、各省独自の「人事検討会」で決められていました。然るに、安倍元首相は２０１４年5月にこれを大幅に改悪し、内閣に「内閣人事局」を新設し、すべての省庁の部長、局長、事務次官など約６００名の最高幹部を内閣人事局で一括決定することにし、反対派幹部の締め出しを図ったのです。そのため、各省庁から通常であればその専門部門から多様な提案、批判、有意義な意見が出てバランスのある政策が立案されてきたのですが、この「内閣人事局」の創設で、公務員の安倍元首相に対する批判は封じられ、以降、各省庁の安倍派政治への「忖度政治」＝独断政治が始まったのです。この忖度政治が現在のアベノミク「三本の矢」の失敗を未然に防げなかった原因だと思います。

（NHK会長選任の不当性）

２０１４年1月、当時のNHK会長であった松本正之氏は安倍内閣から沖縄問題、原子力問題などにつき、いわゆる偏向番組が多いと非難を受けていました。このため、安倍内閣はNHK会長を選出する経営委員会に百田尚樹氏ら日本会議の会員４名のメンバーを送りこみ、慰安婦問題の番組に直接介入し、安倍政策の宣伝番組作りを尊重する籾井勝人氏をNHK会長に選任させたのです。ここでも安倍元首相は自己の皇道派政治を公共放送であるNHKを利用して日本中に宣伝するために、NHK会長の人事権と考えたのです。安倍内閣は、ヒットラーに倣って安倍政治の宣伝にNHKの公共放送は最重要手段を乱用したのです。

（検察官人事の不当性）

安倍人事権の濫用は準司法権の検事の人事権までに及んでいます。安倍内閣はその乱脈政治のために過去・現在に多くの刑事事件に関与した自民党国会議員を多く抱えていました。古くは小渕優子議員の不正会計問題、甘利明議員の収賄疑惑、下村博文議員の違法献金などがあり、最近では公職選挙法違反の広島の河井夫妻両議員、カジノに関し贈収賄事件に関連した秋元議員、さくらを見る会についての政治資金規正法違反の疑いのある安倍元首相自身、森友事件の財務省職員の背任事件などです。

これらの今後の刑事処分の判断に最重要権限を有する立場にある「検事総長」の職に就かせんとし、検察法に違反して、安倍派検事である東京高検検事長の黒川弘務氏を就任させようとしました。黒川氏は3月31日の定年退職であるところ、あえて延期させて現在の検事総長の退任時期である2019年7月まで職務を継続させて、その後任に黒川検事総長を誕生せんとしたのです。その目的は、嫌疑のある多くの自民党議員の不起訴処分を狙っての悪質な人事権の濫用でした。

このように安元首相は総理大臣の強大な人権を次々と濫用し、自身及び安倍派国会議員の刑事処罰を免れんとする不当な人事権を濫用したのです。

（審議会メンバー選任の不当性）

安倍内閣の政策作成手続きにおいて、重要なことが各省庁の諮問機関の審議会のメンバーの人選です。

社会福祉のあり方は国民全体の重大な問題ですから、その政策決定に大企業の社長中心の人選では、国民のための政策・法案はできるはずがありません。特に国家予算の基本を決めている「経済財政諮問会議」の委員は、経団連の大会社の社長や御用学者のみを集めたメンバーであり、その結果が毎年の「骨太の方針」として次年度予算の骨格を決めるもので、極めて偏った人選と言わねばなりません。このような政策決定のための諮問委員会の委員は国会での同意決議を経ての人選にすべきです。

（内閣行政権の不当な政治介入事例）

現在三権分立の国家組織の中で、特に安倍派政治で行政権の膨張・拡大が顕著です。例えばNHKの番組に対する政治介入、日本学術会議の委員任命に対する政治介入、大学運営組織に対する政治介入など多方面で見られます。この防止のためには外国の事例にもあるとおり、公共放送は内閣傘下の総理府から切り離し、日本学術会議も総理府から切り離して国家予算をつけて準独立機関にすべきでしょう。

司法権への人事介入、独立性侵害、右傾化（安倍元首相らの最高裁、検察庁の支配）

司法権、即ち裁判権の行使、即ち判決の結果は、国民の権利保障の最後の砦です。司法判断が時の政府の意見に従う結果となれば、国民は国家権力からの権利侵害を守ることができません。

ところで、裁判の結論である「判決書」は、裁判官が自己の良心と法に基づいて判断すると憲法で明確に定められているのですが（憲法第76条第3項）、実際のところ裁判官も無論、一人の人間であり、一国民ですから左派から右派まで幅広い思想を有してます。

それに関連し、裁判官の人事権（任地の人事異動、昇格、10年毎の再任の是非など）これを「司法行政権」と言いますが、それは最高裁判所総務局が一括掌握しています。最高裁総務局の司法行政権行使は、最終的には「最高裁判所判事15名の合議」で決定される制度になっています。そのために高裁、地裁の裁判官はその多くが最高裁判事に好印象を持ってもらいたいと、忖度心が働きやすい制度になっているのです。

特に公安事件、国家賠償事件、安保関連事件、原子力損害賠償事件など国策に関する事件では、出世を願い自分の裁判官としての良心に従うよりも、最高裁判例に従った判決を書く裁判官が多いのです。これをいつも「上（最高裁判所）を見ている（忖度している）裁判官」として、司法界では「ヒラメ裁判官」と揶揄されているのです。もちろん、良心と法に従っている真面目な裁判官も多数います。

ところで、最高裁裁判官は内閣が任命すると憲法は定めています（憲法第79条）。15名の最高裁判事はこれまでの長い慣例から、裁判官出身者5名、弁護士出身者4名、検察官出身者4名、行政官出身者1名、学識経験者1名の枠で推薦されて、そのとおりに内閣で任命されてきました。

また、最高裁判事の退職年齢は満70歳であり、その度に新たな最高裁判事が内閣より任命されますが、その際、退職した判事の出身母体から後任の最高裁判事候補者が推薦され、その被推薦者がそのまま内閣によって任命されてきたのが長い慣例でした。

平成19年3月、弁護士出身の大橋正春最高裁判事が定年退職になり、次の被任命者は弁護士出身者であるのが長い慣例でしたが、安倍元首相はその後任に慣例に反して、日本弁護士連合会の推薦者ではない東京大学教授出身の山口厚氏を任命しました。

安倍元首相は慣例に沿っているかのように見せかけるために、作為的に「山口厚氏」は東大教授を一旦退職し、某法律事務所に約1か月間在職して「弁護士出身者」になりすまして最高裁判事として任命したのです。

このようにして現在の最高裁判事15名はすべて安倍内閣に好ましい人物の候補者が最高裁判事に任命されているのです。この事実は誠に重大で、今後の最高裁判決は安倍元首相の好みの右翼的な判決となりやすく、正義を最終決定すると言われる最高裁判決のこれまでの信頼を大きく棄損する安倍人選の暴挙です。事実、任命直後の1票の格差の憲法判断では、山口厚裁判官は合憲の多数派の判断をなし、結局、最高裁は「憲法の番人」ではなく「政府の番人」に成り下がったと言われています。今後、原発問題、安保問題などの国民と政府見解が対立する政治がらみの裁判がめじろおしですが、果たして正義に基づいた最高裁判決が出るか、司法制度は現在、危機的状況にあるのです。

司法の危機として是非とも指摘しておきたいことは、最高裁の「統治理論」による憲法判断の回避問題です。戦後の最高裁判所は新憲法（憲法第81条）によりすべての法律・命令などが憲法に違反するか否かを判断できる唯一の「違憲立法審査権」を有する「憲法裁判所」をも兼ねる重要な任務があります。

然るに、1959年（昭和34年）12月16日に最高裁が下した「米軍基地は憲法9条に違反する」との砂川東京地裁の「伊達判決」の上告審裁判では、驚くべきことにその最高裁判決の判断経過において、当時の米国駐日大使（マッカサーの甥）、外務省、最高裁長官田中耕太郎の事前の「三者の密室協議」に基づいて最高裁判決が出された事実が米国の公文書開示により白日の下に判明しています。

この最高裁判決で重大なことは、当時も日本は日米安保条約に縛られていたのですが、その最高裁判決の内容は安保条約の如き「高度に政治的な事柄」については司法権の判断事項には及ばず＝最高裁はその判断はできないとの憲法第81条を放棄した違憲の判決だったのです。

裁判所が国内の紛争につき、憲法判断を回避することは、その紛争を裁判所で判断しないということで、社会の秩序維持につき、最終的判断を回避するもので同81条に反する憲法違反であり、社会秩序維持もできず許されないことです。

この1959年12月の田中耕太郎最高裁判決により、以降日本の司法権は「高度に政治的な紛争」については「統治行為ゆえ判断しない」と裁判権の放棄の最高裁先例判例となり、以降、法治国家は崩れてしまったのです。即ち、統治行為理論により今後も当分、「安保条約は憲法第9条違反である」との判断は出ないのと考えられ、現在も国民に基地問題などで多大な被害を与え続けている安保条約に関係する裁判は、日本国民の泣き寝入りに終わることになる可能性が大いにあるのです。

この点で特に近時問題なっている裁判では、安倍内閣による2014年7月1日の「集団的自衛権の閣議決定」は、自衛隊出動が憲法9条2項違反の「戦力」にならないか、翌2015年9月19日未明の「新安保法制」は憲法9条1項違反の「武力の行使」などに該当しないかの点につき、現在25か所の裁判所にて一斉にその違憲性が争われています（「安保法制違憲訴訟」第3章末尾参照）。

これらの裁判の最大の争点は、第二次世界大戦での莫大な日本国民の人的・物的損害につき、深い真摯な反省のもとに、新憲法の前文では、「日本国民及びその子孫のために、自由のもたらす恵沢を確保し、政府の行為によって再び戦争の惨禍が起こることのないよう決意し、この憲法を確定する」とあり（原文に一部省略あり）、憲法9条の由来、即ち「戦争放棄」を宣言しているのです。しかし、安倍内閣は平成26年7月に米軍とともに戦争に参加可能とする「集団自衛権」を閣議決定し、翌27年9月にはその集団的自衛権の行使として米軍とともに海外派兵を可能にする新安保法制を強行採決したのです。特にこれら2件の安倍内閣の政策決定は、第一次安倍内閣法制局長官の宮崎礼壱氏でさえ、「一見、明白な憲法違反である」と法廷で証言しています。

このような「再び戦争の惨禍」が十分に起こり得る決定につき、安保法制違憲訴訟は正義の最後の砦である違憲立法審査権を有する現在の最高裁裁判所裁判官に、その職責を果たす覚悟があるのかを問う裁判なのです。

これらの裁判はいずれも現在進行中であり、地方裁判所段階での判決が大半出ていますが、最高裁の砂川事件の統治行為理論である最高裁判例に従い、または憲法問題に触れずに、案の定、違憲判断は一つも出ていません。この集団的自衛権及び新安保法制についての今後の最高裁判断が注目されます。

さらにこの「高度に政治的事案」との統治理論については、原子力発電紛争問題にも適用されようとしています。原子力発電は容易に原子爆弾製造に転用され、日本は米国との間で将来の原爆製造を視野に入れて原子力発電を行なっているのが裏の実情だからです。

２０１１年3月の福島原発事故直後、「原子力基本法、第2条2項」につき、２０１２年6月に突如「原子力利用は……我が国の安全保障に資する目的」を考慮して行なう旨が追加改悪されました。今後、原子力発電の是非についても最高裁は「統治行為理論」を適用し、違憲判断はせず、原子力発電を長く継続する可能性がありえます。これでは司法に対する信頼は崩れ、益々行政の優位性が明らかとなり、三権分立も崩れることになるのではないでしょうか。

「統治行為理論」は憲法第81条違反として否定されるべきで、憲法裁判所である最高裁判所にはあってはならない理論です。

憲法全般の違反政治（三権分立の制度疲労、憲法九条改悪、軍備強化、教育・メディア支配など）

三権分立の制度疲労に対する今後の改革案として次の事項があります。

・内閣人事局の廃止
・法制局の外局独立化
・電波管理局の外局独立化
・政党助成金制度の廃止
・各省庁の記者クラブ制度の見直し
・国会調査権の運用見直し
・公職選挙法の見直し——比例代表選出制度の拡大。選挙期間中の個別訪問の解禁など
・国会の公聴会の見直し
・最高裁判事の国民審査の制度見直し
・最高裁の司法人事権の見直し

憲法の存在意義は「国家権力」を内閣、司法、立法の三部分に分割し、相互に監視・抑制して国民に対する権力乱用を防止するための制度であり、憲法で三権分立の制度を定めて国民の権利保障を確実にするために存在するのです。このような憲法の考え方の政治を「立憲主義」と言います。

そもそも憲法の存在目的は、国民の人権擁護のために天皇、大臣、国会議員、裁判官らを名宛人（相手）として、その遵守義務として定めているのであり、この点から大臣、国会議員らは憲法を積極的に擁護する義務を負うべしと憲法第99条に明文で定められているのです。

ところが、多くの自民党員の主張は「憲法は国民を規制する基本的な道徳的行動規範である」として考えている人が多く、全くの曲解です。なぜなら自民党草案の考えは、国民を相手とする立憲主義とは真反対の明白に間違った内容なのです。

自民党の憲法改正案を見れば、この点はただちに明らかです。即ち、自民党の憲法改正案は憲法擁護義務者として「国民」をも名宛人として、「憲法」の意味を国民の道徳的行動規範とみなしているのです。

この考えの根源に安倍派政治は立憲主義に違反して数々の憲法違反を繰り返しています。その最大の典型例が憲法第9条違反である、世界第4位に迫る軍備増強予算であり、さら集団的自衛権を新たに認め、自衛隊を米軍指揮下に入れて自衛隊の海外派兵政策の積極的推進策です。

また、先にも述べたように、米国から軍事兵器の爆買いのために、年金、医療、介護などの福祉予算を抑えることは、健康的な最低限の生活保障である憲法第25条に違反し、その根源は憲法第13条所定の「個人の尊厳」に反するからなのです。

憲法には戦前の多々なる人権違反の反省から、約30か条もの多くの人権保障の規定がありますが、その源はすべて第13条の「個人の尊厳」から導かれた人権保障規定なのです。

安倍内閣の憲法違反の人権侵害政策としては、前述の新自由主義政策も含まれると考えます。その一例として「引きこもり問題」について考えると、根本原因は安倍政権の新自由主義政策にあります。

新自由主義社会では、学校でも会社でも競争が至上命令となり、その結果、社会生活に格差が生じ、落伍者は自己責任として非難され、自信を失い、大半は「引きこもり」の生徒、会社員、教師らとして現れ、一部は自殺に追い込まれます。また、一部は自暴自棄となり、単に他人の幸せを妬み、または自ら死刑を望んで、あるいは動機不明の凶悪犯罪として現象するのです。

現在、このような「ひきこもり」は100万人以上とも言われています。このような「引きこもり」や「自殺」、「凶悪犯罪」の発生も、深く考えると安倍内閣の人権無視の政策に遠源があると考えます。非正規雇用、派遣社員など収入が少ない労働者は、その健康を阻まれていることがデータ上明らかになっています。所得格差が健康格差に連動しているのです。低所得者は診察費用もなく、休みがとれず診察を受ける時間にも恵まれず、健康や心がむしばまれるのです。

岸田内閣批判

岸田内閣は就任前後から自らの新鮮味を出そうとして「新しい資本主義」、金融所得にさらなる課税が必要などと掲げて、安倍内閣とは異なる期待感を持たせました。しかし、実際に総理の座についてからの実態は、安倍内閣以上の反国民的内閣であることが明らかになっています。

原発政策において、従来は「原発依存度を低減する」と言いながら、いざ首相の座に就くと「原子力を最大限に利用する」との方針変更をしました。この背後ではバイデン大統領の日本での原子力政策の重要性の強調、また経団連の２０２２年４月の原発の最大限活用提言らに押された政策変更です。さらにこれに関して、原発の原則40年稼働を60年への延長も考慮しています。また、原子炉に対するミサイル攻撃の防御法については原子炉の安全性の問題ではなく、一般の国防の問題であるとして、結局、原子炉攻撃には「対処不能」との判断をしています。原発の存続自体が大いに危険なのです。

今後の日本の学術、文化政策に極めて重要な「日本学術会議委員任命問題」については、前内閣で解決済であるとして回避していることは、この問題の本質が自民党政治の反知性政策、学術による軍事強化への協力という、全く筋の通らぬ政策の継承、賛同であり決して放置できない重大問題です。

「新しい資本主義」との看板の内容は、国民に対して「貯蓄から投資へ」という新自由主義経済に基づく金融資本主義のさらなる強化政策で、何ら「新しい資本主義」ではありません。貯蓄から投資への政策目的は、国民が現在保有している２０００兆円と言われる個人資産を安全な貯蓄より、はるかにリスクの多い株式投資､投資信託投資へ誘導し、株式市場の活性化を目指しているのです。この政策も「株価依存内閣」と言われた安倍内閣の継承政策です。株式市場の活性は、大企業の保有する株式の名目上の資産価値を上げるためであり、国民の株式関与は大半が株価の乱高下により、結局、貯蓄の減少をもたらし、リスクが多いのです。「所得倍増」、「資産倍増」の宣伝に踊らされてはなりません。

岸田内閣の「経済安全保障政策」もその看板とは正反対に極めて危険な政策です。その実態は「経済」との冠があっても、実態は「軍事同盟」のさらなる強化を目指すもので、日米同盟の軍事・兵器についての開発・製造・機密保護などが中心で、その隠れ蓑として単に冠に「経済」とつけただけのごまかし政策です。

岸田内閣の初予算である2022年度の防衛費予算は5・47兆円であり、GNPの0・97％です。これはこれまでの安倍内閣の防衛費の増加率をはるかに超える額です。このような多額の防衛予算をもって、沖縄に続く南西諸島の自衛隊基地の新設、宇宙・サイバー攻撃予算など、米国の要請を受けて中国に対して防衛強化を図っているのです。また、2023年度の防衛予算では、岸田内閣は軍事費の相当額の増額として、これまでの2倍であるGNPの2％、約5年間に43兆円の軍事予算を引き上げる政策を決定しているのです。これは米国の中国包囲網の方針に従属したものであり、日本を米国とともに「戦争への道」に誘導する極めて危険な軍事予算なのです。

さらに、岸田総理のマイナンバーカードの推進､「デジタル庁」の設置も、国家規模の国民の情報管理、効率的行政、IT企業の業績拡大を目指すもので、国民のための政策ではありません。

片や、岸田内閣の世論の支持率が高いのは、現在の情勢がコロナ禍の減少傾向、ウクライナ戦争の激しさ、野党の魅力のなさ、その他一見ソフトムードな外見などによると思われます。しかし、岸田内閣の特徴はまさに竜頭蛇尾、実行が伴わない安倍内閣よりも危険な内閣です。例えばコロナ対策、物価対策、円高対策も後手後手です。よって、今後も注視してゆかねばなりません。

安倍派政治のでたらめな政治の実態

安倍派政治の問題の危険さについては、その特徴として縷々述べてきました。ここではそのまとめとして若干述べておきます。

その第一は安倍・菅・岸田各内閣と言っても、その実態は安倍元首相こそ「でたらめな政治」の張本人であり、菅・岸田内閣はそれに賛同している承継内閣であるということです。

安倍元首相はその政治思想、政策実績において戦後最悪の政治家です。なぜなら、2006年9月の第一次安倍内閣における教育基本法の改悪で教育の戦前回帰の指導要綱の改悪をなし、2012年12月～2020年9月の第二次安倍内閣では戦後約67年間、すべての内閣、法制局により一貫として否定されていた憲法9条違反の集団的自衛権の容認を単なる「閣議決定」で行ない、それに基づいた安保法制強行をしたのであり、これは憲法前文にある「戦争の惨禍を回避する決意」に反する「でたらめな政治」でなくてなんでしょうか。

なお、「閣議決定」に至る直前には、安倍元首相は法制局長官の選任を異例にもその賛成者を就任させて法制局の反対を封じ、且つ憲法96条の憲法改正規定では「両院の3分の2以上の賛成と国民の過半数の承認」という厳格な要件が困難であるとの判断をした上で、その脱法方法として安易な「閣議決定」と言う「でたらめな政治」を行って決めたのです。なお、付言すれば「でたらめな政治」という表現は、2020年3月1日に東京大学大学院教授、小野塚知二氏が安倍政治に対して「安倍政治のでたらめ」、

「安全保障政策も外交もでたらめだらけです」と新聞紙面上で述べてる表現です。

安倍政治の悪政の第二は、憲法9条の改悪策動です。安倍首相に続く菅・岸田首相も憲法9条の自民党改悪案を強く支持し、「憲法9条の2」を追加し、その中で集団的自衛権の文言は明記はしないものの「自衛権の発動」、「国防軍の保持」とのみ明記していますが、その「自衛権の発動」文言中に「集団的自衛権」を当然に含むとの「解釈」を明記解説しているのであり、このようなごまかし改憲案で国民の目を騙さんとしているのです。また、自衛隊を「国防軍」として憲法上の軍隊組織として明記せんとしているのです。この憲法改正案がとおれば、「自衛隊」は軍隊として集団的自衛権に基づき、米軍に対する他国の攻撃と同時に米軍とともに海外に出動する極めて危険な改正です。

安倍元首相を中心・起点とする憲法改悪の策動、それに対する自民、公明の忖度政治は明らかに憲法9条1項明記の「武力の行使」、2項明記の「戦力の不保持」、「交戦権の否定」にいずれも真正面から反する「でたらめ政治」の代表格です。

第三のでたらめ政治は「日米合同委員会」の重視、悪用でしょう。時の総理大臣は当然に国の基本法である憲法を擁護し遵守しる義務があり、憲法にその旨明記されています（憲法第99条）。然るに、戦後の日本の政治、特に安倍政治では憲法よりさら上位の日本の最高法規として日米間の「日米合同委員会」を運営し、そこでの合意事項＝「密約」こそを最高法規として遵守して日本政治を行なっているのです。そのために、駐留米軍は日本中のどこでも、いつでも、どのような基地をも設置することができ、真夜中でも、都市の上空でも、米軍機が爆音を立てて低空飛行できるのです。この米軍の日本国内の基地利用のすべての詳細は日米合同委員会で決定されているのです。

日本政府は常に日本国民の生命の安全、平穏な経済生活を第一目標として政治を行なうべきは当然ですが、この「日米合同委員会」の協議により、安倍政治は米国、米軍の日本本土での訓練、利用など「米国の利益」を第一として運営され、否、それ以上に安倍内閣の方から米国、米軍に本土利用を積極的に求めているのであり、「でたらめ政治」を行なっているのは明白です。

例えば、沖縄県民の人権問題を考えれば辺野古基地の造成は拒否すべきところ、米軍の世界戦略を最優先してそれを認め、また、世界唯一の原爆被爆国であれば国民の利益のために原発を廃止し、核禁止国際条約を批准すべきところ、米国の核戦略を優先して将来の原子力爆弾製造の必要性から、地震発生多数国でありながら原子力発電を維持、拡大せんとし核禁止国際条約の批准を拒否しているのです。これが「でたらめな政治」でなくてなんでしょう。

政治を安倍元首相個人の利益のための政治（政治の私物化）

「カケ・モリ問題」、さくら優待問題、「黒川東京検事長問題」、「菅総理長男の総務省幹部接待問題」などに見られるように、安倍、菅元首相らは日本のための政治を行なっているフリをしながら、その実態は私利私欲のために「でたらめな政治」を行なってきたのです。

菅総理の在任期間は短期間でしたが「日本学術会議任命拒否問題」で重大な汚点を残しました。日本学術会議任命拒否問題は日本の歴史、科学、学問、文化などすべての人類の英知を否定する無知丸出しの「でたらめ失政」の典型例です。この問題は菅元首相の個人の無教養性を越えて、自民党政治の反学問、反文化・反科学政策の本性の現われであり、憲法に反し誠に重大な「でたらめ政治」であって、最後まで争い、任命拒否の撤回を実現すべき問題です。さらに自公両政党がこの問題に批判も抵抗も示さないことは、与党政治の「でたらめさ」の程度は最重症であると思います。

両内閣の政治手法の悪どさとして、私的利益を得るために公権力を使ったこと、森本学園問題で安倍元首相が国会で虚偽答弁を119回も行なったこと、安倍元首相の私的権力乱用のを直接の原因として関西財務局の赤木俊夫さん（54歳）が自殺したこと、それでも安倍夫妻は平気な顔をして日常生活をしていることは、これまた「でたらめ政治」の最悪政治家の代表例です。

安倍政治とヒトラーのナチス政治では二つの点で酷似しています。その第一は両者の「政治手法」がひどく似ていることが多々あります。

政治的重要事項は国会の法律で定めるべきところを「閣議決定」で済ませること。ヒトラーは政権党についてまず行なったことは、非常事態による全権言委任権確保を「閣議決定」で定めてしまい、その受任権に基づき、ただちにドイツ軍隊を非武装地帯に進駐させて軍事侵略行動をとったのです。

安倍内閣も憲法9条で禁止されている「集団的自衛権」を「閣議決定」で定めて、さらに、安倍内閣はヒトラー政治を真似をして、非常時における政策決定での白紙委任を求める「全権委任法」を現に強く求めています。この実現があれば、この委任法に基づいて政治活動の制限または禁止を命じ、集会の禁止も可能となるのです。さらに、軍備拡張、海外派兵、海外侵略を行ない、または目論んでいることは容易に推測できるのです。

不合理な敵を作り上げて攻撃宣伝をなし、国民の目をそらす作戦もヒトラーと同様です。ヒトラーはユダヤ人と共産党を「国民を不幸に導く」として、一方的に非難宣伝をなし、ドイツ民衆を誘導・結集していきました。安倍派政治は米国と歩調を合わせて、現在差し迫った日本への直接な侵略の意図もない中国、北朝鮮を殊さら非難して、国民の中に中国非難の世論形勢を作り、その世論を利用して異常な軍備拡張を行なっているのです。

両者ともに民族的な右翼思想をことさら宣伝し国民世論統一の誘導に努めています。ヒトラーはドイツのゲルマン人の純血主義を誇大宣伝してドイツの統一を図っていました。安倍派政治は日本会議の皇道思想を中心にして天皇中心とした日本民族の統一を目指した政策を行ないつつあります。

ともにメディア全体を支配し利用し国民意識の統一を図っています。安倍首相は定期的に大手新聞社社長との食事会を開き、NHKをはじめ新聞、テレビなどマスコミ界を今や完全に掌握しているのです。ヒトラーは世界初の宣伝相にゲッペルスを任命し、新聞、広告、映画をフル活用して民意の統一を図りました。ヒトラー、安倍元首相ともに軍備増強に邁進しています。紛争解決に和平交渉によらずに軍隊、武力の威圧、攻撃を好んだ政策を取っているのです。

ドイツ国民はなぜあのような想定外のナチスの凶暴な戦争、侵略、ユダヤ人のホロコーストなどの政治に反対、異議を唱えなかったのか……。この解明は歴史的に大問題であると思います。この点については多くの歴史家の分析がありますが、事実としてドイツ国民はヒットラーの恐怖心を宣伝する手法に煽られて、洗脳されたのであり、これは極めて恐ろしいことです。

日本においては、日米安保条約に基づく集団的自衛権行使により、現在、まさにに中国、北朝鮮などとの戦闘に突入せんとする作為的な恐怖政治に煽られている状況にあることをはっきりと認識すべきです。

3　筆者の基本的立場

筆者はこれまでいかなる政党にも入党したことのなく、特定の政治活動もしていませんでした。無党派でいたことはこれまで仕事で忙しく、政党運動に時間的余裕がなかったこともありますが、それ以上に入党したい、政治信条のマッチする政党がなかったことも大きな理由の一つです。

道理から考えても、世の中は常に変化し価値観も変化していく中で、絶対に正しい政治思想などは弁証法的思考から見てもあり得ません。あるものは相対的に正当性のより高い思想、政党、政策があり得るのだと考えています。このように考えても既成政党に入党する気持ちにならなかったのです。片や懐疑主義者とも思っておらず、多くの見解を自分なりに総合的に判断して、現代においても相対的に好ましい政治、政党はあり得ると考えております。

国政のあり方については、「戦争絶対反対」を信条として、主権者である国民の大多数ができる限り経済的に格差のない中産階級中心の立憲的、民主主義的国家であってほしいと思います。

この観点から資本主義か社会主義（または共産主義）のいずれがよき社会かについて述べれば、現在の日本の生産力、国民意識のもとでは、当分、資本主義社会を肯定せざるを得ないと考えます。

しかし、その資本主義にも今日、大きな矛盾と克服すべき問題が多々あることは間違いありません。端的に言えば、今日の「巨大金融資本主義の活動」は利潤獲得競争が最終目的となり、労働者、一般社会人の人間性までも否定され（例えば過労死、貧困層の自殺増大）、現在の資本活動はあまりにも身勝手で厳しくコントロールされるべき必要があると考えます。

思想的、論理的に見れば、資本主義社会よりも社会主義の方が「戦争」の可能性が少なく、経済的、社会的矛盾も少なく、相対的に好ましい国家制度と考えられます。それが現実的な国家形態として考えると、どのような国家システムになるのか、これまでの歴史上に現れた国家の形態を見ると、期待しうる社会主義国家が存在したのかなどの点は未だ不明部分があまりにも多いと思っています。

これまでに歴史上現れた社会主義・共産主義国家を標榜した国々、即ち、ソ連邦、中国人民共和国、北朝鮮などは結局、「独裁国家」になってしまっていると考えざるを得ません。今日のベトナム、キューバについてもその国家運営の実情の不明部分があります。このような事情を考えると、現代のいわゆる「社会主義国家」は、その進行過程で容易に独裁国家になりやすい欠点が大問題であると考えます。つまり、国家制度として民主主義を実現するには、いかなる政治体制が好ましいかを探求すべきと考えます。

現在、世界の国々の現実の国家の統治政策を見回すと、国民個人の幸福度も高く、安定した政治・経済や世界平和のために積極的に他国の紛争解決に手を差し延べたり、非軍事的な文化、経済、国際交流などの面で貢献している国家は相対的に見て、北欧4国（ノルウエー、フインランド、スウェーデン、デンマーク）のいわゆる「北欧型福祉国家」ではないかと思っています。

なお、この点は現在研究中ですが、筆者が好ましいと考えている国家像はドイツの社会民主党が描く「資本活動を厳しく制限し、福祉重視、市民重視、労働組合・協同組合重視の北欧型資本主義的福祉国家」ではないかと考えています。

換言すれば、国家の経済体制は資本主義ですが、①資本の活動に厳しい法律的制限を設けてルール化し、②同業多数労働組合の横断的労働組合組織を結集し、③働く市民の団体（協同組合、NGO・非政府組織）の参加及び④国家政策の決定手続へ労・市民・使3者が対等に政治参加・決定などを行なう「高度福祉国家」が望ましいと考えます。

確かに「資本主義」、特に「後期金融資本主義」には耐えがたい非人間的な「資本による労働者の搾取」、

「飽くなき利潤追求による非人間性の矛盾」、「人間性疎外」などの反人権的な重大な欠陥があり、その矛盾を克服するには将来的には「社会主義国家」へ発展すべきと考えます。

しかし、現代が大局的に見て資本主義から社会主義に移行する過程にあるとしても、現代の政治活動レベル、生産力レベル、大衆の政治意識・倫理レベルなどから判断して、「働きたい時に働き、その働いた分の分配を得て通常の平穏な生活が可能である」社会主義国家の実現に移行するには機が熟しておらず、まずその前に現憲法を基本として、資本活動をコントロールした「福祉国家」の行程実現を徹底し、生産力や政治改革、大衆の平等な生活・経済レベル、教育・モラルレベルをさら引き上げる準備期間の存在必要があると考えるのです。

この点はすでに10年以上前に、一流の会社経営者である元京セラ元社長の故・稲森和夫氏をはじめ、ソニー元会長の故・盛田昭夫氏も次のとおり喝破し、警鐘を鳴らしていたことからも明らかです。盛田氏曰く、「われわれ日本企業のやり方に対する欧米企業の我慢が限界に近づいている」、「欧米から見れば（日本の資本家が）異質な経営理念をもって世界市場で競争を続けることは、もはや許されないところまできている」、「欧米との整合性をもった競争ルールの確立を通じて欧米の対日不信感を払拭することを……我々はしっかりと認識すべきです」。

筆者は上記立場で現在の安倍派政治の金融資本主義の政治では米軍とともに「戦争参加」も辞さない危険な政治であり、強い批判の立場をとっています。安倍派政治は一刻も早く退陣すべきです。退陣させる方法は、種々考えるに結局、議会政治において野党が一致団結して総選挙にて勝利する以外に方法はなく、総選挙勝利後ただちに全野党の連立政権を発足すべきであると考えます。このさらなる具体策は最終章で触れたいと思います。

第2章

日本の近代史

1　江戸時代から近代・現代への歴史の連続性

現代21世紀初めの日本三大政治問題として指摘しました、日米安保同盟の強化、憲法改悪問題、多国籍大企業優遇の新自由主義経済は、何も最近に始まったことではありません。いずれも第二次世界大戦の戦中及び戦後の日本の政治の選択のあり方に原因ます。戦中の社会のあり方は明治時代に影響を受けており、さらに明治以前の江戸時代の事情に遠因があります。無論、歴史は因果で連続していますので、現代と江戸時代、明治時代、戦中、戦後の歴史との連続性があります。以下、その連続性につき述べます。

なぜ、日本は英米をはじめ、連合軍を相手とした戦争を開始せねばならなかったのか。

一説によれば日本陸軍、海軍は明治期の日清・日露戦争、大正期の第一次世界大戦に勝利し、その勝利に酔いしれて自己を過大評価して奢り、欧米の戦力を過小評価してさらなる海外侵略（1932年・満州国建国宣言）を進めた結果、特に中国、満洲への侵攻につき、米国との調整に失敗し、日本軍部の方針により、無謀にも短期決戦の方針で真珠湾やマレー半島へ攻撃を開始したと言われています。

それでは日本軍はなぜ、日清・日露戦争に勝利できたのか（日露戦争は日本の勝利ではなく双方の停戦合意で勝利者なしとの説あり）、その前段階の日清戦争に突入したのはなぜか、さらに遡れば明治維新以降、日本が絶対天皇制を確立し近代国家の形を整えながら、なぜ朝鮮、中国などの海外侵攻を企てるようになったのか。

このように考えてくると、大惨敗した太平洋戦争の発端、遠因を究明するには　明治維新以前の日本の政治・外交の実態まで遡らねばならないと考えます。その遠因を訪ねると、明治維新以前からの日本の「近代化＝富国強兵」の江戸幕府、明治政府の基本政策に突き当たるのです。

人間はわずか約80年間前後の短い生命《いのち》を与えられて、各自、現世で生活、社会活動をした後、誰でも必ずこの世から退場していきます。約138億年と言われる全宇宙の歴史、その中で約45億年と言われる地球の歴史、さらに約20万年前後からの現代人類の歴史の中で、わずかに1回限りの約80年前後の「いのち」を与えられている我々は、その1回限りの人生をどの様に過ごしたらよいのか。人間に生まれての大哲学問題ですが、各自の思いは様々でしょう。しかし、最小限、この間、健康であり戦争のない平和な社会・世界で仕事をし、家庭または親しい友人との平穏な付き合いをして、一生を過ごせたらとの思いは共通して望むところと思います。

然るに、現在の日本では、米軍基地周辺の住民は1日に何十回の爆音に悩まされ、睡眠不足からうつ病となり、また、つい30年前にはなかった「非正規雇用」の派遣労働者として夜遅くまで残業を強いられています。夜に家に帰ってもただ寝るだけ、無味乾燥な生活を強いられている人々が全国に約3000万人（労働者の約40％）も存在し、その中にはストレスに耐えきれずに過労自殺に追い込まれる人、自暴自棄になって、無差別殺人を起こす人も出現するような世の中にいつの間にかなっているのです。

また、現在の安倍派政治の行き着くところは、集団的自衛権の閣議決定により、世界中で起こる戦争に米軍とともに自衛隊が義務的に参加する（米軍との自衛隊の集団的自衛権の行使）危険が着々と進められており、あの第二次世界大戦の悪夢の再来に多くの自衛隊員がストレスを溜め、早期退職し、あるいは入隊希望者の激減に直面する現在の社会です。

人類はこれまで、少なくとも実に2万年以上の長期間、自分たちの食料と領地拡大、さらにより多くの富の獲得を争って部族間、国家間の「戦争の歴史」を繰り返し明け暮れてきました。その戦争の規模は20世紀に入り、2回の世界的規模の多国間の戦争を繰り広げ、その度に戦争当事国は反省し、幾度となく再び戦争防止の国際条約を結び、平和の維持に努力してきました。そのような平和への多数回の国際的努力があっても、現在もなお、領土と資源、新核兵器技術開発競争、経済力覇権競争、果ては他民族やその領土支配を求めて不法占拠や戦争を仕かける現実、危機が未だ絶えません。2022年2月14日にロシアにより開戦されたウクライナ紛争もその典型例です。それはなぜなのでしょうか。ホモ・サピエンスの生得的な性《さが》でしょうか。資本主義制度の「資本固有の増殖本性」からでしょうか。

ここで特に問題となるのは言うまでもなく、なぜ、1941年12月、日本はあの忌まわしい、マレー半島、真珠湾攻撃により第二次大戦に踏み切ったのか。第二次大戦はなぜ、回避できなかったのか。以下の経過を見ると、世界の大勢は平和を求めて国際協議を重ねてきたことがわかります。しかし、なぜ日本は1937年の日中戦争前から中国、朝鮮への侵略・奪略行為を継続的に行ない、その果てに強力な軍事大国である米・英に戦争を挑んでいったのかです。その社会的、経済的原因は何であったのか。そして今、安倍派政治により再び軍備拡大路線を歩んでいることに鑑み、現在の軍拡の道を止めるにはどうすればよいのかと考えるとき、第二次大戦、またそれ以前の日本の歴史を探究することは、今日的な最重要な問題でもあると考えます。

2　明治維新「前・後」の近代史

江戸時代末期の諸外国の開国要求と幕府の対応

江戸幕府の開国を最初に求めてきたのはロシア帝国でした。

1792年～1806年、ロシアの外交使節が根室に現れて、通商要求がありました。それを幕府は拒否して、1806年ロシア軍は樺太、松前藩を攻撃。幕府軍が応戦し撤退させました（文化露寇事件）。この事件は江戸幕府に鎖国体制維持と国防策強化を目覚めさる第一歩となりました。

その後、中国清朝に対して英国の帝国主義的進出があり、英国の清朝に対するアヘン輸出につき、清朝がアヘン輸出禁止令を出してアヘン戦争（1840～42年）となりました。英国が勝利し、南京条約により香港の割譲を受け、欧米勢力最初のアジア植民地獲得となったのです。

明治元年（1868年）前後の西欧諸国の帝国主義進出の東南アジア及び日本に対する開港を求めてきた概略経過を年表的に述べれば次のとおりです。

1840～1842年、アヘン戦争　英国の清朝に対するアヘン輸出に対して清朝のアヘン輸出禁止に対し英国の戦争開始。英国が勝利し南京条約により香港の割譲を受け、欧米勢力の最初のアジア植民地獲得となりました。

1858年、英国、インドを併合。

1862年、フランスがコーチシナ（現在の南ベトナム）を植民地化。

1853年6月、米国・ペリーが初の浦賀来航、以降5回も来航した。ただし、幕府は以前から開国していたオランダからの通報誌「別段風説書」により事前に①アヘン戦争により清朝が敗北し開港したこと、②多額の賠償金を支払ったこと、③領土割譲したこと、④英、米艦隊には対抗し得ない強力な武力を備えて日本来航することなどを知っていました。それゆえ、幕府はペリー提督との対応を武力対決を避けて和親交渉を慎重に行ないました。

１８５４年（安政元年）～１８５８年の間、江戸幕府は米、蘭、露、英、仏との５か国との間に和親条約を各締結しました。ただし、この条約は領事駐在のみを認める交渉開始の和親条約でした。

１８５４年12月、ロシアとの交渉、千島、サハリンなどの境界問題は保留して、双務的領事裁判権で条約が成立しました。なお、ロシアは１８５３年～１８５６年、その基本政策の南下政策でギリシャ正教徒保護を名目に英・仏とクリミア戦争となり敗北しました。そのためにロシアはその後、東方での南下政策に転換して北日本にも再び現れ、日本にとって恐怖の対象でした。

１８５８年（安政５年）、「日米修好通商条約」調印。孝明天皇の攘夷の意に反した大老井伊直弼が主導した本格的な横浜、長崎、箱館の３港の開国、交易の条約でした。

１８６０年、桜田門の変、井伊直弼暗殺（攘夷派の水戸脱藩者らによる不平等条約締結の怒り）。

１８６３年、薩・英間での武力戦争。双方の痛み分けで終わりました。

１８６４年、下関戦争、長州と英仏蘭米で武力戦争。この戦いでは、武力の大きな格差で長州の惨敗。この頃、日本ではロシア、仏、英国らの日本本土の植民地化侵攻の危険がありました。しかし、明治政府は主として英国を取り込み、その指導により、他国の植民地化阻止、日本国内の生糸貿易の輸出増大などの経済的解決の諸事情により、日本本土の植民地化を防いだのです。

１８６７年、大政奉還、王政復古（明治天皇の即位、１８６７年12月20日）。

１８６８年（明治元年）、鳥羽・伏見の戦い、戊辰戦争開始。戊辰戦争（１８６８～１８６９年）は、明治新政府軍と旧幕藩勢力の全国的な体制変革の革命的闘いでした。この戦いで新政府軍が勝利し、新日本の「正当な暴力の独占」が可能となり、それは西南戦争で終了しました。その後に続いた廃藩置県により各地の藩、大名、武士制度は廃止・消滅し近代国家主体が天皇に統一したのです。

1869年(明治2年)~1870年、参議山縣有朋の渡欧視察。山縣は新政府の強兵化を痛感し、以降、山縣を中心に明治政府の「富国強兵」「絶対天皇制」という基本政策が進められました。

1871年、廃藩置県。封建制度から近代国家への第一歩となる廃藩置県の改革は参議山縣有朋の近衛兵なくしてはできなかったのです。明治維新前後で富国強兵の明治国家の形態を決定した重要人物は「山縣有朋」です。山縣有朋は長州藩出身、吉田松陰の塾生。当初は尊皇派でしたが、1864年の下関戦争で武器と兵制強化の必要を痛感し、強兵開国派となりました。明治元年に30歳となり、同2年~3年、渡欧して軍事制度を学び、帰国後に軍政改革・徴兵制を制定。明治の最右翼として「日本軍隊の祖」として明治22年第9代総理大臣となり、軍備拡張を進めました。晩年は元帥、陸軍大将。

1871年(明治4年)、11月~1873年9月まで(1年10か月)岩倉使節団。107名が欧米12カ国を歴訪。政治、経済、産業、軍事、社会、文化、思想などの見分・調査し、明治初期の日本近代化に大きな成果を上げました。

帰国後「米欧回覧実記」をまとめ、廃藩置県後の徴兵令、地租改正、殖産興業、政治、軍事などを改革し、明治時代の富国強兵政策の基礎となりました。岩倉使節団の目的は対米英との不平等条約の解消準備もありましたが、米英は既得権に固執し不成功でした。それが是正されるのは日清・日露戦争後です。

3　明治時代

明治維新をどう考えるか

江戸時代は典型的な封建性の時代であり、資本主義への制度的大変革であった「明治維新」を歴史的にどのように評価するかは大きな問題です。これには学説的にも種々の考え方があります。

一つは「明六社《めいろくしゃ》」の見方です。明六社は明治6年設立の我が国初の学術団体であり、提唱者は米国帰りの森有礼《ありのり》をはじめ福沢諭吉、津田真道、西周《にしあまね》ら旧幕府の開成所出身の洋学者が集まり「意見を交換し知を広め識を明にする」ことを目的とし、「明六雑誌」を発行しました。

この啓蒙思想団体は、明治維新の開化政策を先導しましたが、明治政府の専制政治を批判することになり、政府により時季なお早々であるとして、明治7年11月に新聞条例により廃刊、解散してしまいました。明治のごく初期の維新活動でした。

二つには「自由民権派」の立憲政体運動です。この運動は単に学問的な団体を越えて、一般民衆も巻き込んだ政治運動です。後に「国会期成同盟」が結成され、国会開設を要求する運動となっていったのです。土佐藩主の山内容堂の「大政奉還」の建白にある英国型議会主義の主張が源にあり、惜しくも山内容堂49歳の没後、江藤新平、板垣退助、副島種臣らによる「民選議院設立建白書」（1874年）の要求となっていきました。その後、地方自治、地租軽減、言論の自由などを主張しました。

「東洋のルソー」と言われた中江兆民、大井憲太郎、植木枝盛らがアメリカ独立宣言（1776年）、フランス革命（1789年）、ルソーの「社会契約論」も含め、主にフランスの政治思想を元に自由民権運動を広めていきました。中江兆民らはいずれも衆議院議員となり、自由党の結成など藩閥政治から政党政治のさきがけとなりました。しかし、この自由民権派の運動も、強権派の山縣有朋らの明治政府の強権的干渉により飲み込まれ、明治天皇中心の新政府側のペースになっていきました。

三つには、1889年（明治22）に明治憲法が制定され、富国強兵・神聖明治天皇を中心とした帝国主義国家像となっていきます。明治天皇は16歳で即位し、当初摂政がついていましたが、大久保利通の暗殺（1878年）以降、天皇は26歳で政府の中心で存在感を持つようになり、1890年（明治23年）には第1回帝国議会が開かれ、その前年に37歳で大元帥（日本陸軍最高指揮官）となり、結局、名実ともに明治政府は「帝国主義的富国強兵の政治」の軌道に乗ってきました。

結局、この帝国主義的富国強兵政策が第一、第二の啓蒙主義、自由民権派を飲み込んで明治時代の基本的性格を決定したのだと思います。封建時代から一挙に開国を迫られた明治政府は、長崎の出島のオランダ商館から欧米諸国による中国のアヘン戦争、インドの植民地侵略など海外情報を、また1894年の下関戦争による欧米諸国の圧倒的な武器力から、到底「攘夷政策」では対抗できない、自ら西洋文化を早急に取り入れるべしと決断したのです。そのために明治4年には欧米技術を調査、修得するために岩倉使節団、総勢46名による英、仏、伊、米などへ1年10か月にわたる欧米使節団を送りました。これより先、日本陸軍の創設者、山縣有朋は明治2年3月より1年半をかけて英、仏、伊、蘭、オーストリア、米に遊学し、後の日本軍部の強化に大いに貢献したのです。この結果、明治10年前後より台湾出兵（明治7年）、樺太・千島交換条約（明治8年）、琉球王朝の併合（明治12年）など日本国土の帝国主義的な拡大化、植民地化政策が早くも開始しています。

山縣首相の植民地政策として、1894年の日清戦争、1904年の日露戦争への軍事的海外侵略行為が大手を振って進められたのです。無論、この強権政治は国民の強制的徴兵、増税政策、社会運動の弾圧も行なわれ、明治維新は20年代になってからは明治天皇、軍部中心の中央集権的な帝国主義一色となったのです。その象徴的な事件が明治43年～44年にかけて、近代日本では初の大冤罪事件である社会思想家である幸徳秋水らの「大逆事件」です。何ら確たる証拠もなく、当時の社会主義者26名が非公開裁判、本人尋問以外に証拠調一切なし、わずか約1か月の裁判で24名の死刑判決確定（他に二名の有期刑）、判決後1週間で12名の死刑執行（ほかの12名は天皇の名において1等減じての無期懲役）という驚くべき人権無視の強権ぶりの明治維の天皇の名による刑事裁判であったのです。

結局、「明治維新」は当時の大国による日本の植民地化を防ぐために、自ら強権的な神である天皇及び軍部中心の帝国主義的国家として歩み始めたのです。この歩みがその後、第二次世界大戦突入の日本の軍国主義的政治の源になり、その戦後も一旦は戦争放棄を誓ったものの、東西対立の中で日米安保条約のもとで日本の軍国主義は底流として生き延び、日米安保条約の強化を理由に安倍内閣において軍国主義が再び表面化し、現在、戦争開始への危機が迫っているのです。

明治時代の内政政策

慶應3年（1867年）12月9日王政復古の勅許が下り、明治元年（1868年）1月3日～5月までの戊辰戦争は、新政府の薩摩・長州連合の政府軍が旧幕府軍に勝利し、その後はしばらく、薩長の志士を中心とした藩閥政治が続きました。

明治維新当初の藩閥政治は、天皇主権のもとで、天皇を神に祭り上げた祭政一致の政治であり、それ以前の幕府政治、天皇制度とは「全く異質」の天皇を神格化した軍部中心・治安強化の強権政治となりました。即ち、明治天皇の地位は、それまでの神仏混交、古来からの自然思想から、全く異質の天皇を

「神」とする原理主義的な「神道」思想への宗教革命によるものでした。天皇を神とする革命的な「神道」の政治思想ににより、仏教や儒教は外来思想として廃仏棄釈運動が起り（ただし、庶民や仏教勢力の反発で明治7年には仏教信仰の自由が認められた）、神道は「宗教」ではなく新たな「国家の祭祀」として重要な「国家政策」であり、天皇への服従こそ、新神道の神髄であるとの思想革命は以降、明治時代の帝国主義的富国強兵策を強力に推し進めました。

このような新明治政府のもとでの、天皇制（国体）の特徴として二面性があります。一つは絶対的な政治権力として立憲君主制であり、他は神権政治としての祭政一致の神聖皇帝です。この両面を時と場合により使い分けながら、あるいは両面の発揮でその後の政治活動が行なわれていったのです。

そのもとで1873年に天皇の子（臣民《しんみん》）である国民に徴兵令が、1882年に軍人勅諭が発せられたのです。また、1889年発布の明治憲法では、その第一条に「大日本帝国は万世一系の天皇が統治する」と定められ、大日本帝国は天皇大権と形式的な立憲主義の強権的近代国家として生まれ変わったのです。

ただし、「万世一系」について付言すれば、天皇家が天照大神から一糸乱れず継続しているかのように装っていますが、事実はこれと異なり、例えば1735年から大正天皇までの9代は、すべて男系天皇ですが、そのすべては正妻の子ではなく、側室の子でいわゆる「庶子《しょし》」なのです。

明治天皇の場合も正室皇后美子《はるこ》との間には子どもができず、明治天皇は5人の側室から15人の子ども（男5人、女10人）が生まれ、その最初の男子が大正天皇に就いたのです。明治維新の大改革では「一世一元制」を定め、天皇は神として日本全土を時間的・空間的に支配し、全国の神社を新たに序列化して最高位を天照大神を祭る伊勢神宮としました。1871年に廃藩置県を命じ、大名の治める藩を潰して武士制度を廃止しました。1873年には地租改正により物納から金銭納税を義務つけ、藩閥政治は壊滅しました。片や、1880年頃から各地に自由民権運動が芽生え、自由党（板垣退助）などの政党活動も出てきましたが、明治政府は反天皇制の活動を特別高等警察（特高）により取締り弾圧しました。1884年（明17）秩父事件、1901年（明34）の足尾銅山・田中正造事件、1910年（明44）の大逆事件（幸徳秋水らの大冤罪事件）など、多くの国家権力による反天皇制への弾圧事件で多くの無実の犠牲者が出たのです。

1889（明22）年に天皇主権の帝国憲法が発布され、翌1890年には第一回帝国議会が開催され、憲法を中心とした政友会、憲政会などの立憲政治の時代になりました。しかしそれと平行して陸軍省、海軍省などの軍部の力も急速に伸び、1894年には日清戦争、1904年には日露戦争、1910年には日韓併合と軍事的勝利とともに、1914年の第一次世界大戦では海外進出をにより戦勝国となりました。立憲政治は次第に政治力を失い代わって軍部独裁が優勢になり、1932年の海軍兵士中心による犬養毅首相暗殺の「五・一五事件」、1936年の陸軍兵士による「二・二六事件」で立憲政治は完全に崩壊しました。

代わって軍部は増々勢いをつけて、現役軍部の独断で1931年には偽装的な満洲事変（柳条湖事件）を関東軍が起こして満洲へ侵攻し、翌1932年に「満洲国」の独立宣言しました。1937年には満洲から中国本土に攻め入り（盧溝橋事件）、「日中戦争」が始まり、ここに第二次大戦前の奢った富国強兵の植民地の拡大、資本主義の本源的蓄積時代となり、アジア・太平洋戦争への直因を見ることができるのです。

明治維新の外交政策

（日清戦争）

朝鮮では古くから支配者層の不正、抗争、混乱が続き、その内部では親中国派、親ロシア派、親日派の対立がありました。多くの農民も兵役、高租税で疲弊して貧しく、周辺国からの侵略を受けやすかったのです。1890年、第一回帝国議会で山縣有朋首相は日本国国境の明確化を主張し、日本の防衛のために「主権線」（国境）と「利益線」（防衛線）があると演説し、利益線内として朝鮮半島の軍事的確保の必要性を強調しました。以降、日本はロシアの南下政策を阻止するためにも、中国が宗主国であった朝鮮半島の確保にために、中国（清国）との利害衝突があったのです。

1884年5月、南朝鮮での農民反乱（甲午農民戦争）をきっかけに、日本軍は「朝鮮出兵」をなし、駐韓日本公使の策謀で、ロシア派支持の閔妃《ミンピ》（皇后）暗殺という大罪を犯し、日清戦争に突入しました。朝鮮王朝を武装解除し傀儡政権を立て、日清戦争を開始し、勝利しました。勝利の結果、日本は下関条約で遼東半島、台湾、澎湖列島の割譲、賠償金2億両テール（当時の3億6000万円）を獲得しました。この台湾獲得は、日本にとって最初の植民地獲得でした。しかし、遼東半島はその後、三国干渉（露、仏、独）があり、返却となりました。

その後、日本は国会で板垣退助の自由党の賛同もあり、軍事大国の道を進むことになります。1910年に日本は韓国を併合し、台湾に次いでさらに植民地を獲得したのです。

かくして日本の帝国主義的領土拡大政策は、まとめると①日清戦争（1895年）から②日露戦争（1904年）、③第一次世界大戦（1914年）、④満洲事変（1931年）、⑤日中戦争（1939年）、⑥アジア太平洋戦争（1941年）と、6回も連続して帝国主義戦争を挑み、その間、1945年に敗戦するまで55年間も継続しました。その果ての最終結果は、日本の国民生活の完全破壊、国土の全国的荒廃の完全敗戦となって終わったのです。6回の戦争は民族自決、領土不拡大、交渉による紛争解決の国際原則（パリ不戦条約・1928年、西太平洋憲章・1941年8月）に違反したもので、我々も過去の戦争を返り見れば、ウクライナ戦争におけるプーチンを軽々に批判できないのです。昨今の安倍派政治はこのような歴史を学ばず、憲法9条を改悪し、自衛隊の海外派遣を現実のものとして、今や第7回目の米軍指揮下で、戦争に自衛隊参戦の危機に向かっているのです。

（日露戦争）

日清戦争後、日本の外交政策は南下を目指すロシアに対抗して満洲へ権益を伸ばす「北進論」と、中国南部を目指す「南進論」がありました。片や、ロシアは冬の不凍港を求めてバルカン半島、クリミア半島、アフガニスタン、中国・朝鮮などの沿岸を求めて南下政策をとり、1903年には韓国北部に軍事施設を建設し始めました。これに対して日本政府は北進論を決定し、1904年2月8日、遼東半島突端のロシアの租借地「旅順港」を奇襲攻撃し、日露戦争が始まりました。

日露戦争の目的は、完全な朝鮮支配をめぐっての戦いでした。当時日本とロシアの国力、軍備力は兵員力、海軍力、兵器どれをとっても圧倒的にロシアが優勢であり、勝ち目はないとの国際世論でした。しかし、日本は1902年、日英軍事同盟を結び英国の海軍、兵器、資金の援助のもとに、ロシアのバルチック艦隊が日本海に到達する前に短期決戦で臨み勝利しました。

しかし、旅順の戦いは当初の奇襲攻撃、旅順港閉塞作戦、旅順攻撃作戦と繰り返し行なわれ、8・8万人の日本兵士のうち、6万人もの死者が出ました。陸軍は鴨緑江から奉天（現・瀋陽）に攻め入り、海軍は1905年5月、日本海にてバルチック艦隊をせん滅し、1905年9月5日、米国東海岸のポーツマスで米ルーズベルトの仲介で講和条約が成立しました。

条約の内容は、①日本の大韓帝国（韓国）の完全な指導・監督を認める、②旅順、大連付近の南満洲鉄道の日本への割譲、③サハリン以南を日本に譲渡する、④遼東半島南端に租借地獲得、⑤賠償金はなし、でした（賠償金なしが原因で、9月5日に日比谷焼き討ち事件となる）。

日露戦争の影響としては、①黄色人種が白色人種に勝利し、日本は世界の一等国に仲間入りし、国民の間に一等国意識、大国意識が広まった、②政府の軍備拡張策、大陸植民地支配を国民世論が支えた。ただし、国民の一部、特に内村鑑三、幸徳秋水、堺利彦、与謝野晶子らの反戦活動もありました。③その後、日本は1910年に大韓帝国を併合し、これは日本の帝国主義の象徴である植民地獲得でした。この結果、日本は樺太、台湾、大韓帝国の三大植民地を獲得したのです。④国内の政治力で陸海軍の地位が高まり、軍部が政治に介入するようになりました。これに対して尾崎行雄（立憲政友会）、犬養毅（立憲国民党）らは憲政政治擁護、山縣有朋の後継者である桂内閣退陣を求めました。

このような日露戦争を太平洋戦争との関連で見ると、①当初は勝利の見込みのない戦争になぜ突入したのか、この点は太平洋戦争と全く同様です。②なぜ、大韓帝国を日本の平和維持防衛線としたのか、日本領土内での防衛でよいのではないか、③日清・日露戦争の辛勝の連続を過大評価して「大勝」と評価した原因は何か、④軍部の抑止力、歯止めをかけなければならないのに、その歯止めがかからなくなった理由、原因は何かなどが問われなければならないでしょう。

4　大正時代

国内政治——大正時代の特徴

大正時代の特徴は、一つには国内的に原敬の政友会内閣など政党内閣の成立（大正7年）、大正デモクラシーに代表される国民文化・芸術の高揚がありました。

二つには、第一次世界大戦、ロシア革命（１９１７年）などの国際的な大きな事件の影響から、日本の帝国主義の植民地政策の進展及び国内の治安維持の強化（治安維持法、大正１４年）が、静かに確実に進展する二律背反の時代でした。

大正デモクラシーの高揚及びその衰退の一因は、大正天皇の健康問題が原因していると思われます。大正天皇は生まれながらに病弱で、それは終生変わりませんでした。例えば、一見、普通の生活はされていたのですが、大正天皇は学習院大学を卒業できず、天皇に就任後わずか8年余で脳関係の病でその職責が務まりませんでした。それでも明治天皇のように現人神の権威は保持せねばならず、宮中、閣僚はその保身に苦労したと言われています。そのために、枢密院議長の山縣有朋の進言で桂首相らが動き、大正天皇は１９２２年11月には事実上退位し、皇太子裕仁親王（後の昭和天皇）が摂政役に就いたのです。

その間、政界では憲政擁護運動が高まり、桂内閣に対する批判が高まりました。１９０３年には尾崎行雄、原敬らが憲政護憲運動を起こし（第一次護憲運動）、これが先駆けで大正デモクラシーの運動が文学、学術、美術などの文化人の活動が活発となりました。例えば、夏目漱石、芥川龍之介、岡倉天心などの活躍など多数あります。

片や、政治面では国際環境の影響（ロシア革命など）もあり、左翼的な社会活動の取り締まりは強化され、1925年（大正14）には「治安維持法」が公布されて、特高警察の取り締りが強化されました。また、大正の後半は、第一次世界大戦で戦勝国になった日本は、軍部の政界への影響力が強くなり、政党政治の抑圧をもたらし始めたのです。

外交政治

大正時代には国内的には大きな事件は見られませんが、海外では大事件が続発していました。

第一は、1912年の清朝が滅亡しました。孫文による辛亥革命により、約300年続いた清朝が事実上、欧米列強の帝国主義侵略により滅亡したのです。その結果、中国本土では孫文が中華民国臨時政府の首相就任となりましたが、中国北部の満洲では地方軍閥、袁世凱が中国大統領就任を宣言しました。清朝最後の皇帝の溥儀は、日本軍に利用されて天津の日本大使館に保護されました。

第二は、1917年のロシア革命です。レーニン共産党はロマノフ王朝を倒してその一族をすべて処刑し、自ら首相となり周辺地域をも征服し、1922年「ソビエット社会主義共和国連邦」が成立しました。

その第三は1914年〜1918年の第一次世界大戦の勃発です。日本は欧米とともに戦い、ヴェルサイユ条約で日本は戦勝国となり、国際連合の常任理事国となりました。その結果、台湾を日本初の植民地となし、明治維新以来50年間で世界の一等国となったと言われました。

この間、日本は1915年、袁世凱大統領に対していわゆる「21ケ条要求」をなし、帝国主義的侵略の要求を行ないました。即ち、山東省のドイツ権益の譲渡、旅順・大連の租借地及び南満洲鉄道の利権延長など多数の利権の要求であり、一部実現した利権をもとにして、後の満洲国建設（1931年）の足かかりとなったのです。

5　昭和時代の前半（1926年〜1945年）

満洲事変以前の事情（明治・大正時代）

日本は日清・日露戦争の勝利後より、帝国主義的侵略、右翼ファシズムの政策実行が表面化しました。


1894年（明治27）日清戦争。

1904年（明治37）日露戦争。

1910年（明治43）大韓帝国併合。

1911年（明治44）大逆事件で幸徳秋水ら24名死刑、内12名を冤罪死刑執行。

1914年（大正3）〜1918年（大正7年）第一次世界大戦。日本軍はドイツへ宣戦布告、山東半島進軍。

1918年（大正7）シベリア出兵（ロシア革命への介入）。

1921年（大正10）原敬、東京駅にて暗殺。

1925年（大正14）治安維持法公布。


（昭和初期）

1928年（昭和3）満洲の財閥、支配者の張作霖爆死事件。この事件は3年後の満洲事変の発端事件です。満州を支配していた張作霖総統が国民革命軍（蒋介石総統）に追われ、北京から奉天に列車にて移動中、関東軍参謀である河本大作が列車を爆破し張作霖が爆死させました。満洲（東三省、即ち遼寧省・吉林省・黒竜江省）を中国から独立支配させるためでした。これはすべて関東軍の謀略工作であるのに、関東軍は中国軍の工作と虚偽の宣伝をして隠蔽しました。関東軍はこの偽装工作を長らく国民に㊙扱いにして、驚くことにこの重大真実が明らかになったのは約17年後の１９４５年の日本敗戦後です。

１９２９年（昭和４）　世界的恐慌、農業恐慌、一般恐慌深刻化。

１９３１年（昭６）満洲事変（柳条溝事件）発生の後、関東軍は満洲奥地に侵攻し、１９３２年に溥儀を皇帝として利用し傀儡国家、「満洲国」を建国しました。昭和７年以降、日中戦争開始の１９３６年（昭11）の間、ファシズム進行・テロ暗殺が頻発し、軍部・右翼の台頭があったのです。この間、国内の良識派により、なぜファシズムや侵略の防止ができなかったのか。主たる原因は、政党政治に対する軍人出身の軍部の台頭、それを支える超右翼、軍閥要請とファシズムの急進があったためとされています。この点は現代の超右翼の「日本会議」、安倍晋三元首相らによる憲法改正運動、自衛隊及び安保条約の推進運動など、超右翼化運動と酷似しているのでその阻止が必要で要注意です。

１９３２年（昭７）「満州傀儡国」建国。右翼血盟団事件（２月９日、右翼血盟団により大蔵大臣井上準之助ら財界人暗殺事件）。５・15事件（海軍青年将校の犬養毅首相殺害、官邸、警視庁襲撃、その裁判開始で士官候補生涙の証言（テロ暴力の肯定演説）。国際連盟のリットン報告（10月２日公表）満洲人の自立国家か否かの調査し、否定しました。

１９３３年（昭８）日本の国際連盟の脱退（３月27日）。・２月、国連総会決議は「満州国」認めず（ただし、この時も中国側による爆破行為が前提であった）。その後、特に日本のファシズム化の急進化しました。即ち、治安維持法の徹底、共産党員の一斉転向、蒙開拓団の開始、滝川教授事件、美濃部事件、教科書改訂陸軍省関与、マスコミ統制、統帥権干犯、陸海軍現役の武官制、軍人の政治介入です。ヒットラー（第1党）の首相任命。

1936年（昭11）「軍部大臣武官制」。陸海軍大臣は軍部大将・中将。陸海軍大臣の承諾なくして組閣不能。2・26事件（陸軍青年将校1500名が官邸襲撃9名殺害、天皇復帰令にて出し鎮静）。青年将校の主張は天皇への側近悪助言者排除、軍事費縮小反対、新軍閥支配の拡大、軍部による政治家への脅し、中国侵略主張、皇道派優位、暴力容認・反知性主義、国際協調主義者の排除など。右のとおり、日本の軍国主義化が一気に進み、その原因を過去に探ると次の様に思います。

まず、明治時代の山縣有朋の国会における利益線の主張（1823年）が強く影響し、その後の日清・日露戦争勝利で関東軍（南満洲鉄道警備隊）が誕生し、遠く離れて日本本土の軍中枢である関東軍に対するコントロールが利かなくなった。その弱点を利用して、関東軍内部では戦略家である石原莞爾《かんじ》（その見解「満豪問題私見」）、林銑十郎、板垣征四郎らが中心となって、満洲侵攻について独断専行＝天皇の統帥権の干犯行為が行なわれ、満洲事件に至ったのです。この歴史的経験から、政治では軍人政治を排し、且つ完全な軍部のシビリアンコントロール、国会の承認など民主主義のルール確保が必要なのです。

1937年、日中戦争の開戦（盧溝橋事件）

（外地事情、日中戦争開始）

昭和12年7月7日、北京郊外盧溝橋で日本軍演習中、中国軍との衝突。日中戦争開始。日本（関東軍中心）の日中戦争の特殊性は、中華国民政府を相手せずと主張し、結局、大義名分を欠く、相手なき戦いとも言われました。事実、陸軍は中国奥地へ侵略し、さらに南下して中国本土への侵入、泥沼侵略でした。戦略・目的なし戦争、ただ中国南部都市を叩き、聖戦侵略完遂のみで意味不明戦でした。その目的があったとすれば、当時の日本軍が不足していた石油、ゴムなどの資源獲得でした。

盧溝橋事件に関連して、「通州事件」が発生しています。盧溝橋事件発生後、日本軍は1937年7月27日、河北省「通州」にて、現地の中国軍保安隊を爆撃し大きな損害を与えました。これに対し、中国保安隊は翌7月28日、日本守備隊を反撃、さらに在留日本人、中国人二百数十名を殺害したのが通州事件です。これを日本では、中国軍の暴虐として過大宣伝しましたが、その原因を探れば、前日の日本軍による中国軍保安隊に対する攻撃こそ責められるべきなのです。

その後、戦線拡大に伴い、現地への侵攻の大義が必要となり、開戦後の昭和17年2月28日、開催の大本営政府連絡会議において、初めて「侵攻の大儀」として「大東亜共栄圏建設」が掲げられ、翌昭和18年、東京で「大東亜会議」が開催されて、タイ、フィリピン、ビルマ、満洲などが参加して「相互親睦、経済発展、人種差別撤廃」などいわゆる「大東亜共栄圏」建設が発表されたのです。

しかし、石油原産地のマレー、インドシナは招かれませんでした。また、東南アジアへの侵攻は大本営の方針により食料など兵站《へいたん》物資はすべて現地調達であり、南京や上海などでは多くの物資略奪、民間人の殺害、婦女暴行が多発しました。結局、東南アジア侵攻の目的・実態は領土拡大、生産資源獲得であり、「大東亜共栄圏」のスローガンは偽善的な見せかけのものでした。その結果、日中戦争は1922年調印の米・英・仏・中・日などの「9カ国条約（主権、独立、領土保全を義務づける国際条約）に違反した違法侵攻なのです。しかるに日本軍は北京→南京（１９３７年12月陥落）→上海→広東へ侵攻し、長期・持久戦化は蒋介石軍の米英の支援を求める結果となり、米英参戦へ刺激与えました。

（国内事情、ファシズム体制の完成・資源不足）

国家総動員法１９３８年（昭13）、全政党解体、大政翼賛会の1党独裁制、政治、経済、文化、国民の全生活の軍政下、国民の労働力、生活物資収奪、戦時体制開始、町内会、隣組開始（１９４０年、内務省訓令翼賛会の末端）。

１９３９年（昭14年9月1日）第二次世界大戦開始。ドイツがポーランド・仏、侵攻開始。米国の通商航海条約破棄（石油輸入禁止措置）。

その後の日中戦争は、関東軍が天皇統帥権を無視して上海に進軍し、１９３７年11月12日、上海は陥落しました。同年12月1日に至り昭和天皇、大本営は関東軍の南下方針＝南京進軍を事後追認しました。日本軍は１９３７年12月4日に南京城に侵入し、わずか1か月半後の１９３８年1月22日に南京は陥落しました。この南京事件では、中国軍兵士の外に多くの民間人が大量に殺戮、虐殺されて大きな国際問題になっています。南京事件につき、戦後のＢＣ級軍事裁判では兵士、民間合せて10万人〜20万人の死者が出て、支那軍司令官松井石根大将はじめ、５人が死刑判決を受け処刑されています。歴史修正主義者はここでも南京虐殺を過小評価し、その死者数は4万人としています。

１９４０年9月年27日、「日、独、伊三国軍議同盟」締結。当時、日本人は三国同盟を熱狂的に支持しました。しかし、独、日の背後の利害、思惑は次のとおりでした。

①独の利害――ソ連牽制、米の対欧戦参加阻止、対日へ向ける、独英戦への集中。

②日の利害――米国の参戦危機、軍部は陸軍賛成、海軍反対、新聞反対記事禁止、東南アジアの石油資源確保、長引く中国戦解決のため東南アジア制覇、米ソ抜きの新秩序を期待。
③三国同盟は独ヒットラーの対英戦勝利が前提でした。それが崩れ、日米交渉は失敗し、日米開戦へとなったのです。
１９４１年（昭41）太平洋・アジア戦争開戦。

多くの国際条約による平和・戦争回避の努力

１９１４年～１９１８の第一次世界大戦、１９３９年～１９４５年の第二次世界大戦において、人類は誠に愚かな何千万人もの人間同士の殺し合いをしたのです。しかし、世界各国はその間、懸命に世界平和を願い、戦争の撲滅に多くの知恵を絞り紛争の排除、停止、放棄を願い、協議、合意してきたのも事実です。その経過は次のとおりです。

（イ）第一次大戦後～第二次大戦「前」の国際平和への努力と条約の存在

西洋諸国の平和への国際条約の経過を年表順に列挙すれば次のとおりです。

・１８９９年、「ハーグ陸戦条約」（オランダ）

世界初の国際平和条約です。主として、近代戦争における国際法を初めて定めたもので、例えば、開戦時には宣戦布告をすること、一般民間人を攻撃してはならない、その他捕虜・負傷者の扱いなどを定めました。特筆すべきは、同条約の規則第25条「無防備都市宣言」の規定であり、同宣言の都市に軍事力を置かない代わりに、相手の攻撃を国際法で禁止する効力を持つものとされました。その実例として、第二次世界大戦の際、フィリピン軍を指揮していた米軍人ダグラス・マッカーサーが日本軍にマニラを包囲され反撃できなくなった際、マニラ市につき「無防備都市宣言」を出して、自らはオーストラリアに脱出しました。この時、マッカーサーが述べた名言が「I shall return」であり、事実そのとおりその後復帰となったのです。規則第25条「防守されていない都市、集落、住宅、建物は、いかなる手段によってもこれを攻撃または砲撃することはできない」

・1919年7月、「ベルサイユ講和条約」(第一次世界大戦後の参戦国の講和条約)

第一次世界大戦の終結時の1919年7月、仏のヴェルサイユ宮殿で開かれた勝利国、英・仏、米、伊、日ら連合国と敗戦国ドイツとの戦後処理の講和条約です。その後の国家間の平和を願い、戦争を回避し、協議による紛争調整機関として「国際連盟」の設立を決定しました。敗戦国ドイツへの1230億米ドル(現価は約16兆円)という天文学的賠償金支払義務、独の植民地その他敗戦国の植民地の没収などが決定しました。その結果、日本は戦勝国として中国の山東半島、台湾などを取得しました。

ベルサイユ条約では、敗戦国ドイツに対するあまりにも過酷な賠償責任に問題があったこと(ここに後にヒットラー誕生の原因があった)、「国際連盟」の運営に失敗したことが反省されるべきでしょう。

・1928年8月27日、「不戦条約(パリ)」

第一次大戦の反省として、今後、国家間の紛争は協議により解決し、武力・戦争による解決を否定した条約です。同条約では、第一条「国際紛争解決ノ為、戦争ニ訴フルコトヲ非ズ、国家ノ政策ノ手段トシテノ戦争ヲ放棄スル」。

第二条「紛争又ハ紛議ハ其ノ起因ノいかヲ問ハズ平和的手段ニ依ル」との文言が規定されたことは、その文言がほぼそのまま現在の日本国憲法第9条1項に引用された点で注目されます。この条約につき、日本も批准しましたが、その後、日本の軍部は第二次世界大戦を開始した時点でハーグ陸戦条約、パリ不戦条約に違反して宣戦布告もせずに、「武力」により、「シンガポール攻撃」、「真珠湾攻撃」をなし、日本は人間の英知と理性により結ばれた国際条約を真っ向から破ったのであり、その歴史的事実を二度と繰り返してはならないのです。

なお、この国際条約違反のアジア・太平洋戦争はその開始後の約3年半経過し、日本政府と軍部が戦争の早期終結時期の判断で開始したにも関わらず、天皇制護持のために極めて遅きに失し、ほぼ日本全国の都市が被爆焦土と化し、原発2発を食らって無条件にて惨敗となりました。それゆえ、敗戦直後この「パリ不戦条約」の精神・文言が現在の日本憲法の前文及び第9条に引き継がれて生きていることの歴史的意味、その重い責任を日本国民は忘れてはならないと思います。

・1941年8月9日、「太西洋憲章」の合意発表

米のルーズベルト大統領、英のチャーチル首相が西太平洋上で行なった第二次大戦後のあるべき国際協調につき8項目を合意したものです。

①領土の拡大を求めない、②人民の自由意思に反した領土の変更を認めない、③人民は政体選択の自由を尊重する、④世界の通商の自由を有する、⑤社会保障の確保のために国際協力に努める、⑥ナチス体制後の恐怖と欠乏から解放に努める、⑦公海・外洋の通行の自由、⑧全般的な安全保障システムの確立に努める。これら8項目のほぼ完ぺきな平和維持条件が後の1945年6月の「国際連合憲章」の結成要素となったのです。

しかし、改めてこの8項目を見ても、現在、なお世界のどこかでほぼすべての項目が未だに守られていない残念な現状にあることがわかります。現在のロシアのプーチンによるウクライナ侵略はこの8項目のほぼすべてに違反した許し難い暴挙です。歴史は繰り返すのか、人間は忘却の動物なのか、これが

人間の性《さが》なのか。人間の愚かさを何回も噛みしめるべきでしょう。

（ロ）第二次大戦「継続中」の平和的戦後処理の国際条約

武力による紛争解決の否定をはじめ、理性に基づく交渉による国際平和の実現のための努力は以下のとおり、第二次大戦中も何回も繰り返して宣言、協約などが行なわれてきました。

・1942年1月「連合国共同宣言」前記「大西洋憲章」後の26か国参加の多国共同宣言です。

・1943年11月23日〜27日「カイロ宣言」。米ルーズベルト、英チャーチル、中国の蒋介石の3者による対日戦争の戦後処理についての宣言です。その内容は、日本の無条件降伏まで戦う、日本の占領した満州、台湾、太平洋諸島の返還、朝鮮の独立などを確認しました。

・1944年8月〜10月「ダンバートン・オークス提案」。米・英・ソ・中の4か国で作成。第二次大戦末期にワシントン郊外で4か国が集まり、終戦後の平和機構としての「国際連合憲章」の作成につき協議しました。

・1945年2月11日「ヤルタ会談」。米ルーズベルト（直後の1945年4月12日死去）、英チャーチル、ソ連のスターリンら三国首脳による戦後処理構想の協議です。ヤルタはソ連のクリミア半島の保養地です。戦後のドイツの分割、国際連合の設立、独、日の無条件降伏決定などが協議されました。ヤルタ会談後、米ソ対立（鉄のカーテン）が顕在化し、冷戦対立の到来となります。

・1945年6月「国連連合憲章」を約50か国が参加して作成しました。

・1945年7月26日、4カ国の「ポツダム宣言」協議・成立。ベルリン近郊の町ポツダムにて、米トルーマン、英ルーズベルト、ソ連のスターリン、中国の蒋介石の四者会談で、7月17日から8月2日にかけて、日本の戦後処理条件の協議です。ポツダム宣言は、戦後の日本統治の基本宣言にて、13条からなります。国土の限定、武装解除、東京裁判実施、責任ある政府樹立後に占領軍の撤退などの宣言。協議の中では「天皇制の維持」の要否の討議がありましたが、これは長く駐日大使であったグルー氏の平和的に占領政策を行なうために、天皇の戦争責任は問わないとの結論になりました。ただし、宣言上にその文言はありませんでした。

ポツダム宣言協議後の経過は次のとおりです。

1945年7月26日、米国などより日本に対して「無条件降伏宣言」を通告・発表。7月28日、日本の対応は新聞で「笑止」と報道、政府は通告を黙殺。8月2日、米国で原爆実験に成功し、至急トルーマン大統領に伝達。8月3日、トルーマンは日本への原爆投下を決断（これ以上の米兵の死傷を止めるため）。8月6日、広島へ原爆投下、8月8日、ソ連対日戦争の通告、8月9日、長崎に原爆投下、8月9日夜〜8月10日、早朝よりただちに最高御前会議の長い協議の末、「無条件降伏」を受諾決定。8月14日、鈴木貫太郎首相、ポツダム宣言の無条件受託を伝達。

これらのとおり、敗戦時の受託決断が遅れた上、沖縄、本土をほぼ全国が焦土化した完璧な敗北で終戦となりました。そのために、その後の米軍を中心とした占領軍に対して、敗戦国としての最低限の権利主張・行使さえも行なえず（例えば、占領中の憲法制定行為は制定者である日本国民に主権者としての自由意志がないので、本来あり得ないのですが、占領中の1946年11月3日日本国憲法制定、1947年5月3日、日本国憲法の発布された）、それが戦後の対米弱腰外交（日米安保条約受諾）の原因の一つにもなっているのです。

さらに、重大なことに1951年9月、日本国が独立するためのサンフランシスコ講和条約調印のまさにその当日の午後、突然に第二次大戦中の連合軍の対日政策（カイロ宣言、ヤルタ協定、ポツダム宣言、国連憲章）に反して、米国は日本に対して安保条約の締結を強要し、事実上、占領を継続したのです。日本の太平洋戦争の開始は、当時日本の国民総生産力を比べても米国の軍事力、経済力は　約11・83倍もあり、圧倒的に劣勢であり、無謀な戦争はすべきではないとの強い反対論がありました。

然るに、開戦直前の１９４１年11月５日の御前会議では、大本営政府連絡会議での米英への開戦を12月初旬と密かに決めました。これに対して天皇と政府は軍部に押し切られて、天皇は何ら意見を述べず黙認し、ここに事実上天皇の了解のもとに開戦が決まったのです。

ここに至るまでの背景をたどると、すでに１９３９年から軍部による日中戦争が始まっており、特に陸軍は満洲帝国を１９３２年（昭和７）に成立させて、中国北部に進出しさらに東南アジアに侵攻しつつあり、１９３３年には国際連盟を脱退し、侵略行為を展開していたのです。第二次世界大戦の萌芽は開戦の早くも10年以上前からその具体的現象は現れていたのです。この歴史的事実も私たちは心に銘記すべきと思います。

アジア・太平洋戦争の開始

イ）開戦までの日米交渉

１９４１年４月～11月26日「日米交渉」（米大使・野村吉三郎、米国務長官コーデル・ハル）

１９４１年12月８日、米戦の開戦

この開戦前の日米交渉でなぜ、戦争回避ができなかったのか。日本軍隊は中国ですで戦争侵略の推進、軍事解決の方向で進んでいました。日本は東南アジアの仏印進駐是認、石油・制空確保に努めていたのです。この間、米国は日米交渉で戦争回避の努力と共に日米開戦準備として、時間稼ぎをしていました。

6月22日、ドイツのソ連への侵入→これで日本陸軍は南進論決定し仏印侵攻進める。7月、日本軍、南部仏印進駐決定・実行→米の日本資産凍結、石油輸出禁止措置。日本は米の石油禁止あり得ずとの主観的誤算判断あり。8月、米英の「太西洋憲章」発表（日本の中国侵略批判、戦後処理策の発表）。10月、東条内閣発足（天皇はこれで軍部強硬派を抑える意図があったが結局逆効果、失敗）11月15日御前会議・大本営政府連絡会議で対米英蘭戦争での「戦略」につき、次のとおり決定しました。

①東南アジアに陸軍が侵攻し重要資源、交通路を確保する。②三国同盟によりまず英国、中国を屈服させて米国の戦意を喪失させる。③米海軍を誘い出してその艦隊を撃滅する。④有利な条件を作り短期決戦で講和に持ち込むと言うものでした。

11月26日、米「ハルノート」交付、即ち米国は日本に南部仏印撤退、三国同盟の否認を要求したために交渉決裂しました。決裂の原因、責任などについてはいろいろ言われていますが、その一つに米国の判断ミス論として、日本は国力劣勢差で戦争を回避するとの考えがありました。

12月1日、御前会議・大本営連絡会議で「ハルノート」を交渉拒否と受け止め、日米交渉打切り、米英開戦の決定します。

12月8日、日米・英・蘭開戦（真珠湾攻撃、シンガポール攻撃）。

以上の太平洋・アジア大戦の開戦につき、『太平洋戦争への道』（NHK出版新書）では識者が次のように反省点を纏めています。

①日本国家の組織面で権力の分散・対立あり。即ち、天皇の統帥権の独立（内閣・議会の関与を認めない）、陸軍省から「参謀本部の独立」、海軍省から「軍令部」の独立、陸海軍大臣の現役武官任用、陸・

海軍の分立などがあり、国家組織面での多肢の路線対立があり、内閣のコントロールが不能であった。
②大本営政府連会議のメンバーは軍事学校出身で「軍事」は学ぶも、国家運営の政治は学まず。
③政策基本に「大局的な歴史観の欠如」あり。これが軍人の軍事主導政策の最大の欠点。
④日本は「ハルとの日米交渉」で中国侵略の制限・停止策を受諾し、戦争回避すべきであった。
⑤半藤一利の論評――歴史を顧みて、日本人は本当に不勉強である。このままの日本で大丈夫か。
⑥保阪正康――若人の命の重みが分かる政治指導者、軍事指導者を持たねば国民は不幸である。

ロ）開戦後、太平洋地域での激戦地での日本軍の連続的敗北事実経過過

戦争開戦後の戦闘地の概略的経過は次のとおりです。

短期決戦で和平交渉への戦略は全く通用せず、いかに日本は相手の力量に無知であり、そのために多くの尊い命を無駄に見殺しにしたかがよく理解できます。政府の政策は全く信用できない好例です。

以下の経過を見ると、日本軍は開戦後、わずか約半年間のみは優勢でしたが、たった半年後の1942年6月のミッドウェー海戦以降はすべて敗北の連続であり、次々と追い詰められていました。軍部、政府、天皇は国民・兵士の生命、財産よりも「天皇国体護持」に最後まで固執したため、ついには日本本土のほぼすべての都市町村まで爆撃を受けて国民は多大な人命と財産を失ったのです。アジア・太平洋戦争は当初から米英への戦いは自殺行為にも等しいと考える政府筋もありました。軍事力、経済力、その戦争の大義（正当性）から見て、いずれも日本が劣っていたことは明らかだったからです。それでもただ当初、軍事力は米国と引けを取らないとして、短期に優勢的立場に立って和平に持ち込めばとの軍の方針（山本五十六海軍大将など）で始まったことでした。

（日中戦争開戦以降の日本軍のアジア・太平洋侵略の概略年譜）

1937年7月、日中戦争開始（盧溝橋事件）8月上海上陸、12月南京入城。特に南京攻略では中国軍兵士は無論、多くの民間人が大量に殺戮。

1938年10月、広東、武漢占領。

1939年2月、海南島上陸。

1939年5月～9月、ノモンハン侵攻、関東軍による国境問題の「武力の一撃策」があります。ノモンハンは満洲傀儡国、外モンゴル（ゴビ砂漠の北部、ソ連の影響下）、内モンゴル（ゴビ砂漠の南部、日本軍の影響下）の近接点にあり、以前から日本軍、モンゴル自立軍、中国国民軍、ソ連軍がその支配をめぐって紛争がありました。最終的には1945年8月以降、ソ連軍が日ソ不可侵条約に違反して関東軍を侵略開始会した時、ソ連指導者スターリンが内・外モンゴル、関東軍に攻め入りその支配者を虐殺し、武力で制圧し国境はソ連の希望とおりとなったのでした。その結果、内モンゴルは崩壊し、外モンゴルは国民の投票により独立国となりソ連、中国はその独立を認めたのです。その紛争でモンゴル人、関東軍、ソ連軍など合わせて約16000人以上の戦死者が出ました。

1940年9月、関東軍の日中問題打開策としての仏領インドシナ侵攻。英米の不信を増大。

1941年7月、仏印進駐。

1941年9月、日独伊の三国同盟締結。米国は日本を「敵国」と見做し、11月「ハルノート」交付。

・12月8日、太平洋戦争勃発（真珠湾攻撃）同日の午前7時35分にハワイ・オワフ島真珠湾にて海軍の航空機350機が攻撃開始。攻撃後に開戦布告となりハーグ陸戦条約違反の「日本軍＝悪」の失態。同日、日本陸軍はハワイ攻撃より約1時間前の12月8日午前2時15分に英領シンガポール（マラヤ）に戦闘開始し、その後、香港、米領フィリピン、グアム島、ウェーク島に向かった。

・12月8日、香港（英領中国）攻略。中国本土の南端に位置する九龍半島へは1941年12月8日午前4時に攻撃開始し、わずか6日で掌中におさめた。ついで香港島への上陸、戦闘となり、同年12月25日、英軍の降伏受諾となった。この間、日本の戦死者683人、英連邦の死者、行方不明者2114人であり、その他現地の香港市民約5000人が犠牲となった（山崎雅弘『太平洋戦争秘史』）。その後、日本が統治し日本語が公用語となり、1945年9月、日本の敗戦で中国の蒋介石の求めに反し、英国に引き渡された。

・12月8日、フィリピン攻略。日本軍は12月8日昼過ぎ、フィリピンの米軍基地に攻撃をしかけて、当時の米軍マッカーサー連合軍司令官が指揮していたフィリピン内の米軍基地を、翌年5月6日に全土を支配しました。その後、戦況が逆転した1944年10月20日、米軍はフィリピンの奪還作戦を開始し、レイテ島からルソン島で日本軍との激戦を制して解放し、マッカーサー司令官は「I have rutruned」と高らかに宣言した。

・12月8日、タイ（シャム）日中戦争以来、タイは東南アジアで唯一の中立を維持していました。しかし、周囲で英、米、欄、仏、日が紛争、侵略を繰り返していたので、英米連合国につくべきか、日本軍につくべきか慎重な政府判断を迫られていました。基本的には1937年の日中戦争以来、その時の優勢な勢力側につき、また両軍との間で不可侵条約を締結するなどタイの国内侵略を防いでいました。1945年7月までは日本軍側についていましたが、同年8月に日本軍がポツダム宣言を受諾し敗北すると、素早く連合国軍側につき、戦勝国となり1945年12月には新たな国際連合に加盟し、巧みな外交で第二次世界大戦を乗り切ったのです。

・12月8日、英連邦のオーストリア、ニュージランド、カナダの参戦。オーストリアは当初、英連邦の配下で欧州でも参戦しましたが、その後、日本軍の東南アジア南下侵略がありマレー半島、シンガポールなどで英連邦の配下で参戦しました。しかし、英国軍が敗退した後、日本軍がオーストラリア本土のダーウィンなどの攻撃があり、米国軍の配下でニューギニアなどで日本軍と約99万人が戦闘し、約3万が戦死し、26000人が捕虜となりました。戦後、オーストリアの対日感情は極めて悪く、極東裁判では天皇の戦争責任を最後まで主張したのです。

・ニュージランドも連合国側でフィジー諸島、ソロモン諸島、ニューカレドニアなどで対日戦争に加わりました。英連邦の一員であるカナダは、英連邦の一員として、開戦当初の香港で攻防戦に加わり、アリューシャン列島のアッツ島の攻防戦では国内の防御態勢をとりました（以上、山崎雅弘著『太平洋戦争秘史』）。

・12月8日中米、南米の参戦。中米、南米は戦場から遠く離れており、第二次大戦前には特に南米はドイツとの経済的関係が深かったのです。しかし、大戦開始後は、ドイツ軍による南米各国の船舶がドイツのUボート（ドイツ製の有能な潜水艦）で撃沈されたり、米国の友好的政策もあり、連合国側につくようになりました。特にメキシコ政府は、メキシコ人をアメリカ兵としてフィリピンに送り込み、米軍とともに戦いました。また、ブラジル政府は、ブラジル軍をイタリアに派遣し、ドイツ軍、イタリア軍と戦ったのです。終戦間際の1945年4月までには、中米、南米のすべての国が対独、対日の宣戦布告をして連合軍に参加したのです。

・1942年1月、マニラ占領（比）、オーストラリア北部ダーウィン攻撃。ボルネオ、1942年1

月11日、日本軍はインドネシア攻撃のためにオランダに宣戦布告をしました。日本軍の目的は、開戦時に石油の7割を米国に依存していたところ、米国は日中戦争開始後の1940年8月1日に対日石油の全面的禁止を行なったので、日本軍はインドネシア侵略の目的をスマトラ島、ジャワ島の石油資源確保を目的としました。そのために、インドネシアに対しては国土の侵略ではなく、石油資源の確保のために、日本本土の大本営の方針に反して現地日本軍は融和政策を基本としました。その中でインドネシア人の民族主義者、スハルトとハッタが半ば日本軍に協力し、半ば連合軍（蘭、仏、英、米）にも通じて、最終的にインドネシアの民族独立を模索しながら活動しました。結局、1945年8月17日に至り、日本が連合軍に敗北したことが明白となり、同日、スハルト邸でインドネシアの独立宣言が発せられたのです。

・1942年2月、シンガポール陥落。戦死者日本軍1713人、英連邦約5000人と捕虜8万人。当時、日本軍は「植民地解放」として進軍していましたが、シンガポールとマレー半島（当時マラヤ、現在はマレーシア国）につき、大本営は「植民地解放」と報じていましたが、実際は終戦まで独立を許さず、日本領土の植民地として支配しました。その支配下で日本軍は、中国華僑らのゲリラ抵抗に対し、日本側文書で約5000人、シンガポール資料では5万人が治安維持として射殺されたとのことです（山崎雅弘著「太平洋戦争秘史」）。

・スマトラ島では、2月19日～20日、バリ島海戦（バリ島占拠、インドネシア進出のため）緒戦から約半年後の1942年5月頃までは東南アジアのマレー半島、フィリピンのルソン島の2面攻略、さらにビルマ、ジャワ島占領と東南アジアの欧米支配を一掃し予想以上に戦果を挙げました。

・4月18日、ドーリットル空襲。米国空軍B25のミッドウェー発進により、日本本土の初空襲あり（東京、川崎、横須賀、名古屋などの初日本本土爆撃)。
・5月、タイ占領(経済協定による)。その後、インドネシアなど南方へ快進撃開始。マレー半島上陸に成功。この作戦目的は、石油など物資の輸送ルートの確保、当時の東南アジアの英仏蘭諸国の植民地解放(大東亜共栄圏)を大義名分としました。しかし、御前会議の決定では、「スマトラ、ジャワ、ボルネオ、セレベス」は帝国領土と決定し、重要資源の供給地とするとの基本戦略があった『日本近代史⑥』。
・1942年6月5日~7日、ミッドウェー海戦(日本海軍敗戦の始まり。事前に暗号解読されていた)。当初ここまでの作戦で、今後はそれまでの占領地確保の作戦方針でしたが、連戦連勝に酔いしれてさらにニューカレドニア、ミッドウェーへの米豪補給路遮断目的のために、中部太平洋まで戦線拡大を進めました。しかしこの作戦が命取りとなり、逆に日本軍の補給路を断たれそれ以降敗北を重ねました。日本空軍は、日本本土初攻撃発信地となった上記ミッドウェー島の奪取を目的にしかけました。しかし、逆に空母4隻、航空機多数を失い、海軍は開戦後早くも約6か月後の1942年6月の太平洋ミッドウェー海戦で戦況が逆転悪化し、米英連合国が優勢となり以降、徐々に日本本土近くに攻め込まれました。この敗北状況につき、日本の大本営総司令部はこれを「敗北」との結果報道をせず、以降、大本営は戦況不利な事実を国民に隠蔽するようになりました。
・1942年8月~1943年2月、ガダルカナル争奪戦。ガダルカナル島は当初、日本軍が領有していましたが、米軍海兵隊2万人が上陸し、日本軍の飛行場が襲われ、飛行場獲得を巡り死闘が繰り返されて泥沼化しました。その死闘の中、日本空軍の熟練搭乗員の多数を失って不足し、また米軍は潜水艦を多用し、初め日本軍の補給路が断たれました。そのために、輸送の途中で日本の船舶の大半が沈没され、一部上陸の兵士も兵器・弾薬・食料の欠乏から撃退され1943年2月7日敗退しました。この戦いで日本兵士約20000名の尊い命が戦死し、うち5000名〜6000名が戦死、その内の約15000名は餓死または病死と言われています（米国の死者は3％に対して日本軍の死者は64％とも言われています）。

・1942年5月5日〜11月6日、マダガスカル海戦。マダガスカル島は西インド洋のセイロン島沖にあり、仏の植民地であったところ、インドとアフリカのシーレーン確保のために、英海軍排除の目的で日本軍が攻撃しました。日本からあまりにも遠く、戦果としての実益はなし。日本兵の死者152人、負傷者500人が出ました。

・1942年11月〜1943年、ニューギニア島戦闘敗北。ガダルカナル海戦の敗北後、南太平洋諸島での日本軍の敗退・撤退は続き、ニューギニア島隣接のビスマルク諸島のラバウルは当時日本軍最大の基地でした。ここでも米軍潜水艦の待ち伏せで補給路が完全に断たれて、ニューギニア島の上陸に成功した日本軍は自給自足の状態となり、気力だけで持ちこたえながら戦い、結局、戦没者が10万人以上発生し、その内、餓死者が9万人と言われています。天皇のために出陣しながら、餓死による死亡者が多数とは、日本軍中枢の作戦失敗による惨敗以外の何物でもありません。

・1943年5月12日〜5月30日、アッツ島沖海戦の玉砕。アリューシャン列島南部のアッツ島での米軍との戦いは5月12日、米軍の上陸を許し、以降17日間の死闘が繰り返され、ここでも日本軍は全滅しました。この間、大本営は補給困難を打電し、事実上、まだ多数の日本兵がいるにも関わらず、戦闘放棄を命じました。その結果、アッツ島の日本軍は戦死、餓死し、大本営はこれに対して初めて全滅兵士の死者につき「玉砕」という言葉で発表されました。日本兵の死者2638人、生存者27人（約1％）でした。米軍の死者は550人でした。

1943年9月8日、イタリア無条件降伏。

1943年10月21日、神宮外苑での文科系大学生の学徒出陣壮行会（紀元2600年）。
・1944年2月17日〜18日、トラック島空爆（日本軍の補給本拠地の壊滅）。
・1944年4月〜7月、インパール作戦。インド北部の都市インパールでは、当時イギリスの植民地の拠点でした。その奪還及びインド国内の反英運動の支援、英軍への補給路阻止を目指して、日本軍10万人が投入されました。しかし、あまりの遠征で後部の補給路が断たれて補給が途絶え、加えて連日の梅雨の豪雨でマラリヤ、デング熱、アメーバー赤痢の蔓延で退却を決定するも食料、医薬品はなく、約5万人の日本兵兵士が飢餓、栄養失調、加えて心身衰弱で自殺者も多く全滅しました。これはビルマ国境のアラカン山脈を越えてインドまで戦線を拡大した全く無謀な作戦だったのです。

これをインド側から見ると、インド内部では英国からの独立を目指してヒンドゥー教派のガンジー、ネルーの国民会議派とイスラム派のチャンドラ・バースの対立があり、加えて英国派と反英国派の対立もありました。「非暴力不服従」のガンジー、ネルーは1942年8月英国により逮捕・拘束され、1944年5月の終戦まで続きました。一方、バースは日本軍に協力し且つガンジーらと対立しながら終戦を迎えました。日本軍と英国軍にわかれたインド兵士の戦死者・行方不明者は約87000人、英国軍のインド兵捕虜は約67000人と言われています。なお、終戦後も両派は対立し、1947年8月、ネルーのインド連邦とバースのパキスタンはやっと各々独立したのです。
・1944年6月19日〜20日、マリアナ諸島海戦（サイパン島戦闘、テニアン島、グアム島）。日本軍は1943年3月に設定した日本本土の「絶対国防圏」内のマリアナ諸島に米軍の侵攻を受けて空母15隻を投入するも米軍に一方的に惨敗し、マリアナ諸島の制空権、制海権を失いました。

・サイパン島では日本兵43000人と民間人1.2万人、テニアン島11500人、グアム島で18000人の犬死（これを玉砕と言った）の犠牲者が出ました。サイパン、テニアン、グァム島での総犠牲者は約74000人、戦闘完敗の撤退で日本の敗戦は決定的となったと言われています。しかし、大本営はそれを認めず、防衛線を狭めながらも、その後もさらに多くの犠牲者を出しながら無謀な戦闘を継続していったのです。

・その後のフィリピンのルソン島・レティ島戦、テニアン島戦、硫黄島戦、沖縄戦、本土爆撃、広島・長崎への原爆投下など、アジア太平洋戦争での日本兵・日本国民の戦争犠牲者は、厚生省発表の約310万人の大部分が1944年のこのマリアナ海戦以降の犠牲者なのです。岩手県の戦争犠牲者の例で見ると事実に87%が同海戦後の犠牲者であるとのことです（吉田裕『アジア・太平洋戦争』）。

1944年7月16日~8月3日、テニアン島戦。ここで特筆すべきは、7月16日以降のテニアン島戦です。戦前国内からさとうきび栽培で入植した住民が13000人、朝鮮人2700人が生活していましたが、米軍の上陸掃射作戦で一斉射撃を受け、住民は水も食料もなく、南部の洞窟内を転々として戦火の中を3か月以上逃げ回ったのです。その間、渇きに耐えられず一人で海に出て被弾して亡くなる者、どうしても耐えられず自らの尿を飲み、子どもに母親の尿を与えた母親が日本兵から洞窟内で自決を強要され、母親が小さい子どもから順番に自らの手で首を絞めて殺害するなど、地獄絵同然の惨状となりました。戦争とはかくも悲惨であることを銘記すべきです。

1944年7月18日、東条内閣総辞職（小磯内閣1944年7月、翌年4月、鈴木貫太郎内閣）。

・1944年10月20日~25日、レイテ島沖海戦（フィリピン諸島海域敗北）。この戦いは太平洋戦争の天王山と言われ、日本海軍は戦力のすべてを投入しましたが、制空権も兵器もなく壊滅的な損失を受けました。この時、「特攻隊」が初めて採用され、特に多くの若者兵士が候補者とされて「命は羽毛より軽し」と言われ、片道切符で兵士の命もろとも敵艦激突出動、激突で若い生命が失われていったのです。フィリピン陥落により日本軍は、シーレーンも断たれてほぼ戦争継続不可能となりましたが、なお、日本軍は国体護持のために戦いを継続しました。片や連合軍は、制空権を支配し、続けて沖縄、日本本土への攻撃を激しく迫りました。

・１９４５年1月～8月、フィリピン本土のルソン島内の攻防戦。日本軍司令部は降伏を認めず、米軍の上陸後も食料の補給も断たれてルソン島内の北部、南部での激しい戦いが長期間展開しました。日本兵らは極度の食料不足から、ついに同僚兵士を襲い人肉を食べる事態になったのです。生き残り兵であったダイエー社長の中内功（当時）の述懐は「一番恐ろしかったのは隣に座っている日本兵であった。眠るといつ殺されるかと思い眠れぬ夜が幾晩もあった」とのことです（『日本近現代史』⑥）。ルソン島では日本兵の死亡者は約２万名と言われています。また、１９４１年から１９４５年までのフィリピン軍人は５７０００人、民間人は約50万人が命を落とし、フィリピン国土は戦争で荒廃したのです。

・１９４５年2月、硫黄島敗北。小笠原諸島に属する硫黄島では、両軍の激戦となり、わずか一か月で日本軍約2万人の兵士が全滅しました。わずかに生き残った兵士の証言によると、死者の内容は敵弾での戦死約30％、自殺60％（注射での自殺依頼）、日本兵による他殺10％（捕虜になるなら殺してくれとの依頼）、その他（自暴発死など）です（第44中隊の鈴木栄之助の証言）。

・１９４５年3月9日、インドシナ（ベトナム、ラオス、カンボジア）。日本陸軍は仏印で全面攻撃により仏軍を壊滅、傀儡政権を樹立しました。これに対して米軍の介入は予想に反してなく、沖縄に向かい１９４５年8月６日、8月９日に原爆投下をして日本は敗戦しました。そして、ホーチミンのベトナム、カンボジア、ラオスは独自の道を進めました。日本の敗戦後、ベトナムは宗主国のフランスから独立を求めてホーチミンがゲリラ戦を開始。1954年、ベトナムは南北に分断されて独立しました。1949年に毛沢東による中華人民共和国が成立し、毛沢東の支援で北ベトナムは南ベトナムと戦闘状態となり、米国の参戦もありましたが、多数の犠牲者を出しながら1975年、北ベトナムが勝利し、大戦後30年を経て、1976年1月にベトナム社会主義共和国の樹立で完全統一が達成されました。なお、他国の介入もなく、カンボジアは1945年3月12日に独立、ラオスは1945年4月8日に独立しました。

・1942年8月以降、ビルマ（現在・ミャンマー）もベトナム同様に現地人は当初、日本軍は英国の解放軍として協力し、1943年8月には日本軍の傀儡政権、バーモウ首相が就任しました（『太平洋戦争秘史』（252ページ・朝日新書）。しかし、大戦末期の1944年8月1日以降、日本軍のビルマ植民地下政策を見破り、アウンサン（アウンサン・スーチの父）の指導のもと、反日抵抗組織（パサパラ）を組織し英軍・ビルマ国軍とともに駐留日本軍に対して反旗を翻し、1945年5月以降は事実上、日本軍をビルマから撃退し、1948年1月にビルマは独立しました。

　1945年3月10日、東京大空襲。民間人死者 約84000人。

　1945年5月8日、ドイツ無条件降伏。

　1945年3月26日～6月23日、米軍は日本国民に厭戦《えんせん》心を高めるために、あえて軍事基地ではない一般全国大・中都市への爆撃を開始して、民間人死者約50万人も出ました。

・1945年4月1日～6月23日、沖縄慶良間諸島へ米軍は4月1日に上陸開始しました。日本軍は本土防衛のためもあり、民間人を盾に利用して応戦するも、6月23日に牛島司令官の自決で終結しました。

戦没者は軍人９４１００人余のほかに、民間人約10万人（島民の４人に１人）と言われていますが、住民台帳の焼失でその正確な数は未だ不明と言われています。
　この沖縄戦の特徴は、多くの日本人が生活していた初めての日本国内での戦いであったために、①兵士犠牲者と民間人犠牲者がほぼ同数の大量犠牲者を出したこと、②大本営は沖縄戦の目的を沖縄防衛と言うより、本土決戦の時間稼ぎと位置つけていたこと、③日本軍よって住民のスパイ視、日本軍優先の壕から民間人追い出し、泣く赤ん坊の殺害、投降住民の殺害など、多くの沖縄県民が日本軍によって殺害されたこと、④戦陣訓を住民へ強制として、日本将校によって住民に手榴弾を配るなどして「集団自決」を迫り実行させたことなど、例を見ない悲惨極まる戦いでした。

（敗戦直前の連合軍の対日政策）
ヤルタ会談――連合軍は１９４５年２月４日～11日にかけて、ソ連のクリミア半島ヤルタで米、英、ソ連三国でドイツ、日本の戦後処理方法について協議しました。この段階では米、英のみでの勝利は考えられず、東西対立は表面化せず、密約として日本敗北の際はソ連が樺太、千島などを割譲すること、その見返りにルーズベルトはスターリンに対日参戦を求めたのです。
ポツダム会談――１９４５年７月17日～８月２日にドイツのポツダムで米、英、中国（蒋介石）、その後ソ連の参加で、日本の戦後処理について協議し、そのまとめがポツダム宣言となったのです。この会議の最中に戦後の日本にとっても重要な事実がありました。即ち、７月17日に米トルーマンのもとに米国が原子爆弾の実験成功の情報が入りました。このためトルーマンは対日戦争は米・英軍で勝利でき、ソ連の参戦は不要と判断し、ここに次の東西対立が表面化したのです。

そのために、米国はソ連の対日参戦は日本の共産化につながると判断し、秘して8月6日、9日、日本への原爆投下を実施したのです。その後も8月15日、日本無条件降伏につき米国のマッカーサー太平洋司令官を占領最高司令官に任命し、占領政策として日本の軍国主義排除とともにその共産主義化を防ぐ二大方針で進めたのです。その総仕上げが1951年9月9日、ソ連ら共産圏を除いた片面的講和条約であり、その真の目的（＝直接的な目的）は日米安保条約の調印でした。

以上のとおり、太平洋・東アジア戦争は真珠湾、中国、マレー半島を初め、東南アジア、中部太平洋、さらにフィリピン、沖縄、日本本土と広範囲に戦場を広げ、公式発表では軍属230万人、海外民間人30万人、国内戦死者50万人、合計310万人の犠牲者を出したと言われています（厚生省発表）。特に天皇陛下のために徴兵されて、戦闘以前に食料不足で餓死した兵士（戦死の兵士の約60％の約140万人）、片道切符の「特攻隊」、「人間魚雷」での戦死者らはまさに「犬死」であり、悔やみくれない落命でしょう。「戦争」とは国家間の武力による人命の相互殺し合いですから、絶対に許せないことです。なお、連合国側の軍人死者数を見ると、米軍は約9～10万人、ソ連軍は22000人、英軍は29000人、オランダ軍は27000人と言われています。

さらに重要なことは、日本軍が侵略した中国、朝鮮、フィリピン、マレーシア、シンガポール、ベトナム、インドネシアなどの軍、民間人の死者は総計2000万人とも言われており、第二次大戦の最大の犠牲者は東南アジアの国家、国民であったのです。戦争の悲惨さについて、この点を侵略者であった日本軍の次世代国民は決して忘れてはならないと思います。

（沖縄戦・日本全土の全滅と無条件降伏）

1945年7月～8月「ポツダム宣言」の成立及び日本国への通告、受諾の経過。

7月17日～8月2日、ドイツのソ連占領地のポツダムにて米（トルーマン）、英（チャーチル）、中国（蒋介石）の3名の日本戦後処理についての会談、合意成立。

7月26日、ポツダム宣言（全13項）を日本へ通告（東京時間　7月27日、午前5時）。

主たる内容――即時・無条件降伏の勧告（1項～5項）、完全な武装解除、日本政府の民主化確立、民主化政府の樹立で占領軍撤退（12項）。

日本政府は、同日、天皇上奏、外務省会議を経て黙殺決定（鈴木首相発言）。軍部の意向優先、宣言に天皇制維持の記載がないために受諾拒否しました。

8月6日、広島原爆投下。死者、約15万人。8月8日、ソ連、日本に戦線布告、満洲へ侵略開始。8月9日、長崎原爆投下。死者約73000人。その後死者を含めると広島、長崎で約30万人。8月9日～8月10日、御前会議。8月10日、日本政府の第一次回答「国体護持」を条件にポツダム宣言受諾、これに対して連合国側のバーンズ回答は国体存続の可能性を示唆。

8月14日、最後の御前会議。ポツダム宣言の無条件受諾決定。受諾決定後、日本政府がただちに着手したことが、戦争犯罪の証拠となるべき公文書の焼却でした。各省庁、陸海軍本部、中国・韓国・東南アジア出先機関などで、戦争遂行関係の文書、証拠を焼却処理したのです。8月15日、天皇がポツダム宣言受諾放送。9月2日、降伏文書に調印。

以上の経過からわかるとおり、戦況は1942年以降は不利となり、その後は敗北に敗北を重ねて玉砕、撤退を繰り返したのであり、どんなに遅くともポツダム宣言の通告を得た時にはただちに受諾すべきでした。然るに大本営、天皇は「国体護持」（＝天皇制の維持）、一撃論による和解解決を期待してこれを「黙殺」したために原爆投下を2回受けて膨大な民間犠牲者を出して後の無条件降伏となったのです。ここでも「国家」とは何か、「戦争」とはどういうものかが鋭く問われなければならないと思います。

真珠湾奇襲攻撃のわずか6か月後のミッドウェー海戦、ガダルカナル島戦で日本海軍の敗北を喫した原因はどこにあったのか。開戦時から勝算があっての戦いであったのか。連戦連敗の責任者は誰か。犬死した海軍・陸軍兵士の責任は軍人恩給支給ですむのか。日本軍最高司令官、大元帥の天皇陛下の責任は？　連戦連敗の原因は、根本的には日本軍の戦争指導体制の不統一にあったと言われています。

一国を挙げた戦争は、政府機構が中心となり、基本的な戦略指導を為すべきところ、軍部（軍令部）が政府指導に従わず「軍令権の独立」（＝統帥権の独立）を主張し、また、陸軍と海軍の覇権争いも加わり、多元的な指揮のままに戦争が遂行されました。

海軍は太平洋上の米軍の侵攻壊滅を第一として太平洋上に布陣したに対して、陸軍は資源を求めて東南アジアの南下侵攻を第一として進軍しました。そのために、双方ともに協力共同作戦による作戦を欠き、また、後方からの兵站補給を断たれ、特に太平洋上の諸島攻防戦では武器・食糧などの補給を断たれ、何万もの兵士が戦わずして餓死し敗北したのです。日本軍内部においては、早くも1943年半ばより米英軍との和平停戦策が問題になっていました。しかし、開戦時以前からの東条内閣（1941年10月成立）への天皇の信頼は厚く、東条も戦闘継続策をとり、国防生命線が狭まってきても停戦交渉は拒否し、引き伸ばされてました。1944年から1945年にかけて、天皇の考えは再度攻撃して有利な戦況を築いてからの和平交渉を行なうという、いわゆる「一撃論」に期待を寄せていました。この「一撃論」が出た1944年からも沖縄戦、東京やその他大都市、地方都市が大空襲の被害を受け、民間人約80万人の死者が出たのです。片や、天皇と軍部が模索していた和平交渉論は国体維持であり、国民の莫大な人命被害とは全く別次元の問題でした。天皇と軍部の和平論は、終戦後、いかにすれば国体護持（天皇制の継続）が可能か、それを最優策として進められていたのです。その優柔不断の作戦経過の中で原爆投下があり、天皇の「一撃論」もすっ飛びその直後、やっと無条件降伏となったのです。

特に1944年以降の1年間に国民の多くの戦争犠牲者発生が集中しており、この間政府、軍部らは国体護持に固執して、沖縄戦などで時間稼ぎをなし、終戦決断が遅れ、今次大戦の政府、軍部、天皇らの責任は誠に重大です。

太平洋戦争敗北の原因

この重大な敗北の原因については、多くの見解、多くの原因があります。以下、要点を述べてみます。

太平洋諸島への戦線拡大の失敗があります。開戦目的は、石油資源などを求めて、東南アジアの五国共栄圏の確立であり、1942年4月の段階でこの目的は英領インドのセイロン島を攻略しほぼ達したのです（第一段階の東南アジアの攻略完撃）。その後の戦略として、陸軍は東南アジアの占領確保を主張し、海軍は今後の米英の太平洋からの攻撃阻止のため、太平洋上の米国の侵略路を断つために太平洋上の航路、諸島の確保を主張し対立しましたが、結局海軍の戦略が採用されました。

そのために、米・豪の航路である米領ミッドウェーを攻略戦として、戦場を太平洋諸島へ展開しました。しかし、この時点で1942年6月の緒戦であったミッドウェー海戦は、軍事力の大きな差により、日本軍は主力航空母艦四艘、航空機約380機を失い、大敗したのです。以降、太平洋上諸島、即ち、1942年8月以降、6か月にわたり、ソロモン諸島のガダルカナル島（戦死者約2万人）、同年8月のニューギニア島ポートモレスビーの上陸作戦での連続大敗が始まったのであり、この作戦拡大戦略が日本敗北の第一の原因と思います（山崎雅弘著「太平洋戦争秘史」（朝日新書））。

また、日本は１９４０年の段階で石油の77％、鉄類の70％、機械類の66％を米国からの輸入に頼っていました。そのために、米国は日本軍の飽くなき仏印侵攻に対して１９４０年8月1日、日本への石油の全面禁輸を決定して日本軍は大打撃を受けました。この国力、資源の大きな差異が、そもそも開戦当初から敗因としてあったのです。

天皇の戦争責任、国民の戦争責任

明治の開国時代に、ほかの東南アジア諸国（中国、インドシナ、ビルマ、インドなど）と異なり、日本が西洋帝国主義国家の侵略により、植民地化されなかった政策は大いに評価されてよいと考えます。しかし、明治時代後半の日清戦争、日露戦争に見られるように、その後日本は自ら帝国主義の国家となり、明治天皇が強大な国家権力を振りかざして富国強兵策を進めました。その結果、朝鮮、中国、台湾などに侵略し、植民地化していった政策は、決して許されることではありません。

それを経済の面から述べれば、あまりに強欲な富国のために輸出商品の飛躍、即ち第一に生糸、第二に銅（足尾銅山、別子銅山、小坂銅山）、第三に石炭の輸出でした。その採掘のために多くの囚人、朝鮮人、中国人らの強制労働が必要とされたのです。

その後、明治天皇、昭和天皇の絶対的皇道政治のもとで軍人内閣政治を許し、これが太平洋東南アジア大戦を引き起こし、日本国民ばかりか東南アジア諸国に侵略し、その国民の多くから略奪し、東南アジアで約２０００万人の日本軍による殺害行為があったことは筆舌に尽くし難い大罪です。

その戦争責任について考える場合、日本国（政府、軍部）の責任、天皇の戦争責任、日本国民の責任にわけて考えるべきと思います。

（日本政府、軍部の責任）

第二次大戦の緒戦である「１９３７年７月７日、盧溝橋事件」による日中戦争の開始、その後の中国、東南アジア諸国への武力侵略、南京虐殺など、さらに１９４１年12月８日の真珠湾攻撃及び東南アジア諸国攻撃から見ても、日本国の政府、軍部（大本営）の指導者に、国際条約違反の直接的な戦争責任があることは明白です。

日本政府・軍部が積極的に日中戦争を開始し、さらに米国、東南アジアへ真珠湾攻撃を開始して、第二次世界大戦を拡大し他国を侵略しながら、他国及び日本国民に多大な損害を与え、ついには連合国からのポツダム宣言を受け容れて、無条件降伏したもので、極東軍事裁判は当然、受け入れるべきであると考えます。

（天皇の戦争責任）

１９３７年（昭和12）７月７日の盧溝橋事件発生により日中戦争が開始され、関東軍は天皇統帥権を無視して上海に進軍し、１９３７年11月12日に上海は陥落しました。同年12月１日に至り昭和天皇、大本営は関東軍の南下方針＝南京進軍を追認しました。日本軍は１９３７年12月４日に南京城に侵入し、わずか１か月半の１９３８年１月22日に南京は陥落しました。

明治憲法上、「天皇は無答責」であると言われています。しかし、そのような明文規定は明治憲法にはどこにもありません。それは昭和時代に入って、新たに右翼的な政治家、軍部などにより流布されたことです。

1912年（明治22）に明治憲法発布後、天皇の法的位置は当時の憲法解釈から、法人である日本国家の最高の機関として考えられていたのです。大正時代に入っても、天皇は日本国家の最高機関に位置するという「天皇機関説」が政府、学界でも一般的に認められていました。

しかるに、日清・日露の戦争での勝利から、昭和時代に入り、政治に対する軍部の力が増大し、「天皇明徴運動」（天皇の国体を明確にする運動）が起こり、天皇は神聖にして犯すべからず（第3条）、各国務大臣は天皇を輔弼しその責に任す（第55条）などの規定を都合よく曲解して「天皇無答責」の見解が右翼勢力から案出されて言われ出したのです。

天皇の第二次世界大戦との関係については、天皇は旧帝国憲法上「天皇は陸海軍を統帥する」（第11条）と定められており、「大元帥」として多くの作戦指導を「ご下問」という方法で具体的な指揮・命令を行なってきた事実があります。一例を挙げれば、1942年のガダルカナル攻防戦での陸軍航空隊の早期出陣指示、ニューギニア戦、サイパン奪回作戦、沖縄戦での時間稼ぎの作戦、終戦直前の天皇の「一撃論」などの指示です。天皇は軍部の単なるロボットではなく、大元帥として戦争の戦略・戦術指示にも熟達しており、その時々の戦況に応じた具体的な軍事命令を出していたのです。

特に戦争末期においては、1945年1月以降、米軍による全国各都市への縦断爆撃、6月以降は沖縄戦の開戦・壊滅を受け、7月26日にはポツダム宣言の通告を受けながらも天皇は「敗戦」後の「国体維持」に執着し、最後の「一撃論」を期待して受諾せずに、その直後、8月6日広島原爆、8月9日長崎原爆、8月9日のソ連参戦を受けて、約100万人の戦争犠牲者が出るに及んで、止むなく8月10日になってポツダム宣言の無条件受諾を中立国のスイス、スウェーデンを通じて米英へ通知したのです。

この終戦時の大元帥である天皇の国体護持の執着も重大な責任であり、天皇に戦争の重大責任があることは明らかです。

この点につき、戦前から戦後にかけて活躍した本邦最高の弁護士の一人である弁護士布施辰治（1880年~1954年）は、終戦直後の1945年8月22日、「戦局の一大転落に関する所感」なる文章において、天皇の戦争責任について「理論的にも現実的にも戦争責任の最高位に至るものは天皇である。日本の民主主義的政治を徹底する一大障害となっている権力と勢力は天皇であるという事実の指摘に何人がいかなる辞をもって抗弁し得るだろうか」と、率直に天皇の戦争責任について述べています（「ある愚直な人道主義者、弁護士布施辰治の闘い」（旬報社・森正著）。

敗戦後の極東国際軍事裁判において、天皇の戦争責任は天皇本人は無論、軍部幹部もその責任を覚悟していました。戦勝国のソ連、オーストラリアなどからも天皇を強く戦犯として起訴すべしとその責任を求められていました。これに対して、占領国代表の米国マッカーサー司令官は、東西冷戦対立を強く考慮し、早期且つ平穏な占領統治の必要から、天皇の戦争責任は問わないとの政治的判断となったのでした。即ち、天皇には戦争責任はあるが、天皇の何らかの責任（死刑も含む）を問えば、日本国民が混乱に陥り、平穏な占領統治が不可能になり、日本の一部がソ連などに占領されることもあると考えていたのです。

この点を察知して、日本の皇族、宮内庁、軍部は、一斉に天皇は明治憲法上も実際も戦争責任はない、その責任は東条秀樹らの軍部の暴走によるとのフェイクストリー文書が作られ、同書面は敗戦直後に側近たちによって『昭和天皇独自録』として作成されて占領軍に提出されたのです。この点は2014年に宮内庁から新たに公開された『昭和天皇実録』においても、天皇の戦争責任はないとの同じ筋書きで作成されています。

結局、このような東西冷戦の到来、米国中心の占領政策と天皇自身、また国内の右翼政治家の利害が一致し、天皇戦争責任なしの論理が政治的に利用されて戦後形成されたのです。しかし、実際のところ天皇の「戦争無責任」は、今次大戦の東南アジアへの多大な侵略行為、日本兵士の国内外での苦難、犠牲、戦火による日本国民の財産的、精神的損害から見て、到底納得のゆくものではありません。新憲法では、戦後米国の占領政策により天皇は政治的な衣をまとって、即ち「日本国民統合の象徴である」と一方的に定められて「象徴天皇」と規定され、憲法第14条に違反して天皇制度、皇族制度が存在しています。結局、天皇の戦争責任の問題は未だ解決していないと考えます。日本国民及び多くの東南アジアの諸国民における戦争被害（戦争慰安婦、外人強制労働問題など）も未だ解決していません。ドイツでは第一次大戦後、ドイツ皇帝制度は廃止され、ドイツ共和国になりました。なお、ここで連合国軍側の天皇の責任について見解について述べておきます。

オーストラリア、ニュージーランド、フィリピン、ソ連などは天皇の戦争責任ありとして、戦争犯罪人としての処罰を求めていました。米国でも多くの国民が天皇の戦争責任ありが多数でした。然るに、米国政府のみは開戦直後から終戦後の対日政策を研究しており、天皇は戦後処理について大いに利用価値があるとして存続させたのです。即ち、占領軍最高司令官であるマッカーサーは、天皇に戦争責任があることは承知しながらも、日本国民の天皇に対する多大な信頼心を利用して、戦後の日本の占領政策を平穏に行なうために政治的に天皇を利用せんとしたのであり、さらに天皇の刑事責任を強く求めていたソ連、オーストラリアなどを説得するために武装・戦力完全放棄を明記した憲法9条との取引で、天皇制は象徴天皇として存続したと言われています（『占領と改革―シリーズ日本近現代史〈7〉』岩波新書・

雨宮正一)。なお、付言すれば、天皇の戦争責任に関して次のような事実もあります。

1945年8月14日、最後の御前会議が開催され、ソ連の戦争参加が確認され、初めて止むなくポツダム宣言受諾が決定し、翌8月15日に敗戦の詔の発表をしたのです。天皇はソ連の参戦を何よりも恐れました。けだし、ロシア革命軍によって、当時のロシア皇帝ニコライⅡ世の王族関係者全員が虐殺されたので、日本の天皇もソ連が日本侵略をすれば、日本の皇族全員が処刑されるのではないかと極度に恐れたのでした。

天皇は8月6日の広島原爆、同9日の長崎原爆投下で終戦を決断したとの説もありますが疑問です。8月14日の最後の御前会議では原爆投下の話は出ていないというのです。終戦後に「国体護持」のため、終戦遅延を隠すために後になって「原爆投下説」が生み出されてたとも考えられます。この原爆投下説は、米国にとっても実際に原爆投下により終戦を早めたいとの動機があったこと(そのほかに米国にとっては原爆の実験を実際の戦争でしたいとの動機もあった)、ソ連参戦(8月8日)前に広島原発投下ができたことで「原爆投下説」は、対ソ連戦の有利な国際関係形成でも大義名分となったのです。

以上より、昭和天皇は敗戦につき、少なくとも退任すべきであったと考えます。


(日本国民の戦争責任)

歴史修正主義について過看できない問題点として、極東国際軍事裁判の否定があります。即ち、戦争は当事者国家間の殲滅戦であり、双方の殺し合いであって、戦勝国の敗戦国に対する制裁裁判は認めないという見解です。

特に、歴史修正主義者は第二次大戦につき、国民が「敗北」を認めることは「自虐史観」として否定しています。しかし、日本国が第二次大戦によって、特に東南アジア諸国、特に中国、南北朝鮮に対する積極的な軍事的侵略行為を行なったことは明白であり、この戦争責任について、戦後生まれの国民一般及び次世代以降の日本人は「直接的な責任」はないとしても、日本国家による侵略行為、即ち「間接的な戦争責任」(＝日本国家の過去の責任を受け継ぐ責任)として、この歴史的事実を正面から教訓として受け止め、被害関係諸国とその認識を共有してこそ、将来の平和的関係が形成され得ると考えるべきです。

戦後のドイツの国民一般は、まさにこのような「間接的な戦争責任」を明確に自覚し、現在でも被害諸国に対する戦後賠償金の支払いのために税金を負担しているのです。それゆえ、現在のドイツに対する周辺諸国、即ちEU諸国との平和的関係はほぼ回復していることを見習うべきです。即ち、重要なことは次世代の戦争責任です。ドイツ国民の戦争責任論を参考に具体的に述べれば、

i 日本の過って行なったの加害行為、戦争責任について日本国民が学ぶこと。
ii 戦争犯罪につき、時効はないとの立場で戦争犯罪人を追求・処罰すること。
iii 被害国との間で平和条約を結び、賠償責任を果たし、国交回復すること。
iv 戦争の記憶を風化させず、記念碑などを建て、被害を語りつぐこと。
v 被害国の歴史・文化を知り、相互理解・和解を深めること。

などが必要です。

日本人の戦争責任意識の希薄について

日本人はドイツ人に比べて、戦争責任の意識が希薄です。その理由は次のとおり考えます。

ⅰ米国の日本に対する占領政策が当初から天皇を利用しようとしており、また敗戦直後の東西冷戦から占領政策が変更され日本国の戦争責任の追及から日本の経済的復興及び親米保守政権の育成に変わったこと。

ⅱ）日本国新憲法で天皇は「象徴たる地位」に規定され、その政治的効果により国民各層からの天皇の戦争責任追及が事実上阻まれたこと。

ⅲ）天皇は戦争責任につき、自ら反省の弁、謝罪の弁、あるいは退位などをしなかったことにより日本国、日本国民自ら天皇の戦争責任の認識が希薄となったのでしょう。このことは、同時に戦後から現在まで経過しても「慰安婦問題」など「戦争責任」の議論が絶えない原因にもなっているのです。これは日本国、日本国民、侵略された東南アジア諸国にとって誠に不幸なことであり、日本政府において早急に決着すべき政治課題であると考えます。

ⅳ）この点で、日本の戦争責任につき特に強調しておきたいことは、ポツダム宣言により米英の主導で進められたことから、戦争責任は米英に対する責任（東京裁判、BC級裁判など）が重視されました。片や戦争被害は、東南アジアこそ甚大な被害が出たのであり、この東南アジア諸国に対する日本の戦争責任が軽視された事実があります。そのために、現在までも特に韓国に対する戦争責任（徴用工、慰安婦問題）が現在も未解決なのです。

ドイツの戦争責任の取り方

ドイツの戦争責任の取り方につき整理すると次のようになります。

（戦争指導者の責任）

1945年11月30日～1946年10月1日の間、ニュルンベルグ国際裁判が行なわれて、5000万人という膨大な死者に対して「人道に対する罪」として裁かれました。24人は起訴されて、19人が有罪となりました。しかし、その後も戦争指導者につきニュルンベルグ継続裁判があり、1946年、1965年、1979年にはナチス犯罪に時効を廃止し、現在もナチス指導者の捜索が続いています。

ドイツ国家による被害国家への賠償

ドイツはソ連、米・英・仏らに対し賠償を支払ってきました。特に、ユダヤ人への賠償については、100か国にわたるユダヤ人への個人賠償を行なってきました。ただし、国際法違反の被害者個人賠償（例えば強制労働の賠償など）は、ドイツ企業との民事賠償での処理に任せ、国家賠償はなしとしました。なお、ドイツでも戦後、東西対立の中で、占領軍による命令で再軍備や旧軍人の温存という問題を残しています。しかし、ドイツ国家の戦争責任の果たし方は「徹底的であり、自発的であり、人道的」であったと評価されていています。それゆえに、現在、ドイツは欧米や近隣諸国から厚い信頼と尊敬を受けているのです。日本とは相当な違いがあるのです。

6　昭和時代の後半（1945年～1989年）

GHQの占領政策（1945年9月2日）――GHQの占領政策と日本政府の無能・無策

まず、敗戦直後の事実経過概略を示せば次のとおりです。
1945年8月15日、ポツダム宣言受諾通知
　　9月2日、降伏文書の調印
1946年11月3日、新憲法公布
1950年6月〜1953年7月、朝鮮戦争開始。その後休戦協定成立
1952年9月、安保条約調印

マッカーサー太平洋軍事最高司令官は、第二次世界大戦開始の当初から終戦後の日本の占領政策をどの様にするか考えていたと言います。そのために、終戦前から日本の統治の仕組みや日本人の国民性について調査、研究をしていたのです。例えば、日本軍人の捕虜からも日本人の意識、天皇の考え方を聞き出して調査していたと言います。その結果、マッカーサーにとって、日本人は天皇を頂点とした家父長的意識が強く、天皇の命令は絶対的なものとして、すべての国民が従うこともわかっていました。さらにマッカーサーは、連合軍最高司令官から占領軍司令官に任命されて、日本の占領政策の基本として、日本国民の天皇への絶大な服従心を最大限に利用して行なうことを決めていたのです。

ほかの戦勝国の中には天皇につき東京裁判での訴追、天皇制の廃止を強く求めた国（特にソ連）もありましたが、マッカーサー司令官はそれを認めず、天皇を助命し象徴天皇として憲法上の地位を定め、天皇の命令を利用して日本軍人の全面武器放棄、天皇の人間宣言などを行なわせて占領政策を進めたのです。この占領政策が始まりで、戦後日本は連合軍（実際は米国）に占領され、独立後も日米安保条約を根拠に、米国により今日まで75年余もの長きにわたり、米国の属国扱いをされてきました。

なぜこのような屈辱的な日米安保関係が長期間継続してきたのか。この点は最重要問題です。この根

本原因の一つは、1945年の大戦の終戦時における米国の巧みな占領戦略にあります。戦後処理について、連合国は開戦前の1941年8月の「大西洋憲章」の発表時から戦後の世界平和のあり方について構想を練っていたのですが、太平洋戦争の終結後は、国際条約が生かされませんでした。即ち、戦後の世界は東西の二大勢力による冷戦対立が急激に先鋭化していました。冷戦構造において、アメリカは日本の敗戦後、早期に日本の独立の方法を「利用」して、次の三つの事柄を明確に企図して占領政策を進めていたのです。

イ）敗戦国日本国内に米国が単独で軍事基地を設けて、日本を対国際共産主義勢力に対する米国の前衛防波堤とする。

ロ）連合軍占領中に日本の憲法を制定し、その中で日本に対して一切の戦争放棄、軍隊の排除、交戦権の排除を定める（日本軍国主義再興の排除、米軍指揮の傘下に置く）。

ハ）対共産勢力の防衛策の現実版として、1950年に朝鮮戦争が始まると、対共産勢力（ソ連、中国、北朝鮮）の対抗組織化が急務となり、米国は急いで1951年の片面講和条約により、日本を一方的に独立させて、同日に日米間で軍事同盟である日米安保条約を締結させました。日本全体をアメリカの共産勢力防波堤とし、且つ将来日本を再軍備し、日本軍を米軍指揮下において対共産勢力の軍事的対抗勢力として日本を利用する。

以上のとおり、極めて狡猾な具体的政策を実行し、当時の吉田茂首相率いる日本政府はまんまと米国の罠にはまってしまい、その罠は今日まで変わりなく継続しているのです。なお、戦勝国米国のトルーマン大統領は、終戦直後の1947年3月12日、対外政策につき「トルーマンドクトリン」を発表しました。その中で第二次世界大戦後の米国は、諸国民の圧政から守るために、また当時のギリシャ、トルコの共産化を防ぐために経済・軍事援助を惜しまないと演説しています。この観点からも、日米安保条約は、トルーマンドクトリンの延長線上にあるのです。これが今日の安保条約体制の始まりであり、安保条約に基づく日米行政協定による日本支配の起源です。

しかし、１９４５年8月に無条件受諾した「ポツダム宣言」第12条では、「日本に責任ある政府が樹立された時は、連合国の占領軍はただちに日本より撤収する」と規定されています。

この規定は敗戦国が独立すれば、占領政策は終了して撤退する宣言規定であり、これまでの終戦時における国際慣行としては当然であり、当たり前の規定です。然るに、１９５１年9月の日本の独立の際、占領軍（＝米軍）はポツダム宣言に違反して撤退せずに「駐留軍」に衣換えして占領を続けました。なぜ、サンフランシスコ講和条約の際、このポツダム宣言第12条により、米軍の撤退要請を日本政府がしなかったのか。その理由は、講和条約が西側諸国のみの片面的講和条約であったからです。

当時、西側諸国のみの片面的なサンフランシスコ条約の締結については反対意見もありました。中国、ソ連など交戦国全体国家との全面的講和条約を強く求める政治家（外務大臣・重光葵など）、東京・大阪の学者ら「平和問題談話会」、そのほかに社会人も多くいたのです。その根拠は新憲法の平和主義、自由、平等の原則に沿うことなどでした。事実、日本国内では安保条約反対の国民大衆の皇居前広場での「血のメーデー」に見られるように、猛烈な安保反対運動がありました。

それにも関わらず、片面的講和条約及び日米安保条約が調印されてしまったのは、当時の米ソ冷戦、朝鮮戦争の勃発など、国際環境の中で吉田内閣による西洋側につくとの判断からでした。しかし、その判断は以降、米国の指導による憲法違反、警察予備隊から始まる自衛隊の創設、日本国土内で米軍の駐留継続となり、今日の日本の安保条約に基づく集団的自衛権や辺野古問題など、米国隷属化による日本の自主権侵害の恥ずかしい状況が、当時の吉田保守政権の敗戦処理の重大な誤った判断にあったことが明白になっています。

さらにこの片面的講和条約に基づき、後述の「日米合同委員会」の設置が合意され、1952年5月7日に第一回本会議が開催されました。日米間の軍事問題、経済、社会など日本内外の大小あらゆる問題が隔週木曜日、秘密裏に日米合同委員会の協議で決められ、日本国民の基本的人権が侵害されてきたのです。「日米合同委員会」は、米国の日本政治への最大の従属化手段として今日まで継続しています。

以上のとおり、戦後75年余のアメリカの対日政策（＝安保軍事同盟による支配）は極めて有効かつ効果的に今日まで日本国家と国民を属国化（半植民地化）してきました。現在の辺野古基地問題は、米国の壮大な世界戦略を前提とした新たな高性能米軍基地の新建設であり、単なる普天間飛行場基地の移転先としての基地建設とは意味が全く異なるのです。辺野古基地建設は、さらに一層、日本を米軍とともに世界戦争に巻き込き、属国化を推し進めるための巨大な高機能米軍基地の建設なのです。なお、ここで特に述べておかなければならない重要なことがあります。

それは、日本と連合国との戦争は、1945年9月2日に決着がつきましたが、当時、中国本土、朝鮮半島など外地ではではその後も戦闘が続いていたということです。即ち、中国本土においては、日本軍が降伏し多くの元軍人、日本人が撤退しましたが、中国本土内では蒋介石の国民軍と毛沢東の共産党勢力が対立・内戦を継続していました。その後、中国大陸では1949年10月、中国本土に毛沢東率いる「中華人民共和国」が、同年12月に台湾において蒋介石率いる「国民政府」が樹立されたのです。また朝鮮半島では、1945年8月以降も東西冷戦が激しく、その終戦時には北緯38度線で一旦仮休戦しましたが、その後も東西対立で政情不安が続き、やっと1948年8月に南に「大韓民国」が、9月に金日成率いる「朝鮮民主主義人民共和国」が成立し、朝鮮は東西対立の中で分裂国家となったのです。

1952年の片面的サンフランシスコ講和条約についても東西冷戦の影響が強く、米国は日本を反共の砦にせんとして焦り、急いで西側諸国のみを中心とした片面的講和条約となりました。即ち、同講和条約にはインド、ユーゴスラビア、ビルマは参加せず、ソ連、ポーランド、チェコスロバキアは調印を拒否し、中国、朝鮮は招待されませんでした。その上、緊急に調印する必要から、アジアの日本軍の被害国への賠償問題も棚上げされ未解決のままだったのです。その後、東京裁判において、戦犯は有罪判決を受け容れることと同時に、主要参戦国は対日賠償請求権を放棄したのです。そのために、アジアの被害国に対する賠償問題はあいまいになり、賠償請求権の放棄、賠償に準ずる無償援助、経済協力などで一応の対応はしてきました。しかし一部には現在も、特に韓国における「慰安婦問題」、「徴用工問題」など未解決のままに戦後処理問題が現在まで尾を引いているのです。

憲法制定

日本国新憲法は1946年11月3日公布され、翌1947年5月3日施行されました。この新憲法につき、自民党は戦後一貫して米国らにより押しつけられた不当な憲法であり、改めて日本国民により自主憲法の制定が必要であるとの基本政策を維持し、その流れで現在も強く憲法改正を求めています。

しかし、翻っていわゆる新憲法は押しつけられた不当な憲法なのでしょうか。この長年にわたる憲法改正問題を解くカギは「ポツダム宣言」にあると考えます。ポツダム宣言は1945年7月26日、米、英、中華民国が日本政府に対して、第二次大戦の最終終結条件として提示した13ヶ条の短い宣言です。

このポツダム宣言で新憲法制定に関わる条項は次のとおりです。

（9）項、日本の軍隊は完全な武装解除をすること。
（10）項、日本政府は、日本の人民の間に民主主義的風潮を強化し、………言論、宗教の自由及び基本的人権の尊重を確立すること。
（13）項、われわれは日本政府に対し無条件降伏を要求し、然からざれば即座に日本を徹底的に撃滅する。

とあり、このポツダム宣言に対して、日本政府は当初無視しましたが、その直後の8月6日に広島原発、9日の長崎原発投下を受けて、翌8月10日、ようやく無条件受諾をしたのです。

この宣言の無条件受諾を前提として、連合軍司令官は敗戦国日本国政府及び日本帝国大本営に対して9月2日、「降伏文書」への調印を求めました。その主たる条項は次のとおりです。

（第二段）日本帝国大本営並ニソノ支配下ニ有ル一切ノ軍隊ノ連合国ニ対スル無条件降伏ヲ布告ス
（第三段）……連合国司令官ノ指示ニ基キ日本国政府ノ諸機関ノ課スベキ一切ノ要求ニ応ズルコトヲ命ズ

１９４５年9月2日　午前9時8分　東京湾上ニ於テ

降伏文書に基づき、その後連合軍司令官は種々の改革指令を出しましたが、その一つとして新憲法の草案提出を日本政府に求めました。しかし、そこで日本政府より別途提出された草案はもっぱら天皇主権制の国体維持の草案で「日本の民主化」にほど遠く、ポツダム宣言にも反するものでした。即ち、戦後の憲法制定過程は次のような経過でした。

①１９４５年11月5日、最初の憲法案としては、民間の憲法学者、文化人ら「憲法研究会」作成の「憲法草案要綱」であり、同草案には天皇制を廃止して大統領を元首とする共和制憲法でした。
②ＧＨＱの要請で幣原内閣に対して憲法案をもめたところ、１９４６年2月1日頃に出てきたのもの

が憲法改正要綱」（松本案）でした。しかし、その内容は旧態然のもので、ポツダム宣言にも違反する（同宣言10項言論、宗教、思想など基本的人権を尊重するに抵触する）ので、ＧＨＱはこれを拒否しました。

③１９４６年２月13日、マッカーサーの指示のもとで、民生局の憲法起草責任者であるホイットニー准将のもとで「マッカーサー憲法草案」として同年２月に発表され、同憲法草案はその直後日本の松本丞治憲法調査会会長に示されて事実上決定し、４月16日に最終的な日本政府案として発表されました。その際「戦争放棄」の条項は幣原首相自らが提案したものと言われています。

④その後、１９４６年４月10日、戦後初の国政選挙を経て、衆議院、枢密院、貴族院に諮られて国会での憲法制定会議でマッカーサー憲法草案につき、いくつかの重要な修正がなされて、最終の日本国憲法案が決定し、１９４６年11月３日に旧憲法の改正手続きにより可決、公布されたのです。

このような事情で、当初のマッカーサー憲法草案があったとしても、それは主として日本国が承認したポツダム宣言に従った内容で、その後に連合国草案につき新国会議員のもとで協議し、日本国、日本国民が納得してできたものが新憲法なのです。この憲法公布の際、天皇が述べた勅語は概容次のとおりです。

「この憲法は帝国憲法を全面的に改正したものであり、国家再建の基礎を人類普遍の原理に求め、自由に表明された国民の総意によって確定されたものである」

このように当時の憲法制定（改定）過程でも国会、国民、天皇が各々承諾して手続上も瑕疵なく制定されたものであり、無理に押しつけられた憲法ではないのです。

新憲法制定につき、多少なりと連合軍側にリードされたことがあったとしても、特に戦争放棄条項、基本的人権条項はすでポツダム宣言で承諾していたものなのです。むしろ、終戦時に連合軍により無理矢理、日本に押しつけられた事項は、サンフランシスコ片面講和条約調印であり、且つ「日米安保条約」であると言わねばなりません（以上、『歴史の真実と向き合おう』井口和起他・文理閣）。

新憲法が急いで1946年2月13日に公表、同年11月に公布された事情としては、一つに1946年5月からは極東軍事裁判開廷（いわゆる東京裁判）が予定され、天皇の訴追を強く求める国（オーストラリア、ソ連など）があり、マッカーサーとしては占領政策の遂行上、天皇訴追は避けたかったこと、二つには1946年2月26日には日本占領政策の最高決定機関である「極東委員会」の設置が予定され、そこで天皇制の廃止、訴追が議題となる予定もありました。そこでマッカーサーは天皇を占領政策に利用するために、片や天皇は天皇象徴制として残し、片や戦争放棄条項の大胆な提案により、日本憲法草案を1946年2月13日に公表して、併せて天皇の訴追免責を狙ったのです。

また、戦争放棄条項は「マッカーサー草案」以前の1946年1月24日、幣原喜重郎首相とマッカーサーとの会談において、幣原首相より戦争放棄の理想論が述べられた事実があります。この点も考慮して、マッカーサー案において戦争放棄が憲法9条に取り入れられたのです。

以上より、「現行の日本国憲法」はポツダム宣言受諾条件、東西対立を背景にしてマッカーサーによる天皇の占領政策への利用、天皇の「象徴」天皇制の維持、新国会での審議の修正などがあって、新国会議員の賛成のもとに成立したものなのです。「象徴」天皇について述べれば、ここに「象徴」とは単に法的意味のない飾り冠ではなく、「象徴」の表記には実はその裏に「権威」＝「権力」の法的意味が隠されているのであり、この点が問題です（『週刊金曜日』２０１９年10月18号）。

思うに、表面的には「天皇のもとでの国民「平和」の統合」と見做されていますが、その実態は「象徴」の表記にはその文字以上に「戦前の天皇主権の政治的思想の片鱗」の意味があり、これが現在の自民党政権にとって利用価値があるものと考えられます。それ故、その後「象徴天皇」は時の政権に利用されて、現在は「軍国化政治の国民統合の賛意・支配」の機能があり、常に政治的に利用されているのではないでしょうか。

また、天皇が政治的に大いに利用価値があるのは、現憲法の最初の第一章第一条から「象徴天皇」との記載があるからでもあるのです。天皇が真に平和の基礎となり、戦前にあった様に政治利用がなくなるためには、憲法上「天皇」規定も排除しなければならないと考えます。象徴天皇制は憲法第14条の平等条項及び天皇及び皇族自身の同第13条「個人の尊厳」規定に反する憲法違反と考えるからです。

安保条約の調印（1951年9月9日→1952年4月28日施行）

日米安保条約は、米国がソ連などの共産勢力が米国などに及ぶことを防ぐために、半ば無理やりに日本を独立させて、実質的には日本を米国の前線基地として、日本を支配せんとして調印された不平等な軍事同盟です。このような日米安保条約の調印につき、天皇は吉田首相との密談において了解したのです。これは天皇の政治的行為であり、憲法第三条（国事行為）を越えた憲法違反です。この背後には、日本国民の米軍基地設置による被害を無視し、天皇の戦後の安寧な地位を優先して選択された、極めて重大な天皇の憲法に反する政治行為が隠されていると言わねばなりません。

太平洋戦争にて、日本の本土は徹底的に焼土化し、経済も破綻し、その上連合国に対しては無条件降伏をして終わったのです。日本がその後、世界も驚くほどの高度経済発展をなし得たのはなぜでしょうか。歴史学者の間では、近代化モデルの例外的事例であるとの説、近代化モデル上の遅れた道筋との説があるようです。この点につき、筆者としては次のような事情から高度成長があったと考えます。

第一に敗戦時の世界情勢が先鋭的な東西冷戦にあり、戦勝国のリーダーとして、米国が被占領国日本を米国、西側諸国の反共的防衛地帯として、日米安保条約の締結により軍事的に保護したこと。即ち、サンフランシスコ講和条約にて、日本の戦争賠償責任支払いを基本的に求めなかったこと、安保条約により、日本の経済発展につき当初、防衛費負担（GNPの1％以下）課さなかったことなどです。

第二に敗戦後に財閥解体がありましたが、その後、早期に従来の財閥の復活が見られ、日本固有の家父長的労務政策、即ち終身雇用、年功序列賃金、中小系列会社の組織化、日本の労働者の勤勉さなどにより日本経済の「成長」と「完全雇用」が好循環したことです。

第三に日本国憲法の戦争放棄、基本的人権規定の実施などにより、1955年以降、昭和後期までの間、高度経済成長が進行したものと考えます。

7　平成時代（1990年〜2019年）

2001年4月〜2006年9月、小泉内閣。平成不況の始まり、就職の氷河時代到来。ポピュリズム政治、郵政の民営化、平成の町村大合併。北朝鮮の拉致被害者の一部帰国実現。

2006年9月〜2007年9月、第一次安倍内閣成立。教育基本法の改悪。

2009年9月〜2012年1月、野党連立政権成立（鳩山由紀夫→菅直人→野田佳彦）。2011年3月11日福島原発大震災。

2012年1月〜2020年9月、第二次安倍内閣成立。・安倍の歴史観欠如（歴史修正主義）による悪政。アベノミクス＝新自由主義の強化政治→失敗。金権政治化、私物化（モリ、カケ問題）。検察官人事、河井選挙違反、金権政治の堕落。選挙制度の不公正、国民の政治不信。集団的自衛権の導入（２０１４年7月）。安保法制の制定（２０１５年9月）。

8　令和時代（2019年～現在）

２０２０年10月～２０２１年10月、菅内閣成立。２０２０年2月、コロナ禍発生。２０２０年10月、日本学術会議委員6名の任命拒否事件の発生。２０２１年7月、東京オリンピック開催。２０２２年4月15日現在「コロナ禍第7波到来」。２０２２年2月26日、ウクライナ戦争開始。

２０２１年10月、岸田内閣成立～現在。11月、安倍晋三元首相は「細田派」を改名引継ぎ「安倍派」会長に就任（キングメーカーとなる）。２０２２年7月8日、安倍首相、凶弾による死去。２０２２年9月27日、故安倍晋三氏の国葬強行。岸田内閣は「新しい資本主義」を主張していますが、果たして安倍政治とは異なる健全な政治を目指しているのか、その政権の性格が問題です。岸田文雄首相は、その語り口調は穏やかで一見ソフト姿勢が伺えること、首相立候補時の主張は安倍政治とは異なるより国民に沿った政策を述べていましたので非安倍政治と思われていました。

しかし、いざ首相に就任すると一転、安倍政治の支配下に従う政策に寝返って、その口調とは裏腹に安倍政治以上の反動右翼政治と変わりました。即ち、①「分配なくして成長なし」の分配重視から「成長への投資」と成長重視への変節、②「富裕省層への金融所得課税強化」からその撤回の変節、③「新しい資本主義」により、当初、利益至上主義、格差拡大、気候変動を是正するとの新自由主義経済からの転換政策を主張していましたが、その後変節し「金融資本主義の推進として貯蓄から投資の奨励」、「円安、金融緩和の是認」、④「軍事費1％以内から2％への増額」、日米印の「インド太平洋経済圏アイペフ」参加、日米軍事同盟強化の一本やり外交、⑤反共団体「統一教会」の指導的連帯者である安倍元首相につき「国葬」実施。⑥学術会議人選問題につき、安倍、菅と同様に撤回拒否、⑦コロナ対策の失敗、経済優先でコロナ猛威で世界トップ（2022年8月15日）の罹患、⑧その他。

このように、岸田内閣は残念ながら安倍政治以上に危険な内閣と言わねばなりません。岸田内閣は突出した極めて危険な外交政策（ジャーナリスト斎藤貴男氏の指摘による）が大問題です。岸田内閣は5年間に軍備費を43兆円、GDPの2％をあてるなどと軍備拡張を実施しつつありますが、この目的は単なる一般的な「軍拡」ではなく、米国の世界覇権戦略に積極的に参加するという、極めて危険な外交政策を目指しているのです。今や中国との覇権争いで後れを取りつつある米国は、日本を米国の「飛び地前線基地」と受け止めて、日本を中国防衛の盾と位置づけているのです。これに対して岸田内閣は愚かにもこの米国覇権主義に全面的に賛同し、これが日本の安全保障になると誤って受け止めているのです。そのために米国のご機嫌を取りながら軍事防衛の「2プラス2」などと称する会談を開いては、大軍拡計画を実施せんとしているのです。その典型例が沖縄辺野古基地の強行実施です。

米国の覇権主義に協力したからと言って、米国は日本を守ってくれる保証はありません。第二次世界大戦の大罪を犯した日本の外交は、世界の覇権を獲得することでは決してありません。国連中心の平和外交の推進こそ日本の目指すべき基本的、自主外交方針はずです。

岸田内閣の現在の米国中心の集団的自衛権を伴う外交、そのための大軍拡の推進は、今後、現在のウクライナ戦争同様に日本の国土、国民を米・中・台・日間の戦場化をもたらす極めて危険且つ明白に誤った愚かな外交です。

また、経済政策の基本としては、一般的に「経済成長」と「雇用の安定」が求められると言われます。しかし、国民生活が安定していれば、今後、何も経済成長＝0でも構わないと考えます。むしろ重要なのは「雇用の安定」であり、何よりも経済的貧富の格差、男・女間賃金格差、非正規社員の賃金格差こそが問題なのであり、岸田内閣にはその解決策はありません。その原因は、岸田内閣が安倍派政治の継承内閣として、依然として誤った米国への軍拡支援及び大企業優遇政治を継続しているからです。その結果、円安対策なし、物価高対策なし、核兵器禁止対策なし、マイナンバーカードの強制普及など、その政策に有効性がない好戦的な危険な内閣なのです。

本書第一章の頭書で現代の三大問題として、①安保条約、②憲法改悪問題、③新自由主義経済の三悪政策を挙げて論述、批判してきました。この点につき、現在の岸田内閣の政策内容をを改めて考えてみると、いずれもさらに最悪の方向に進んでいることがわかります。この現状を私たち及び特に若い方々はしっかりと認識し、その反転運動を進める必要があると考えます。

第3章

日米安保条約批判

1　安保条約は憲法違反

安保条約調印の真の目的

安保条約は、決して日本の国と国民を守るための条約ではありません。また、安保条約の日本にとっての意味は、単に「米国従属」と言う意味ではなく、他国にその類例を見ない特殊な条約であり、極めて重大な意味があるのです。今日の安保条約による「米国への特殊な条約」とは、①その範囲が単に軍事的ばかりではなく、日本の政治、経済、社会、福祉、教育、文化、国民生活など、広範囲に悪影響を及ぼしていること、②その不利益な事実が政府をはじめ多くの国民にとって正当、当然なこととして受け入れられていること（逆に言えば反安保派は異常な思考人間として見られていること）、③さらにこの状態が永久に継続する（逆に言えば安保条約破棄は考えられないこと）と受け止められているからなのです。

この点につき、政治学者白井聡氏は戦前の「国体護持」に相当する悪制度は、戦後、「安保条約」による「米国従属」として引き継がれていると指摘しています。加えて、白井氏は旧約聖書「主を畏れるは知恵の始まり」（自分が何によって支配されているかを知ることによって知性が働き始める）を引用して「今日、日本人の政治意識、社会意識が総じてますます知的劣化している根源はここにあるのだろう」とも述べ、この劣化した日本人の意識を「天皇民主主義」と名づけて、戦後77年経過した現在でもこの劣化状態は「議論の余地はない」と断言しているのです。

１９５２年の安保条約締結当初から、米国本土の共産勢力脅威に対する軍事防衛のため、太平洋方面の最先端防衛基地として、敗戦国日本の領土を米国の前衛基地として利用するために、強制的に締結させられたのが日米安保条約です。

両国政府の建前論（日米安保条約）としては、今でも一般的には日本のための、または日本人一人一人のための敵国侵略防衛、生活安全防衛保障条約と言われていますが、決してそうではありません。

太平洋戦争終結時に米国はいち早く、連合国代表として日本本土を占領し、宣戦布告したソ連軍の北海道侵略の計画に対して、米国が米国防衛のために安保条約で日本本土を占領したのです。

即ち、1952年のサンフランシスコ講和条約でもソ連を参加させず、片面的講和条約を締結し、本来、ポツダム宣言第12条により日本の独立とともに米軍は撤退すべきところ、講和条約当日夕刻、安保条約を半ば秘密裏に吉田首相に調印させて駐留を継続してきたのです。その内容は、異例にも占領状態以上に米軍基地を日本国内での自由な設置、排他的（制限のない）な使用権、日本国内どこでも自由な演習実施を認め、米国の最前進基地の機能を十二分に保障するものでした。

1960年、岸内閣のもとでそれまでの旧安保条約の改定交渉が行なわれ、あたかも安保条約が双務的防衛義務を負うかの如き改定と言われていますが、それは建前論であって、実態は従来とおり、米軍が米国のために日本国内で自由に基地を維持し、米国防衛のために利用する基本は何ら変わっていないのです。

その実例として、米国は沖縄基地を駆使し対共産国からの防衛のために、これまでにベトナム戦争の攻撃の出撃基地として利用し、さらに2001年9月11日の米国のツインタワーテロ事件、米国本土侵略の報復としてアフガニスタン、イラク侵略戦争の際にも沖縄在日米軍基地を最前進基地として使用し、米国攻撃の反撃基地として使われました。これまでに特段、日本の防衛のために使用した事実はありません。

それはアメリカのための、正確に言えばアメリカの国家体制の維持＝米国軍需大資本家の「資本」の安全保障のための基地使用であり、それが日米安保条約の本質なのです。

伊達判決に関連して重要な点は安倍内閣による２０１４年の集団的自衛権の閣議決定の不当性です。伊達判決で争われた点は、米軍基地内に侵入することが刑事特別法で違法とされている刑事特別法が憲法９条に違反しないか否か、換言すれば米軍駐留は憲法９条２項の「戦力」に該当するか否かの解釈の問題なのです。

しかし、当時の高村正彦自民党副総裁（弁護士）はその争点を歪曲し、「我が国が存立を全うするために自衛の措置を取り得るのは国家固有の権能で当然のこと」と国家固有の自衛権の問題を飛び越えて、それまでの内閣が否定してきたのに突然、「集団的自衛権」の要件問題にすり変えて安倍内閣に進言したのです（『仮面の日米同盟』春名幹男・文春新書）。これを安倍内閣は採用し、閣議決定をなし、安保条約の運用につき大問題となっているのです。現在の憲法は平和主義を標榜しており集団的自衛権は全く想定していません。

日本領土の安全のため、あるいは日本人の生活安全のための安全保障でないことは、沖縄県民が何度も基地の撤去を求め、県民投票でも明らかとなった辺野古基地反対の結果と、これに対する日米政府の対応を考えればわかることです。米国が自らの利益のために沖縄の基地を手放さないのです。

米国の資本家、特に軍需産業の資本家は、現在の普天間基地の規模、機能では自らの利益を守れず、それ以上の増強を求めて、その面積と高機能を持つ世界最強の新たな大規模な辺野古基地の形成、利用のために、地元の沖縄県民が何度も反対しているのにも関わらず、完成させようとしているのです。安保条約は、米国本土及びのアメリカの巨大多国籍資本家のため、その安全保障と利益を保証するために存在するのであって、極めて不合理、不条理な条約なのです。

このような不条理な安保軍事政治が大手をふって戦後約75年以上、日米両政府によって外交政策の基本となり、現在もこれが日米外交の基本となっている事実を日本国民全員がはっきりと認識し、はっきりと拒否しなければならないのです。

この点について外務省は「安保条約第5条、日米共同防衛」により、米軍は日本に対して防衛義務がある、との解釈をとっています。しかし、この点の反論は次のとおりです。
①新安保条約第五条は旧安保条約第1条を移行したものであり、旧安保1条は当時の対中国、ソ連に対する共産主義防衛のために、日本国内に米軍基地を配備することを「許与」するとあり、日本防衛義務のための文言ではありません。
②新安保5条は「他国から日本が武力攻撃を受けた際は「自国」の（「日本」のではない）憲法に従い各締約国はその危険対処の行動をとる」とあります。従って、日本の領土が攻撃を受けた時は、米国は米国の議会にその防衛行為をとることを議題として挙げて審議するのであり、時間もかかり、否決されることもあるのです。また、米軍が攻撃を受けた時、日本憲法は集団的自衛権を認めていないのですから、米国を防衛行為はできません。よって、新安保条約第5条は日米相互の防衛義務を認めていません。
③日本に駐留する米軍は日本国内の米軍基地につき、米国のために米国の世界戦略の基本的基地として利用しているとの見解は村田良平元外務省事務次官、冨澤陸上自衛隊幕僚長、久間章生元防衛大臣ら防衛の最高責任者らがはっきりと認めています。
④駐留米軍は日本防衛の訓練はしておらず、海外戦闘の訓練のみです。
⑤戦後75年間、米国が日本の防衛をした事実はなく、駐留米軍は１９５０年の朝鮮戦争、１９６５年

のベトナム戦争、1991年の湾岸戦争、2001年のアフガニスタン戦争、2003年のイラク戦争など、すべて海外戦闘地域の出発基地として利用してきたのです。

トランプ元大統領は、日本に米国の防衛義務がなく安保条約は不公平であり、維持経費もかかり、安保条約は破棄されるべき、とさえ述べています。しかしその真意は、それ以上に恫喝文言として米軍基地を利用し、米国軍備品の爆買いを強制し、思いやり予算の増大を要求し、米国の世界戦略に米国の軍事産業の繁栄に寄与させんとしているのです。

要するに、安保条約による米軍駐留は、日本の防衛義務はなく、米国の世界戦略、米国自身の利益のために駐留しているのであり、そのために日本の「思いやり予算」や「治外法権」という規定によって、日本人の人権が侵害されているのですから、絶対に破棄すべきなのです。

安保条約は日本の防衛のためにあるとの建前論から、日米両政府は米軍の基地使用における種々の問題、例えば米軍人の国内での刑事事件、米軍機の墜落事故の損害、騒音問題や新基地建設問題は共産諸国の防衛のために不可避でやむを得ない事情である、米軍機の騒音発生や米軍基地の存在自体はそもそも日本の保護、世界の共産化の防衛に不可避な事柄であると強弁し、基地問題、米軍軍属の刑事事件などに対し、日本国内法の適用除外とされているのです。

しかし本来は、米軍駐留の本旨は米国の安全のための基地提供ですから、日本としては主権国家として欧州などの米軍基地の取扱いと同様に、米軍の駐留条件につき、治外法権については排除すべきです。

日本国民のための、また極東の安全のための真の日米安保条約であれば、日本国政府の要望により、その必要な場所に、その時の国際情勢に従い、日本の要請に従った米軍の行動措置を日本の同意を得てとればよいのです。

然るに、現行安保は「全土基地方式」＋「基地完全管理権」を基本として運用されているのです。この事実こそ安保条約の「特殊なあり方」の象徴的な実体なのです。

真に米国自身の安全対策行動は、日本国内で自由に、必要なだけ、いつでも、どこでも実行することを意味しているのであり、この点でこれらは日本のためではなく、米国の利益のための条約であることを端的に示しているのです。

安保条約はすでに述べたように、米国、米国巨大資本の安全保障のための軍事同盟ですから、そのような軍事同盟を締結することは、憲法第9条1項、武力の永久放棄に違反です。また、日本国内に軍隊として米軍基地設置を認めることは、日本の他国に対する武力による威嚇、または武力の行使の対象となり憲法違反です。

吉田茂元首相は、敗戦直後から憲法違反の安保条約に調印し、その後も憲法違反の保安隊、自衛隊を創設し、現在は世界第5位の戦力（軍隊）にまで成長させてきたのです。

今日の安保問題、辺野古問題、オスプレイ問題、ミサイル防衛のアショア設置問題などは、すべて戦後処理で吉田元首相のボタンのかけ違い、憲法違反の政治、外交を平気で進めてきたためであり、その後の自民党政治には、日本国民に対して大きな責任があると言わねばなりません。

日米安保条約の発案者であるダレス国務政策顧問自身は、当時、交渉前に「（安保条約は）日本の主権を侵害し、日本人の人権侵害があるこの米国の条約を日本政府、日本国民に納得させることは難しいであろう」とさえ自認しているのです。

吉田元首相はこの詐欺的、誤導的、威圧的条約を国会にも、誰にも相談せずに1951年9月9日、密かに承諾・調印したのです。最近の報道によると、元内閣官房副長官補であった柳沢協二氏の見解は「米国が本当に日本を守るのか不確実になってきた」と述べています。その不安からか、安倍元首相は米国に見捨てられないように意図的に集団的自衛権、米艦防御、敵地攻撃能力、宇宙軍の創設など、米国世界戦略に神経細やかに追従しており、まさに安保条約は米国のための軍事同盟化が明白なのです。今後の日本としては、米国の属国化及び二度と大国に頼らない自主外交路線が何としても求められるところです。

さらに重要な点は、このような日米安保条約の強化、米軍への日本基地の貸与は当初、米軍からの要請によるものでありましたが、今日にあっては、むしろ日本政府、経団連などから米国に対する強い要望となっている事実です。後に述べますが、米軍基地、米軍駐留が日本経済にとってプラスであること、特に安倍派政治では、軍国主義的思想から米軍基地の継続を強く求めてきたのです。

一例を挙げれば、米国軍需品購入をする「対外有償軍事援助協定」（ＭＳＡ協定）では、１９６９年までは無償提供でしたが、その後に有償となり、安倍内閣の２０１２年以降の有償軍備品購入額は、安倍以前の２０１２年が１３３２億円に対し、安倍内閣末期が爆買いした２０１９年では６８６９億円と５倍以上に膨れ上がっています。ここでも自民党政府の政治が無知、好戦的、反平和的であることが明らかなのです。

ダレス国務相顧問の安保調印の罠

安保条約の発案者である、ダレス（当時、国務省政策顧問）のこれらの日本支配の骨子として、日本国内に米軍基地設置の構想、即ち基本目的（現安保条約第6条）は次のとおりです。

「独立後の在日米軍基地・訓練を日本国内で望む基地数を望む場所に、望む期間、駐留の権利を確保すること」

＝日本全土を対象にどこでも、いつでも米軍が望むように米軍基地を自由に作り、自由に使う」という目的（構想）であり、その後、現在までまさにそのとおりに実行されているのです。

安保条約の成立には、アメ（飴）としてあえて講和平和条約では日本に対する金銭賠償問題などを強く求めず、穏便な敗戦処理内容とし、逆にその裏では耐え難いムチとして米軍基地を日本国内のどこに基地を作ろうが、どこでどんな演習訓練をしようが、日本政府に拒否させない強権的な安保条約を締結させたのです。このアメとムチに騙されたのが日本政府の独立時の特徴なのです。

この点につきダレスは自ら、上記要求は日本にとって「明白な主権侵害」であり、米国にとって「過大な特権」であることを認めていました。

この安保条約調印は半ば強制的条約でした。即ち、当日に突然の申出、直前の内容開示なし、交渉もなし、日本の国会の審議なしの吉田元首相ら少数らによる調印でした。安保条約は手続上、日本政府の内閣、議会の検討の時間もなく、自由意志での協議・合意を欠く、国際法上の有効性に大いに疑問のある条約とも言われています。

あまりにも米国本位の不平等な条約であり、その点につきソ連、イギリスからの横やりや妨害を防ぐために、調印直前まで日本全権大使の吉田元首相に対しても、いつ、どこで、どんな内容の条約なのかを明らかにせずに、わずか数時間前に内容を知らされて調印を迫られたものです。その調印文案が吉田元首相に伝えられたのは9月7日夜11時であったと言います。

しかも、その通知があった時、調印正式文書は機密保持のために英文であり、和文は未だ存在せず、夜11時から和文訳を作り始め、その内容を日本語で知った者は吉田使節団のごく一部でした。さらに、安保条約の調印場所と時刻の連絡は9月8日の「講和平和条約」の調印式が終わった直後の8日、昼頃に「本日、午後5時に米第六兵団（陸軍施設）で行なう」との連絡を初めて受けて、そのまま同日午後5時に安保条約は調印されてしまったのです。

このような米国の不純な下心のある一方的な方法で調印されたのが、今日もなお、日本国民を日夜苦しめている日米安保条約なのです。

かくして、ポツダム宣言12項に違反し、占領終了と同時に安保条約による米軍が瞬時に駐留することになり、これまでも米軍が日本国土内のどこでも基地を造り、自由に戦闘訓練を行なっているのです。よって、米軍が日本国土内でどのような基地使用、訓練飛行を行なうも、日本政府は安保条約なる国際協定書があるので、その中止を求めることはできないのです。このような身勝手な無条件の基地使用方法は、他国の敗戦国処理事例には見られず、誠に情けない事態であり、世界歴史に類を見ない異常な長期米軍の駐留状態が続いています。

さらに1991年、ソ連崩壊の際には共産主義の脅威は去ったのであり、この時ドイツ、イタリアなどはそれを理由に同国との米軍安保条約につき、治外法権的の不平等な条項の破棄交渉申出により改定されました。しかし、日本政府（宮沢喜一首相）はその際にも全くそのような是正措置の申出をしませんでした。政治家としての必須なセンスの欠如と言わねばなりません。

（安保条約調印時の秘密性）

1951年9月8日、午前中にワシントンの高級ホテルにて、盛大に片面的講和条約調印式が行なわれました。その調印式の終了時点で日本国内の連合軍の占領は終了し、米軍を含む連合軍はポツダム宣言第12条に基づいてただちに撤退すべきところ、米国は同日午後、近郊の粗末な米軍基地内の兵舎で吉田元首相を連れ込み、相密かに日米二国間のみで安保条約の調印をさせたのです。この安保条約（旧安保条約）調印により、これまでの「連合軍の占領軍」は終了しましたが、引き続き「米軍の駐留軍」が現状有姿で居座り、そのまま外見は全く変わらないまま、安保条約を法的根拠に日本駐留を継続し、今日に至っているのです。この米軍駐留は、明らかにポツダム宣言12条の脱法違反なのです。

このような米国の都合で、半ば無理やりな騙し討ち方法で日本を形式上独立させて、継続して日本全土どこでも米軍の軍事基地化するアイディアは、当時のダレス国務長官の提案でした。

ダレスは占領継続を主張するマッカーサーに対して、占領政策を成功させるには、天皇の支配力を利用して日本の独立を餌にして、且つ米軍の基地使用継続については国連憲章43条（特別協定による米軍基地の利用）と同106条（国連軍ができるまでの暫定措置）に基づき、基地の使用を継続する特別協定（安保条約）を創設することがベストであると提案し実行したのです。この提案について、吉田元首相は無論、天皇陛下も賛同して、平和条約（日本の独立）と安保条約のセット調印が急遽決定したのです。

片面的講和条約か、全面的講和条約か

講和条約は上述にとおり片面的講和条約となったのですが、その背景及びその後の日本国内の社会では、いずれにするべきかの議論は今日まで続いている大問題です。

調印時の1951年当時においても鳩山一郎、重光薫らは片面的講和には慎重となり、さらに社会党左派は反対でした。その理由は片面的講和では、戦後の日本が米国の支配下になってしまうことが大きな理由でした。

これに対して、吉田元首相を中心とした片面的講和賛成派は、全面的講和だとソ連を中心とする共産圏諸国による日本への影響を危険視していました。その結果、当時の米国中心の強引な日本占領政策により、吉田元首相は半ば独断で片面的講和に従ったのです。片面的講和の賛否は、その後の1960年安保闘争でも激しく対立が続き、今日では日米安保条約が自民党により自己目的化し、その強化が進められているので、日本国内では一層鋭い対立として、安保条約・行政協定破棄闘争が継続しているのです。

（安保条約締結時の時代的背景）

連合国と日本との片面的平和条約は1951年9月8日に締結されましたが、その締結の背後には大きな秘密があります。

結論的に述べれば、冷戦構造の中で1950年6月25日に朝鮮戦争が突然勃発し、米国への対共産勢力波及の危険が迫りその防波堤として、米国は日本国内に反共軍事基地を早急に設けて、米国国内への共産化を食い止める必要性が生じ、それを具体的に実行しました。その実行策とは、米国の強い判断、指導のもと、朝鮮戦争の最中、1951年9月に日本に対して米側軍事同盟として、安保条約を締結させ、日本の独立を餌に、ただちに米国が日本国内に米軍基地を設置する片面的な安保条約の調印となったのです。

しかもポツダム宣言12条によれば、日本の独立後は占領軍（米軍）は日本からただちに撤退すべきであるのに、対共産勢力の防衛のために米軍駐留の継続が必要となり、その必要性から日本を形式的にも独立させて（これは安保条約が主目的で、「平和講和条約」は従たる付随条約です）、形式的に独立国日本を創設し、米軍単独の基地設置・駐留継続の承諾を強制的にさせて、米軍が日本国内に米軍駐留維持を可能とさせたのです。このような策略のもとに、米国は急遽、1951年9月8日に連合軍（米、英、仏、中国、ソ連その他）の内、いわゆる東側共産制諸国（中、ソなど）を排除して、西側諸国だけを集めて米国主導で日本との間で片面的なサンフラシスコ講和条約が調印されたのです。

米国の発想の動機と実行手続は、「朝鮮戦争の勃発↓ソ連、中国など共産主義の近隣諸国・世界への拡大阻止↓米国の共産化の防波堤として日本国内に米軍基地の確保↓日米軍事同盟締結の必要性↓日米（連合軍）との講和条約で日本の早期独立↓サンフランシスコでの片面的講和条約成立↓調印日の同日午後、日米二国間で軍事同盟の安保条約調印」という驚くべき事実経過が日本政府、実際は吉田元首相一人の判断・承諾の元に進行したのです。

この事実経過を年表として述べれば次のとおりです。

・1945年9月3日、日本敗戦にて、朝鮮半島は日本の植民地支配から解放。
・1948年、朝鮮半島にて北に共産主義の「朝鮮人民共和国」、南に資本主義の「大韓民国」の分裂国家の成立。
・1950年6月25日、北朝鮮軍の南朝鮮への突如の侵略により朝鮮戦争の勃発。
　7月7日、北鮮の共産軍の攻撃は朝鮮半島南端の釜山に迫る。
　9月、国連軍（米軍）は朝鮮戦争に参戦決定、反撃に出る。
・1951年9月8日、午前から午後にサンフランススコのホテルで片面的講和条約調同日夕刻、同所米軍第6陸軍基地兵舎内で「日米安保条約」調印。
・1953年7月27日、38度線で南北朝鮮の休戦協定成立、調印。
・2021年3月、現在も朝鮮戦争は戦闘中。ただし「休戦協定」中です。

1950年6月25日、北朝鮮が中国、ソ連の援助のもとに突然、朝鮮南部深く攻め込んできましたが、この侵略は占領中の米国、連合軍、日本にとって思いもかけない突然の事態でした。当時、米国内では国務省と国防省はいわゆる朝鮮戦争に参戦すべきか否かにつき対立していました。

しかし、北朝鮮・中国の進撃は素早く、やがて朝鮮半島全滅、日本へ、やがては米国へも共産勢力の侵攻が及ぶのではないかという危機感から、開戦3か月後にやっと、米軍は南朝鮮（大韓国）の支援に参戦し、同時に日本を早期に独立させて日本国内に米軍基地を設置し、日本の基地を共産化の防波堤にする方針を決定したのです。連合国側では、日本との講和条約締結はすべての参戦国が合意した円満な「全面的講和条約」を求める意見が基本であり、その意見も強かったのですが、米国はそれに反して共産主義の拡大防止を有利に進めようとして、米国中心の西側有志諸国のみで片面的講和条約を強行し、同日の夕方、密かに米国とのみ二国間安保条約締結を計画し、実施していたのです。

安保関連法の成立経過では、次の様な経過もありました。

・日米合同協議、1945年9月頃、敗戦直後から占領政策、独立後の対日政策のすべての日米問題の協議機関として「日米合同協議」が設置されました。日米合同協議でも片面講和の是非が協議されたはずです。

安保条約は、1951年1月（昭和26年、朝鮮戦争交戦中）の講和条約準備交渉が始まった際に、すでにダレスがどの部分を参加国間の「講和平和条約」で書くか、どの部分を日米の「安保条約」で書くか、また、どの部分を日米双方の議会に諮らずに決められる省庁間の「行政協定」にするか、との構想を練っていました。

2 安保条約規定の構造とその矛盾

安保条約・行政協定・密約の関係

三つの関係で重要なポイントは、「安保条約」は国際条約ですから、国会の批准が必要であり、国民にオープンな国会で審議が必要であるのに対し、「地位協定」（前身は行政協定）書は条約に基づく細目事項ですから行政府（内閣、各省庁）のみの判断や決定で足り、国会の審議は不必要であるということです。この違いを悪用し、ダレスは安保条約は表面上の抽象文言で体裁よく記載し、行政協定では極めて重要な日本国民の権利義務の制限に関する重要事項を明確、具体的に規定しているのです。よって、重要なのは地位協定（行政協定）であって、「安保条約」ではありません。この事実を旧安保と旧行政協定の規定の仕方で見ると次のようになります。

旧安保条約前文――日本は平和条約を本日署名した。従って、日本国は武装解除され、自衛権を行使する有効な手段を持たない。よって、日本は米国との間に安保条約を希望する。

旧行政協定第2条――安保条約第一条の目的遂行のために米国は日本国内に必要な基地使用を許諾される（日本のたのみを引き受けること）。

旧行政協定第3条――米国は基地内において必要な権利、権力、権能を有する。

旧行政協定2条、3条にて最重要な「日本全土基地方式」を認めているのです。ここに安保条約と行政協定の仕分けによる重大なごまかしがあります。日本国民の権利義務に関する事項は本末、すべて国会で承認が必要であり、安保条約で規定すべきなのです。然るに、実際は権利義務に関することは大半が行政協定（現在の地位協定）で定められているのであり、このような規定の仕分けを吉田元首相、岸首相はともに認めてしまっているのであり、政治家として失格であるばかりか、国民に対して背信的であり、国民を愚弄するものです。

さらに地位協定の必要性について重要なポイントは次のことです。そもそも米国は、世界の覇者としてその世界戦略は、平時でも世界各地に米軍を駐留させて「前方展開戦略」を敷いています。この前方展開戦略の際の米国の条約締結の目的は、海外基地勤務の米軍要員を保護することを目的として、現在約100の海外基地で「行政協定」を締結しているのです。その内容は各国で異なりますが、米国としては「駐留している国の法律に米軍活動が制約されずに、米軍要員の保護、軍事作戦の優先」を基本方針として地位協定の内意が定められているのです。なかでも、日米間の行政協定は、世界でも最も日本の主権、国民の人権を不当に侵害した内容となっていることは以下に述べるとおりです。

日本の法律8段階の法体系と憲法体系との矛盾

一つの国の法律制度は、法学上「法段階説」という理論で適正に運用されています。即ち、国内には種々の法律や規則がありますが、全体はピラミッド型で、効力の上下関係が規制されています。その頂点にあるのが「憲法」であり、次順位が「国際条約」、次いで「法律」、下位に「規則」などになります。この場合、法律の規定は上位の憲法に違反することはできず、仮に違反があればその法律は憲法違反として無効になります。このような法令の適否を判断し司る機関が「内閣法制局」です。日本も「法段階説」のもとで裁判（司法）、行政、国会などが国家として日常的に運営されています。しかし、安保条約の調印により、日本の法段階説は大きく歪められており、極めて異例の事態となっています。

日本の国内の法体系は、現在以下のとおり、異例にも二つの法体系があり、合計8段階の法的構造になっています。
上位一段から五段までが「安保法体系」であり、その下位の6段目「日本国憲法」から八段までが「憲法体系」体系です。

1段 「占領法体系」（1945年8月～1957年4月28日の間）
← 2段 「安保条約」（わずか10条）
← 3段 「日米地位協定」（28条、旧日米行政協定）
← 4段 日米合同会議の議事録（1952年発足、毎月隔週木曜日開催の緊密な合同協議の記録）上記に基づく「国内の特別法」（刑事、民事特別法）
← 5段 日米間の「密約」
以上までの五段階が「安保法体系」です。
← 以下が日本の「憲法法体系」です。
← 6段 日本国憲法

7段　←　日本の法律
8段　←　日本省庁の規則、政令など

この8段階での占領命令、条約、協定、日米合同委員会合意事項及び密約によって、米国は日本を軍事・経済・政治・社会でも現在までも完全に法的にも支配しているのです。片や、日本国憲法第98条は「この憲法は国の最高法規である」と明記しており、この憲法に反する法律、命令などは無効であるとも明記しています。

従って、上記にあるとおり、現在、実際には憲法体系の上位には4段階（占領中は五段階）の上位法があり、すべて憲法違反の条約なのです。ここに戦後70年間にわたる、国内法に大きな「根本的な矛盾」があるのです。この矛盾は現在の国内の政治、経済、社会などの根本的な矛盾原因なのです。

例えば、自衛隊は違憲であるとの違憲論がありますが、その違憲論の源には安保条約（安保体系）があるために自衛隊が存在するのであり、自衛隊の合憲・違憲論の争いは安保条約の合憲・違憲論をまず論争する必要があるのです。この意味において現在の日本の根本的な諸悪の根源は、日米安保条約なのです。根本的矛盾を戦後、強く推し進めた政治家が吉田元首相、安倍元首相らの自民党政権なのです。

第一段の「占領法体系」につき特に説明しておきます。

「占領法体系」とは、1945年8月15日に日本が連合国に対して無条件降伏してから、1951年9月9日のサンフランシスコ条約にて、日本が独立するまでの約6年間、占領軍によって占領管理されていた期間の占領軍の統治法体系を言います。

この法体系として重要なことは、約77年以前のこの「占領法体系」の内容がほぼそのまま現在も継続存在し、日本国民の平穏な日常生活を占領状態でなお侵害しているということです。敗戦直後、占領軍によって日本国土及び日本国民は、すべての面で占領軍により法律的に管理されていたのですが、その管理方法は占領軍の日本国民などに対する直接統治ではなく、占領軍が日本政府に「指令第1号」などの統治命令を発し、日本政府がそれを受け、改めて日本国民に対して統治していたのです。その際、占領軍（主として米軍）の管理方法は無論、占領軍基地の設置・使用方法、同軍人の出入国、同航空機の管理・制空権、同軍人の裁判権などはすべてにおいて日本法の適用除外とされました。

その日本法の適用除外部分につき、日本が1951年9月に独立した際に、本来であれば、日本政府（吉田内閣）は、日本法の適用除外部分を排除すべきところを一部を除いて、大半は排除せずに同時に「安保条約」、「行政協定」の調印にて引き継がれたのです。これが原因で、その後引き継がれた日本法の適用除外部分の多くが残り、現在も日本国土の使用、日本国民の人権保障、例えば沖縄県において騒音、辺野古基地問題など多くの人権侵害が是正されずにいるのです。

この点、同じ敗戦国のドイツ、イタリアにおいては、占領期から独立した講和条約調印の際、同国の適用除外部分はすべて排除されたので、今日、米軍基地があっても、基地使用につき不平等な扱いはないのです。

3　安保条約の条文内容解説（1条〜9条）

第1条（目的）国際紛争を平和的手段で解決する。国際連合の強化に努力する。

第2条（経済条項）自由制度の強化を促す。両国の経済的協力を促進する。


（解説）

第2条は60年安保で新設された条項で、この条項を使い米国は経済協力こそ日米軍事同盟の核心として、日本に対して軍事面ばかりか経済面でも従属を強いてきました。

即ち、第2条を梃《てこ》にレーガンは1994年以降、「年次改革要望書」方式で日本の政治的・経済的規制緩和、金融自由化、投機取引の自由化などの日本法の改革を実行し、オバマ大統領（当時）は鳩山由紀夫元首相（当時）が「東アジア共同体」構想を演説したために日米安保条約に反するとして鳩山首相降ろしをし、トランプ大統領（当時）は第2条により安倍元首相に高額武器の爆買いを強要したのです。

このような安保経済条項は何としても破棄せねばなりません。

第3条（軍事協力）両国は自助及び相互援助により他国の武力攻撃に対し、それぞれの能力を維持、発展させる。


（解説）

この条項の具体的な事実例は左記のとおりです。

1951年10月の安保条約締結後、1954年3月、日米間で武器供与などの「日米相互防衛援助協定（MSA）」が調印されました。この協定も米国の世界戦略に基づいた日本の自衛力強化、米軍補助のための自衛隊の武装強化策の意図に基づくものです。即ち、このMSA協定の目的は、米国の軍備品を日本が半ば強制的に購入し、日本が米国軍戦力の一翼を担い、米国の世界戦略を補完するための協力義務を課する協定なのです。この延長線上に60年安保改定で第3条が明記されて、それ以降、日本は軍備拡張を目指し、有数の軍事大国になっていったのです。その後、日本の軍備拡張政策の計画の「戦略三大計画」は①「国家安全保障戦略」、②防衛計画の大綱」、③「中期防衛力整備計画」となったのです。

第一次防衛整備計画（1957）、第二次（1961）、第三次（1966）、第四次（1972）、ガイドライン（1978）、ガイドライン（1997）、ガイドライン再改定（2015）、中期防衛力整備計画（1991、1996、2001、2005、2011、2014、2019）。

1950年の警察予備隊の年間1310億円（参議院外交防衛委員会資料より）の防衛費が、2020年予算では5兆3133億円、米、ロ、中国、インド、フランスに次ぎ、第6位の軍事大国になり、社会福祉費を圧迫しています。

1978年より協定にない「おもいやり予算」が始まり、2020年までに約10兆円の血税が投入されてきました。現に、ベトナム戦争、アフガニスタン、イラク戦争など、また、日本のガイドラインによる武器の爆買い、米軍指揮下の自衛隊海外派遣、防衛予算の増大などからも米軍援助は明らかなのです。

第4条（協議事項）脅威が生じたときは随時協議する。

第5条（相互防衛）締約国はいずれか一方に対する武力攻撃が自国を危うくするときは自国の憲法に従いともに行動する。

（解釈）

米国に日本の防衛義務（集団的自衛権発動条項）の有無が本条で問題です。外務省は安保第5条が米国の日本防衛義務の根拠としていますが、解釈は誤りです。第5条の本旨は米国本土防衛の太平洋における最前線基地の重要性に鑑み、文理上はそこでの武力攻撃を受けた場合は、日米が「共同対処行動」をとることを定めているだけで、米国の防衛義務を直接定めていないのです。しかも米軍は「自国の憲法に従い」ですから、米国の憲法に従って、米国の上下両院の承諾が必要で時間とその成否は未定なのです。また、日本の自衛隊は日本国憲法9条により、米国防衛の「武力行使」はできないのです。従って、安保条約第5条は、米軍の日本防衛義務を定めているとは言えないのです。

第6条（全土基地条項）米国は極東の安全のため日本国内の施設、区域の使用を許される。

（解釈）

このように基地の特定区域を定めずに、日本国内全国どこでもいつでも、米軍基地として使用を無制限に認める「全土基地方式」は世界で例を見ない異常な問題規定です。

この規定により、78か所の米軍専用基地（自衛隊併用では131か所、2019年3月現在）、基地の資産評価982億ドル（2位ドイツ449億ドルを大きく超える資産）があります。

なお、２０１５年3月現在の日本全国の米軍基地施設は次のとおりです。
北海道、18施設、34・４万キロ平米
東北地方、12施設、１０２3万キロ平米
東京・北関東、15施設、41・1万キロ平米
南関東、18施設、１５５･9万キロ平米
中部・近畿・中国、15施設、60・６万キロ平米
九州、21施設、91・２万キロ平米
沖縄、33施設、２３１･7万キロ平米
合計、１３２施設、１７１7･2万キロ平米
日夜、米軍機墜落、部品落下、騒音被害、米兵犯罪の危険性があります。
第6条に基づき「日米地位協定」（全文28条）に基づく上記１３２か所の米軍基地には治外法権の特権が多数あり、同基地内は米軍の絶対的（排他的）な支配権があり、それは過去の中国清朝の租借地の如き状態です。

第7条（国際連合憲章）この条約は国際連合憲章と矛盾するものではない。

第8条（批准）この条約は両国での批准したときに効力を生ずる。

第9条（旧安保関係）この条約が効力を生じたときは旧安保条約は効力を失う。

第10条（条約終了）この条約は国際連合の目的達成または１０年の経過後、終了通告ができる。

4　地位協定の条文内容と解説（第1条〜第25条）

米軍基地の具体的な使用方法を規定したものが地位協定（旧行政協定）ですが、実務的には米軍基地の運用は①地位協定の明文規定、②明文の拡大解釈による「運用」による使用、③全く明文のない「密約」としての使用という3種類によって米軍の地位、基地の運用、使用方法などが具体的に定め、且つ使用されているのです。

「運用」とは協定文言は変えずに、明文を幅広く拡大解釈し、従来とは異なる使用方法を認めることです。「密約」は国家間の秘密事項として合意することで、明文規定は存在せずに国会、国民にはマル秘で隠し通す非公開の日米間の約束ごとです。

日米関係では「密約」が極めて多いのです。例えば、核兵器の日本国内へ持ち込みなどは、政府間の発表では核持ち込みはないことになっていますが、密約によって、核兵器の持ち込みが了解されているのです。

米国務省1960年公表された「密約リスト」には次のような密約事例の記載があります。①核持ち込みの密約、②朝鮮半島出撃の密約、③公務外の刑事裁判件の事実上の裁判権放棄、④日米合同委員会議事録の非公開などです。核兵器の持ち込みなどは日米合同会議で議論されるのですが、その議事録は非公開であり、そこで密約が生れるのです。密約の存在は国会を無視し、国民主権国家を否定する憲法違反の日米行政行為であり、すべて公開し、且つ破棄すべきです。

【地位協定条文】

第1条、目的。

第2条、日本全土どこでも米軍基地としての使用可能。自衛隊の基地使用も可。

第3条、米軍基地使用につき、排他的管理権（日本政府の関与排除）があります。日本国内の出入国につき、関税手続きなしでフリーに入出国可能。

第4条、基地の返還時に原状回復義務なし。（解釈）基地返還の際、米側起因の水質汚濁、大気汚染、土壌汚染など環境汚染につき、原状回復、補償の義務なし。

2020年4月10日に普天間基地から人体に有害な「泡消火剤」が大量に基地外に流失し、泡が飛び散りました。泡消火剤には有毒で残留性の高い有機フッソ化合物があり、肝臓、甲状腺、がんの原因になります。しかし本条及び第3条により日本の立入調査権、返還時の米軍の原状回復義務はないのです。

第5条、民間国空、港湾、高速道路の出入り自由。利用料免除。

第6条、航空管制の優先権を与えている。

NATOにおける米軍基地の活動は、そのすべてが基地提供国の法律下に置かれており、米軍の基地使用につき治外法権などの特権はありません。全面的に米軍基地が日本の治外法権下にあるのは日本のみであり、この不平等協定はただちに排除すべきです。ドイツ国の航空法、騒音の規制などは駐留米軍に適用あります。イタリア国内の米軍はすべてイタリア司令官の指揮下にあり、米軍の訓練は事前の許可が必要です。ベルギーは、米軍の活動を自国軍よりも厳しく規制しています。イギリスの米軍の活動は、英国警察の管轄下にあります。

第7条、日本政府の公共事業、役務の優先的利用権あり。

第8条、日本の気象情報を受ける権利

第9条、旅券不必要で出入国できる。

第10条、日本の自動車運転免許なしで運転可能。

第11条、関税・税関検査の免除。

第12条、物品税、通行税、電気ガス税の免除。日本人の基地従業員調達、その賃金の肩代わり。

第13条、租税・課税の免除。

第14条、軍属の範囲。

第15条〜第16条、省略。

第17条、刑事事件、「公務中」は米国に第一次裁判権、「公務外」は日本に裁判権があるも密約で、日本の裁判権放棄。

第18条、民事事件、「公務中」で75％支払い、「公務外」では賠償支払義務なし＝示談のみ可能。

第24条、基地使用費用の分担を定めた基本規定＝「思いやり予算」。

（解釈）

安保条約に基づき、米軍基地設置に基づく日米の経費分担は本条により、明文として次のように定められています。

原則＝「米軍の駐留経費は原則として米国が負担する」（1項）。

例外＝米軍使用の施設・区域（米軍基地、航空、港湾など）の無償使用の提供（国有地は無償提供、私有地はその所有者への日本政府が賃料を支払う）。

これが「地位協定」における米軍基地運用に関するすべての日米金銭負担の合意規定です。しかし、実際は本条を大きく逸脱し、また拡大解釈されて上記合意事項に反した膨大な経費が「思いやり予算」

として次のとおり日本の負担となっていのです。ここに日米安保条約、行政協定が明白な不平等条約の具体例があります。

(「思いやり予算」、第24条関係)

1977年、基地内の従業員の労務費が日本の負担となり、「思いやり予算」の始まりです。1978年以降、金丸信防衛庁長官より急増しました。1979年、米軍のプールつき住宅建設費(横田基地の幹部用住宅は寝室4つ、浴室2つ、広大なリビングなど245㎡でその建築費は9650万円という)。

米軍軍属の子ども用学校(本土に20校、沖縄13校、定員は小1~小3まで18名(日本は35名)、その他ゴルフ場、娯楽施、滑走路・埠頭駐留費の拡大。その額2019年までに2兆3473億円になります。

1987年、思いやり予算で「特別協定」の開始。従業員の基本給、住宅の水道光熱費、訓練の移転費用。特別協定は当初、暫定的(一時的)、限定的でしたが、7回の延長もあり、年間2000億円と言われています。これが7年間も継続しているのです。

1997年、「SACO費用」負担(特に沖縄に関する日米特別行動委員会の経費負担として新設)。この具体例として在沖キャンプ・ハンセン基地が5か所に移転しました。移転先は矢臼別基地(北海道)、王城寺原基地(福島県)、東富士、北富士(静岡県)、日出生台基地(大分県)です。その移転費用として199・49億円の思いやり予算。さらにその移転先の米軍専用施設建設費用として127・38億円の援助を行なっています。しかも移転先の使用時間は20時まで、年間演習日は35日との定めはあるものの、守られていないのです。この例からもわかるように米軍の日本国内での基地演習は、日本人の税金で賄われ、日本国内で行なわれているのです。

２００６年、在日米軍再編費用負担、岩国基地滑走路沖合移設費用、グアム基地建設費２７２億円を負担（グアムに通信基地、司令部塔、下士官用宿舎、生活関連設備など）。日本本土以外の海外基地建設を思いやり予算で負担することは前代未聞です。テニアン島での射撃訓練所費用も日本の負担です。このように、日本本土以外の米軍基地建設費用負担の意味は「沖縄の負担軽減」と称しながら、事実はそうでなく、米国のアジア戦略基地の強化が目的の費用であり、中国敵視を念頭に置いたものであって、日本の主権を揺るがすものです。

２０１６年、「新協定締結」＝5年間で約1兆円合意。年間２０００億円。

２０２１年3月、5年間の協定終了。トランプ元大統領は新たな「思いやり協定」として、これまでの年間２０００億円の4・5倍、年間８５００億円の思いやり予算を要求をしています。この交渉が思いやり予算の直近の大問題です。その負担根拠はないのに未だ「西側世界を守る」ため、「日本を守ってやるため」と傲慢なことを言い、一種の恫喝です。

韓国に対しても同ような恫喝で、約5倍の50億ドルの特別協定（ＳＭＡ）を要求をしています。文大統領（当時）はこれを拒否し、２０１８年12月の期限でもまとまらず、２０１９年12月もまとまらず、現在も激しく交渉中です。日本に対しては、これからトランプ大統領（当時）がしゃにむに要求してくるはずで、日本としては米軍撤退、北東アジア平和構想を掲げて米国中心の軍備拡張、日本を利用した米国の植民地化反対の立場で、これ以上の思いやり予算は強く拒否すべきです。

以上のとおり、思いやり予算は地位協定にない従業員賃金、基地建設費、米軍住宅、ゴルフ場、ＳＡＣＯ経費などで、２０２０年では年間合計８０２２億円にのぼり、１９７８年以降の累計では24兆円にもなっているのです。これはすべて日本国民・法人の税金です。

ドイツにおける米軍駐留に関し、エスパー米国国防長官（当時）はドイツがＮＡＴＯ加盟国の合意している国防分担金を支払わないので、駐留米兵３６０００人のうち１２０００人を引き上げると正式発表しました。トランプ大統領（当時）は、我々がドイツを守っているのにその義務を果たさないからだと述べました。これに対してドイツの左翼党は「米軍撤退はよいことだ、核兵器とともに撤去しろ、米軍跡地は民間利用こそが急務」などと述べています。ドイツ与党キリスト教民主同盟は「ＮＡＴＯ同盟を弱めるものだ、独米関係を緊張させる」と述べています。

２０２２年３月、「思いやり予算」が年間８０００億円を越えてあまりにも多額になり、目立ちすぎるのでその名称変更が必要とのごまかし策が浮上しています。

５　安保民事・安保刑事の特別法

安保法体系の一つとして、日本の民法、刑事法の特別法として安保民事法、安保刑事法があります。

安保民事特別法は５ヶ条でその主たる内容は、
①米軍の構成員またはその被用者が起こした不法行為
②米軍の設置した工作物または管理に起因する不法行為
①、②のいずれも日本国が賠償責任を負う、とあります。

安保刑事法については、

①米軍基地への正当な理由なく立ち入りの禁止

②米軍軍事裁判所の刑事事件での証拠物の隠滅、偽造、虚偽証言の罰則

③米軍の所有物の棄損罪

④米軍の機密漏洩剤など

これらにつき刑罰を科すとあります。

この民事特別法、刑事特別法は日米安保条約があり、米軍が日本に駐留しているための特別な刑事罰の規定で日本国、日本国民に加重された刑罰です。

自衛隊の戦力増強・防衛費増大↓米軍との一体化の違憲性について以下に述べます。

自衛隊は憲法で禁止する第9条1項の「武力」、同2項の「戦力」に該当します。

2018年5月、トランプ元大統領は、米国の貿易収支の大幅な赤字につき「日本からのトヨタ・ホンダなど自動車の大量な輸入、及び米国本土での日本企業の海外生産で米国人の雇用も大きな損害を受けた」と述べ、日本企業を強く批判しました。この日本経済の批判をかわす対応策として、安倍元首相はF35A型、F35B型の米国産戦闘爆撃機の爆買いを決意して米国政府に約束したのです。その内容はF35A型、F35B型戦闘機を分割購入し、計147機体制にする発表したのです。

F35A型は1機93・6億円、F35B型はステル機能（低空高速飛行で敵の探知網で発見不能という）で1機123億円と言われ、その合計は6.2兆円以上と言われています。無論、これに対しトランプ元大統領は「日本は同盟国の中で最も多いF35戦闘機を大量購入した」として歓迎したのです。さらに安倍

元首相は、それまでのヘリコプター搭載の護衛艦「かが」をF35B型ステルス戦闘機の搭載艦として203億円をかけて軽空母化に改修したのです。すべて米軍との一体化行動のためです。

2020年3月19日、海上自衛隊に7隻目のイージス艦「まや」が就航した。「まや」にはVIS装置、SSM装置があり、水上発射管、対空・対水レーダーを装備し、その建造費はこれまでの最高額である1720億円でした。

このイージス艦の特徴は、米軍の軍事情報をキャッチして米軍とともに交戦できる「共同交戦能力」（CEC）システムを搭載していることです。これによって、今後、米軍とともに一体となって攻撃目標に対して日米共同攻撃が可能になります。そのことによって、違憲である「他国のための武力行使」が可能となるのです。ここに自衛隊の米軍との一体化軍事行動が憲法改悪手続きを待たずに先行的に実施されている事実があるのです。さらに、日米で共同開発している最新の弾道ミサイル迎撃弾「SM3ブロックⅡA」を「まや」に搭載でき、同ミサイル迎撃弾は1発40億円です。このような高価な米国製武器の押しつけられ、爆買いし、社会福祉費用を削減しているのが安倍派政治なのです。

すでに2017年から2019年の間、平時でも自衛隊のイージス艦は38回にわたり「米軍防御」の実施訓練が行なわれ、憲法改定をせずに自衛隊は「戦力を保持」し、米軍とともに軍事行動を行なっているのです。

2020年4月17日、参議院本会議で防衛省設置法改定案が可決されました。この法律は「宇宙作戦隊」の創設を含むもので、米軍の宇宙隊と一体となって、衛星兵器や宇宙ゴミの監視を行なう部隊です。宇宙作戦隊は当初、航空自衛隊府中基地で20人体制から290人へ増員され、サイバー能力強化で三沢基地での準備部隊新編も盛り込まれています。

安倍内閣の2020年度予算案に見る防衛費の内容は次のとおりです。

・年間予算総額は5兆3000億円であり、8年連続増加、6年連続過去最高額であり、いかに増額に努めているかがわかります。

・戦闘機F35A3機、F35B6機は米国で現在、製造中でありその安全性、実際の売価は未定であり、売買契約によりその品質（欠陥発生の場合）、具体的値段は今後米国の指示に従うとあり、常識的に考えられない実に杜撰な契約なのです。米国からの武器の売買はこんなにも米国の言いなりで、日本国民の税金がずさんに使われているのです。

・護衛艦「出雲」改修費（F35搭載）31億円。

・電波妨害の「スタンド・オフ電子戦機」150億円、宇宙作戦の関連経費560億円。

・沖縄辺野古基地建設費840億円。

・次期戦闘機開発費280億円。

・「2021年後の後年度負担金」は5兆4585億円です。

・未定額、SACO（沖縄に関する特別行動委員会関係費）。

・2021年度防衛費概算要求（菅内閣）。

・有償軍事援助（FMS）3286億円。

・F35A型、B型追加分計668億円。

・オスプレイ維持・整備費用226億円。

・「イージス・アショア」の代替経費　FMS契約で今後＋α億円あると言います。

このような超高額な軍備費、その使途は憲法9条の専守防衛の範囲を著しく超えている憲法違反であることは明らかです。

ミサイル防衛につき、秋田県と山口県に配備予定の「イージスアショア」の計画を断念した安倍政権は、その代替案として抑止力向上のためと言い「敵地攻撃能力保有」の新しい検討に入り、その装備、予算につき、次年度予算で明らかにするとのことです。「敵地攻撃能力」の武器は、明らかに憲法が予定する自衛のための最小限の装備を越える違憲であることは明らかです。「イージスアショア」を断念した代替措置として、安倍元首相はあくまでイージスアショアにこだわっており、2020年8月9日現在、次の3案を検討しています。①レーダーは陸上に、イージスシステムは護衛艦に搭載、②レーダー、イージスシステムともに護衛艦上に、③海上基地を造りそこにイージスシステムを乗せる。

この三案はいずれもイージスシステムを維持せんとする案ですが、その真意はすでに米国との間にその購入契約を済ませているがために、米国に損害を与えないための配慮であること、2020年9月の米国開催のサミットの土産にすること、しかし、現代の「ミサイル防衛時代」では、超高速で超高度を飛行し、直接目的地を攻撃するので、これまでの攻撃用弾道弾を打ち落とす「イージスシステム」では時代遅れであることも大問題です。きっぱりとイージスシステムより日本は脱退すべきです。

（岸田内閣の2025年度の防衛予算）

新たな「防衛力整備計画」の初年度の防衛予算として、これまでの水準を大きく上回る6兆8219億円を決定し、前年度比27・4％増のという破格の防衛予算となりました。次年度にまたがる新規契約額は9兆9186億円（防衛省）であり、岸田内閣の米国一辺倒、安保条約一辺倒の安倍内閣をはるかに超える超好戦的な特徴が明白となりました。米国一体化の戦争準備内閣があらわになったのです。
具体的には、トマホークの購入、防衛省関係庁・自衛隊隊舎のシェルター化、沖縄孤諸島の新基地・弾薬庫などの建設費が含まれています。関係施設のシェルター化設置工事は、米軍と共用し、自衛隊基地に対する中国、北朝鮮からの武力攻撃が実際に起こり得ることを前提としたことになります。まさに恐ろしい内閣なのです。

（安保条約強化による日本の従属化の強化）

米国の世界支配戦略は、世界の自由主義陣営の地域・同盟国において軍事同盟基地を張り巡らし、西側同盟国内に「米軍の駐留権」を確保し、同時に同盟国に世界戦略の補完的役割を負わせることを特質としています。このプランに従い、米国は1951年の旧安保条約で日本国内に米軍の駐留権を確保し、1960年安保改定以降、憲法に違反して過大な軍備をさせて自衛隊に日本防衛の第一義責任を負わせるとともに、米軍の世界戦略に組み込ませ、次のとおり長期間にわたり、一層、日米軍事同盟強化の実行に誘導しているのです。

（第1段　1951年9月8日、旧安保条約の調印）

朝鮮戦争中であり、旧安保条約は北朝鮮、ソ連、中国など共産勢力から米国など資本主義側を防衛、保護する目的で機能しました。1954年5月1日（昭和29）「日米相互防衛援助協定」の公布。この協定の根拠は米国国内の「バンデンバーク条項」、即ち、防衛義務は協定の双方の双務義務を必要とする条項です。ただし日本の憲法では戦力の不所持が規定されているので、「自衛力の漸増が期待される」

とのことで済んでいました。しかし、日本政府は上記事情を受け止めて、1954年6月、自衛隊法の成立をさせたのです。また、この相互援助協定の内容として農産物購入、経済措置、投資保証などの日米協定も公布させ、それらを総称して「MSA協定」と言います。

（第2段　1960年1月9日、岸内閣による新安保改定の強行）

1952年「旧安保条約」と1960年「新安保条約」の違いは表現の違いこそあれ、その内容に実質的な違いはありません。「旧日米安保条約」（昭和27）と「60年新安保条約」（昭和35）の違いは、一般に次の5～6点と言われています。

・日米相互防衛義務の明確化。その実態は新旧変わりません。即ち、新安保では米国施政権下にあった沖縄・小笠原（ただし、日本に潜在的主権はあるとされていた）の防衛義務を日本が負い、米国のバンデンバーグ条項の相互防衛条約の解釈として、日本が新たに米国の防衛義務を負うこととなり、日米相互防衛義務になったとの解釈が出たと言われています。しかし、事実は新安保条約が米国のための対共産勢力の防衛目的であったことに相違はないのです。

・安保条約と国連との関係の明確化。国際連合の目的、原則に従い、国連の強化に努力するとの「国連中心主義」を明確化しました。然るに、その後2005年、小泉内閣時の2プラス2の日米協議「日米同盟　未来のための変革と再編」の協議において、日米は国連中心主義を事実上否定する文書に署名したので、この部分は死文化したと言われています。この時点で日米の外交は、国連中心主義から米国中心主義（または米国中心の友志連合）の世界秩序維持に変更されて今日に至っているのです。国連決議で核禁止条約が2021年1月に効力発行しましたが、今こそ日本の外交は国連中心主義に戻るべきなのです。

・事前協議制の導入。条約上は「米軍基地の配置、装備の重要な変更は（日本と）事前協議とする」とありますが、「重要な変更」の定義もなく、裏では核の自由な持ち込み可能との「密約」があり、実際その後、一度も「事前協議」は開かれず、米国の公文書記録でも事前協議の約束はなかったとしているのです。岸内閣の発表は虚構だったのです。

・内乱条項の削除。

・条約期限の設定、この点は新安保の大きなアドバンテージです。１９６０年から10年経過すれば、日米どちらからの終了の通告ができるようになりました。日米双方に安保条約の終了通告ができ、通告後1年で終了します。旧安保では双方の合意で終了とありました。

・経済協力の設定（従来のいわゆるＭＳＡ協定）。この経済協力協定は、特別の大きな意味があります。日米軍事同盟を中核として、その軍事同盟の強化策のための経済協力であり、後に述べるとおり、米国の日本経済に対する構造改革の要求、高額武器の大量購入要求などがこのＭＳＡ協定に基づくものなのです。

以上より、新・旧安保条約の間には、終了期間のほかには実質的に相違はないのです。

（第3段　１９７０年5月、再安保改定・それ以降現代まで）

１９７０年以降、日米間では60年安保協定により、いつでも協定破棄ができるようになりましたが、実際はむしろ逆で、日米の軍事一体的強化、自衛隊の米軍指揮下への従属化、日米軍事同盟の強化が一層進みつつあるのが現状です。

即ち、在日米軍の駐留費の新たな負担として「思いやり予算」が始まり、米軍駐留費は「行政協定」によれば基地の地代以外はすべて米軍負担が原則でした。しかし、ベトナム戦争以降、行政協定にも定めのない基地内の住宅建設費、光熱費、基地の移動費などを日本が自主的に負担し、２００８年以降、総額は６０００億円以上となっています。

①１９７８年11月27日、「日米旧ガイドライン」（日米軍事協力の指針）として、安保条約に基づき対外仮想敵国の脅威に対して日米が役割分担をして行なう「日米共同防衛協力のための指針」の決定。

②１９７９年、「新ガイドライン」決定、仮想敵国としてソ連のためのガイドラインが設定され、次いで１９９７年対北朝鮮の脅威に対してガイドラインが改定され「周辺事態」が決まりました。

③２０１５年4月27日、「ガイドライン再結締」、安倍政権のもとで「切れ目のない防衛対応」のガイドラインが改定されました。

④２０２０年、近時、太平洋地域を越えて地球全体規模の日米共同防衛、さらに宇宙空間、ネット空間の防衛に拡大されています。

⑤２０２２年　岸田内閣は２０２２年末までにいわゆる「安保3文書」即ち「国家安全保障戦略」、「防衛計画の大綱」、「中期防衛力整備計画」を改訂すると述べて、さらなる軍備強化を目指しています。

〈第4段　２０２２年12月、岸田内閣の極超軍備強化案「安保三文書」〉

岸田内閣は２０２２年12月16日、閣議決定にて「安保三文書」を公表しましたが、その内容はこれまでの日米安保政策を質・量ともに遥かに越えた、極めて危険な戦争への道を進める具体的な政策です。

安保三文書は第一「国家安全保障戦略」、第二「国家防衛戦略」（旧防衛計画大綱）、第三「防衛力整

備計画」（旧防衛計画大綱）の三文書を指しますが、その「三文書」の関係は第一が防衛力大強化の目的、必要性を述べた最上位の基本的戦略文書です。第二文書はその理由として防衛対象国、基本的な防衛方法・基本的防衛兵器とその軍備生産組織などを定めています。第三は第二につき、さらに具体化した詳細な防衛兵器、防衛組織、防衛予算を定めた計画書です。

安保三文書の最大の問題点は、第一文書における安保三文書の目的、理由にあるのです。岸田内閣は第一の目的、理由について「（現在日本は）戦後最も厳しく複雑な安全保障環境に直面している」と述べ、それゆえ「従来の安保政策を実践的に大現状変更が必要であり、総合的・有機的・効率的国力増強が必要」と断じています。

果たしてそうでしょうか。目的、理由はまさに米国自身のこれまでにない国家的弱体化の危機について述べているのです。即ち、米国はこれまで世界経済、軍事の最強国でしたが、現在は斜陽的になりつつあり、米中関係、米北朝鮮関係、米ロ関係のいずれにの外交において「戦後、最も厳しい安全保障環境に直面」しているのです。

日本にとって、外交的な危機がないとは言えません。しかし、中国・北朝鮮などが直接対峙している対象国は米国です。日本は日米安保により、あまりにも米国指示の政策を執るので米国の属国として危険視されているのです。日中問題、日本と北朝鮮関係においてそれなりの危機はありますが、その理由は日本が積極的に日米安保一点張りの外交政策で、米国の半ば属国であるが故の危機であり、北朝鮮、中国が直接日本を敵国として攻撃対象にしているわけではありません。

即ち、第一文書における「戦後、最も厳しく複雑な安全保障環境」とは米国にとってのことであり、米国はその厳しい国際的安全保障問題の一部につき日本に肩代わりを求め、岸田内閣はこの度、日本国民の安全を無視し、積極的に米国への大防衛強化策を自ら買って出た政策が「安保三文書」なのです。従って、換言すれば「厳しい複雑な安全保障環境」とは日本にとっては「虚構の事実」であり、虚構の事実を前提にし、極めて過大な日本の防衛策を定めたのが「安保三文書」の防衛プランなのです。

第一文書で虚構の事実を前提にして、第二、第三の膨大な防衛整備計画を立案したのであり、その責任は誠に重大です。岸田内閣がこのような政策を選択した背景には、長年にわたる日米安保条約の存在及び安倍内閣による集団的自衛権の容認があり、それをさらに具体化した過大な日本の防衛策を公表したために、かえって日本の安全と安心を脅かすことになっているのです。

第一～第三記載の具体的な超防衛政策の重点は次のとおりです。

敵対的対象国は「軍備を急速強化している中国、ミサイルの差し迫った脅威である北朝鮮、北方領土の強い懸念のあるロシアの三国」とする（第一、第二）。

「防衛上の脅威はその能力と意思により決まるが、相手の意思は不明ゆえ相手の軍備能力の向上実績を重視する」。この対策では軍備の無限の競争に陥ることになります。

＊「安保三文書」では、防衛力強化策として次のようなことが挙げられます。

(1)スタンド・オフ防衛――12式地対艦誘導能力、島嶼防衛高速滑空弾、極超音速誘導弾量産、トマホークなど外国製スタンドオフ・ミサイルの着実などの導入。

(2)統合防空ミサイル防衛（敵地反撃能力）――超極音速滑空兵器対処法レーダー、迎撃ミサイル能力向上、イージス・ミサイル搭載艦の整備

(3)無人アセット防衛、

(4)領域横断作戦――情報収集用ＵＡＶ，多用途・攻撃型ＵＡＶ，ＵＳＶなど取得、その他。

(5)日本の南西諸島の防衛強化――①輸送機などの取得、②南西地域の於ける補給拠点整備、③弾薬・誘導弾を早期整備、部品不足の解消、装備品稼働数の最大化。

(6)司令部・自衛隊の強化――①常設統合司令部を創設、②主要司令部などの地下化。

(7)自衛隊施設の重要度による構造強化(シェルター化)、災害対策、

(8)自衛隊組織の改編・強化――①護衛艦、掃海艦艇の水上艦艇部隊へ改編、②航空自衛隊を「航空宇宙自衛隊」に改称、③宇宙活用の情報収集、通信能力向上、サイバー体制強化、電磁波領域の能力向、その他。

(9)「安保三文書」の実施経費――①R5～R9迄の防衛力整備の水準金額は43兆円程度、②財源確保方法は歳出改革、決算剰余金の活用、防衛力強化、資金の創設、税制措置、大震災補助金の削減など。

右の如き米国対象の敵対国の特定、それに対する格段の具体的防衛力強化、特に日本南西諸島の防衛強化、自衛隊の常設統合司令部の新設、自衛隊の体制・組織の強化策(特に施設のシェルター化)、その裏付予算の計画などは明らかに日本の対中国、台湾戦争を想定した具体的な政策で、これまでの安保政策を一段と具体化、現実化させるものであり極めて危険な政策です。特に自衛隊の幹部・隊員の身の防衛はシェルター施設が明記されていますが、国民、特に西南諸島の日本国民に対する安全策・避難などについては単に「国民保護」の文言のみで、具体策は全く記載されていません。これでは第二次世界大戦時の「沖縄住民は捨て石」と極似しており、到底容認できるものではありません。要するに「安保三文書」は虚構を前提にして、米国の要請による日本国民を犠牲にする、敢えて米国攻撃を日本本土・日本国民の命を危険に晒す全く許されざるバカげた「防衛策」なのです。決して容認してはなりません。

防衛政策の不当性

（防衛予算の超増額）

近時、日米軍事安保の一層の一体化により、武器の爆買い、騒音被害の増大、米軍機事故、米軍基地内からのコロナ感染問題があり、その対策費が求められています。辺野古基地、南海弧列島の軍事基地化による被害の拡大、対策費の増大などによる防衛予算は年々記録的増大しています。2022年度の岸田内閣による防衛予算は5兆4000億円となり、8年連続の過去最大の新記録の防衛予算となっています。最新鋭のステルス戦闘機F35A型を8機、B型を4機購入予定となっています。GDPに対する国防費を5年後には2％とすることも明言しています。

（米軍基地問題、沖縄基地問題）

米軍の基地は安保協定により、日本国のどこでも、いつでも米軍の必要に応じて設置することができる協定になっています。それゆえ、現在、北は北海道の恵庭基地、南は九州の佐世保基地、東北の三沢基地、特に首都東京周辺には横田基地、厚木基地、座間基地、木更津基地、入間基地、東富士基地など6か所、中国地方の岩国基地、九州の佐世保基地、沖縄の普天間基地など全国的にあります。そのために土地の強制収用、騒音、米軍属の犯罪などで多くの日本人の人権侵害が発生しています。

その根本的原因は、安保条約が憲法第9条との関連で、その合憲性が争われた砂川事件の第一審東京地裁の「伊達判決」で、安保条約は違憲であるとの1959年3月30日の司法判断につき、1959年12月16日最高裁判所（田中耕太郎裁判長）のいわゆる「統治行為論」にて、安保条約が合憲と判断されたこと、それが裁判官の指導的な判例として、今日まで安保条約は裁判上合憲であると下級裁判所の司法判断を縛っているためと言わねばなりません。

その意味で田中最高裁判決は戦後今日まで、日本国を軍事的に半ば植民地化を許してきた元凶であり、極めて重大且つ憲法違反の歴史的悪司法判断なのです。この田中最高裁判決に至った経緯ついては、その後約50年が経過した２００８年４月、米国国立公文書館にて、当時の田中最高裁長官と米国日米マッカーサー大使（占領軍最高司令官マッカーサー氏の甥）らとの伊達判決を速やかに覆すとの密談資料が公開されて大問題となりました。

公開された密談資料では、田中長官が直接米国大使に対して、①高等裁判所を省略してただちに最高裁で審理すること、②その判断は最高裁裁判官15人の一致した「安保条約合憲」の判断を下したい、③判決時期は速やかに審理し年内（１９５９年12月中）にはその判決を出したいなどと判決前に最高裁判決の内容に踏み込んだ具体的「密談」事実が記載されていたのです（「日米安保と砂川判決の黒い霧」吉田敏浩著による）。田中最高裁判決は実際に上記密談とおりの結果になりました。

上記安保条約合憲とした田中耕太郎最高裁長官の密談行為は、事前に判決評議を漏洩してはならいとの裁判所法第75条違反、砂川事件の当事者である米軍関係者に事前に判決内容を最高裁長官たる者が有利な情報を漏洩した憲法第32条「公平な裁判を受ける権利」違反、「高度な政治性のある安保条約は司法判断外である」との見解は、憲法81条違反などの多くの憲法、法律違反を最高裁長官自身が犯している重大問題なのです。

さらにこの田中長官密談事件で驚くべきことは、田中氏の密談憲法違反により、砂川事件の刑事被告人が約50年後に起こした刑事再審申立事件（砂川事件の７名の被告人は差戻し裁判で罰金２０００円（現在だと約１００００円）の有罪判決が確定していた）につき、東京地裁、東京高裁、最高裁判所はいずれも、田中耕太郎氏の行為は「国際礼儀」の範囲内であり「違法ではない」として棄却したのです。前記①、②、③の行為が「国際礼儀」だと判断したことは、公正であるべき裁判官らが違法な判断したのであり、これまた非常識も甚だしい情けない腰抜けの日本の司法と言わねばなりません。

このような日本司法の違法、違憲の田中最高裁長官の判断があって、今日の安保条約が維持され、未だに多くの基地被害者を生んでいるのです。ここにも米軍駐留という安保条約の実害があるのです。

（沖縄問題の本質、沖縄基地の存在意義、米軍の世界戦略の実態）

沖縄県は１９４５年9月の敗戦以降、今日まで77年が経過しました。この間の沖縄の政治的支配権、施政権の経過は次のとおりです。

１９４５年9月～１９５１年9月、米国ら戦勝国の占領統治（対象は日本国全体）。
１９５１年9月～１９７２年5月、米国の単独施政権の完全支配（沖縄県のみ、ドル使用）。
１９７２年5月～２０２２年5月、日本国の施政権へ復帰、50周年目。

この戦後77年間、特に施政権が日本に復帰した１９７２年以降も沖縄の軍事基地の自由使用による沖縄県民の基地騒音被害、米兵の自動車事故（多くは賠償なし）、婦女暴行事件、辺野古基地問題などは一向に改善が見られません。

このような沖縄の歴史的経過、実情、言い換えれば「沖縄問題の本質」はどこにあるのでしょうか。歴史的資料を探ると次の三つの本質的な事実があると思われます。

（イ）１９４５～１９５０年、昭和天皇裕仁による米軍の沖縄の長期占領を希望する旨の米国への伝達。
（ロ）１９７２年5月、佐藤栄作首相とアイゼンハワー米国大統領との「沖縄返還協定」についての

4つの「密約」の存在。

（ハ）２００５年10月　日米２＋２の「日米同盟：未来のための変革と再編」合意の存在。

（イ）の天皇の沖縄長期占領の希望は、天皇自身の強い反共思想に基づくものと思われ、その理由はロシア革命（１９１８年）時におけるロシア共産党によるロマノフ王朝打倒につきロマノフ家一族が皆殺しになったことへの恐怖感があるためと思われます。

なお、昭和天皇は昭和20年9月から同50年の間、マッカーサー占領軍最高司令官と11回面会していますが、そのいずれかの面会の際、上記の希望を述べたのです。

（ロ）の佐藤首相の密約問題については、当時の沖縄及び日本国民は「核抜き、本土並み返還」を強く希望していました。しかし、米国、特に米国軍部は沖縄を東アジア全体の反共軍事基地の要として「核兵器を含む基地の自由使用」が施政権返還につき絶対条件だったのです。この大きなギャップにつき、佐藤首相は結局米国側の要望を受け入れ、米国側との間でギャップの解消のために４つの「密約」（①有事の際の核再持ち込み、②米軍の基地自由使用、③日本防衛以外の基地使用は事前協議を行なう、④基地改善・移転費名目での６５００万ドル（１ドル＝１２５円で約81億円）の供与件の４点）を「日米合同委員会」などでの協議を経て「密約」として認めて乗り切ったのです。

なお、密約４点の存在については、日米合意の前年に毎日新聞の西山太吉記者により暴露されましたが、佐藤内閣はその存在を否定したために、西山記者は国家公務員法違反の教唆につき逮捕、訴追され一審は無罪となるも、控訴審、最高裁で懲役４月、執行猶予１年の有罪判決を受けました。しかし、その後、米国において外交文書の秘密解除の公文書公開で上記４点の密約の存在はすべて明らかになっているのです。

（八）の「日米同盟：未来のための変革と再編」合意は、今後の日米関係強化に向けての二国間の役割、任務、安全保障協力などにつき、国連中心ではなく日米二国間の緊密な軍事的強化の協力行なう。具体的に、例えば、普天間基地の移転先として辺野古基地の新建設などを合意したもので当時の小泉内閣の無責任なポピュリズム外交の結果なのです。

右記3点の「本質的な事実」があるために今日まで沖縄の基地使用が行なわれ、多くの問題が派生しているのです。

（米国基地の世界戦略の実態）

米国の現在の世界戦略は、アメリカ第一主義を掲げて世界一の覇者として全世界的に各国に軍事的防衛基地網を整備しつつあるのです。

現在の米国の世界戦略は全地球を西半分はＮＡＴＯ軍事条約で、東半部は日米軍事安保条約でカバーし、さらに人工衛星による宇宙の軍事的支配にも着手し、世界のすべてを丸ごと自らの支配下に置いて防衛せんとしているのです。これに呼応して安倍派政治は、米国に追従して日米安保のさらなる強化、思いやり予算増額の承認、「敵地先制攻撃能力」の確保などを進めているのであって、日本自身の将来にとって極めて危険であり、集団的自衛権を口実に米軍とともにいつでも対外戦争参加の危険性が目前に迫っていると考えられます。

このような米国の世界戦略の中で、日本での中心的な米軍基地は沖縄にある基地です。そのために沖縄の米軍基地の存在意義は日本の国防のためではなく、米国の世界の覇者としての太平洋、インド洋、中近東など地球の東半部の広範囲の基幹軍事拠点として存在しているのです。

（沖縄基地、特に辺野古基地の多機能的建設目的の意義）

安保条約は共産勢力防衛のために、日本に前線基地として日本国内にいつでも、どこでも、排他的に（治外法権の権限を以て）基地を設ける権限を日本から奪っています。そのために今日、米国はその権限をフルに行使して、沖縄に日本の基地の72％を設け、特に辺野古において東半球の防衛をカバーする基幹的基地を建設せんとしているのです。

沖縄県は米国に対抗する中国、北朝鮮、ロシア、イランなどに対し、その攻撃基地として地理的に有利な位置にあると言われています。仮に日米安保条約が日本及び極東の安全のための基地であれば、近くはサイパン、ガム島、また、ハワイなどの米国領内に基地を設けるべきであって、独立国である日本国、それも沖縄県に集中的に基地を設ける正当な理由はないのです。この事実からも米軍基地が日本防衛のためではなく、米国の本土防衛の前衛基地の役割を果たしていることが明らかです。

さらにここで留意すべきは、逆に日本は中国、ロシアの最前線ではないという地理的事情もあります。最前線は38度線で接している韓国であり、また中国に対しては台湾、またはフィリピンです。仮に米国が防共防衛を強化するのであれば、韓国と台湾に強力な反共武器を設置して防御すべきであり、現にその体制は取りつつあります。沖縄は中・ロ・北朝鮮の前線ではあっても、最前線ではありません（白井聡『長期腐敗態』）。

（辺野古問題）

沖縄、辺野古米軍基地造成の問題は現在日本が抱える内政・外交の最大の政治問題です。その原因は太平洋戦争終結時の誤った敗戦方法に起因しています。

戦争終盤において沖縄で米軍に攻め込まれ、日本本土の一部である沖縄決戦まで許してしまったことは日本軍部、政府の判断に誤りがありました。そのために、沖縄全土が米軍の全面攻撃を受けて民間人約９４０００人（琉球新報）、日本兵士約９４１００人（琉球新報）の犠牲者が出たのです。本来であれば、沖縄決戦前の遅くとも１９４５年6月以前に日本軍は降伏すべきであったのです。天皇の国体護持をいかに維持するかに固執して降伏時期を逸し、多くの沖縄県民、日本兵士及び米軍の多数の痛ましい自死、子殺し、犬死を招いてしまったのです。

さらに、１９５７年の講和条約の際にも、沖縄は日本本州とは別に米軍の占領が継続し、且つ、その後本土の米軍基地所属の米軍、軍属らによる日本人婦女への強姦など刑事犯罪の多発を覆い隠すために、日本本土に分散していた米軍基地をあえて沖縄本島に集中して移転し、１９７２年（昭和47）に沖縄が本土復帰した際には、すでに全国の米軍基地の72％を沖縄が占めて今日の状況に至っているのです。

このように、その後の沖縄に米軍基地が多数存在し、且つ、不平等な安保条約、日米地位協定が存在し続けている大きな理由は、東西冷戦における共産主義の侵略から米国、特にその米国巨大軍需資本を守るためであったのです。

しかも、１９９１年の東西冷戦終結後も沖縄の米軍基地は縮小されていません。この事実こそ安保条約が日本の平和維持のためにあるのではなく、米国の利益のためにある証左なのです。冷戦終結後、米国は自らを世界の警察官であるとの傲慢な外交政策を開始し、欧州のＮＡＴＯ条約、太平洋に日米安保、フィリピン、オーストラリアなどとの軍事同盟を維持して世界の軍事的支配、覇権を誇示しているのです。

最近特に広大な太平洋の軍事的中枢基地として対中国、対ロシア、北朝鮮対策として沖縄の辺野古基地が日本政府の不甲斐なさも加わって、特に重視されることになってきました。その重要な具体的対策として、住宅密集地の中で狭く陸地内の「普天間米軍基地」のさらなる機能拡大の必要性、海兵隊の機能拡大などがあるために、海岸沿いの「辺野古」に最新鋭の海兵隊機能も付加した米軍新基地建設に乗り出したのが、今日の辺野古新基地建設問題なのです。従って、辺野古新基地建設は「普天間基地の返還」とは全く関係なく、太平洋、インド洋、オセアニア海域の広大な東アジアの中心的防衛基地として、より高度基地機能を有する新たな大規模米軍基地の必要性から新基地建設となったのです。

日本政府は、住宅密集地の普天間基地返還のための「唯一の代替基地」のためであると一貫して述べていますが、その政府見解は米軍自体のさらなる新たな基地の質的、量的拡大を狙っているのであり「普天間基地」の単なる移転先の理由は偽りの見え透いた詭弁であり、その正体は今や明白になっているのです。

辺野古基地の建設は米軍のための太平洋地域における防衛力強化、特に対中国、対ロシア、対北朝鮮との世界覇権競争における米国の優位な地位の確保のための世界戦略的な基幹基地建設なのです。辺野古基地は日本国民にとって米国の世界覇権のための犠牲にさせられ、日本本土の攻撃対象ともなり得る大きな危険に晒され日本の国益に反していることは明らかです。

安保条約を破棄すれば、日本がその国土内に米国のためにその世界戦略の中枢基地を提供する必要も、正当理由も全くなくなります。

「普天間基地の唯一の代替地が辺野古基地建設である」との政府説明は何回も繰り返し言われていますが、これほど理由のない日本人をバカにした話はありません。「唯一辺野古のみ」との説明は実際にも、論理的にも今や破綻した説明です。このような破たんしたフェイクを繰り返し述べているのが安倍派政治なのです。

（沖縄弧状列島の軍事基地化）

辺野古基地が米国にとって重要である証左として、近時の日・米政府は沖縄本島南・北の弧島につき次々と軍事基地の増設を行なっていることからも明らかです。周辺諸島を含めて沖縄周辺に巨大基地を作ろうとしているのです。沖縄本島の軍事基地化に加えて、さらに沖縄諸群島をも全面的に利用して、より高度な中心的軍事基地化し、加えて横田、岩国、三沢基地を軸として重視し、アジアの世界戦略を立てているのです。

現在進行している周辺弧島の基地化は次のとおりです。

「馬毛島」は種子島の西方12ｋｍにある西表島市にある小島に以前住民が住んでいましたが、1980年以降は無人島でした。ある民間会社が99％所有しており、2019年9月政府の鑑定価格の3倍である160億円の買収費で合意したと発表しています。同島で政府は米空軍の空母艦載機離着陸訓練（FCLP）の場所として2025年から使用させるとしています。

「宮古島」は、自衛隊の基地を設置して、ここに地対艦、地帯空ミサイル部隊240人を配備しています。また、弾薬庫は建築しないと住民と約束しながらそれに反し、弾薬庫を建築しているのです。

（沖縄基地による弊害）

米軍兵士、軍属らの民事・刑事事件の発生（殺人、強姦、強盗など）、航空機の騒音、環境破壊（水質、土壌汚染）、民有地の返還未了です。現在の沖縄は日本全体の面積の0・6％、人口1％でありながら、日本の米軍基地の72％が集中しています（7000ha、日本全土の米軍基地は9700ha）。

このような戦争への道は断固として拒否すべきであり、そのために日米軍事安保条約は解消し、日本本土、沖縄、辺野古などの基地は徐々に解消し、代わって基地のない東アジア共同安全平和機構への形成に努力くべきです。この米国の世界戦略の対抗軸としては、日本国民のためのロシア、中国、北朝鮮などを含めた「東北アジア平和同盟条約」の締結を推し進める方針こそが、今後の日本外交の基軸とすべきであろうと考えます。ここに大きな対立軸があります。

6　安保条約に基づく日本の原子力政策の不当性

原子力エネルギー利用の基本問題
（原子力エネルギーの本質的性質）

1945年8月6日、広島市に投下された人類初の原子爆弾は通常爆弾の16000トン相当の爆発力があり瞬時に約8万人の命を奪いました。また、同8月9日、長崎市に投下された原子爆弾は24000トン相当の破壊力で、その死者は山に囲まれた盆地の住宅密集地で約6万人の命を奪ったと言われています。

その後に開発された「水素爆弾」は広島型原爆の1500倍の破壊力があり、今後世界のどこかの戦争で原爆、水爆が使われれば勝者も敗者もなく地球全体の生命大半が失われることは間違いないでしょう。太陽の永遠の輝き、そのエネルギーは太陽全体が核爆発の連続物体であることは言うまでもありません。このような核爆発による放射能エネルギーの半減期（その破壊力が半分になる期間のこと）は何万年もかかる元素もあり、どの様に防御しても放射能エネルーギの物質破壊力は地球上でどんな超高圧と超遮蔽物下でも制御できずその原子力エネルギーのコントロールは地球上では物理的に不可能なのです。また一部外部に漏れた放射能エネルギーは生物の遺伝子も破壊し突然変異などを齎す性質があります。よって、原発稼働中の核融合作用は一旦過大事故が起きれば、地球上でのコントロールは不可能なのです。加えて、原発発電後の「放射性廃棄物」中の廃棄物処理場所、方法も放射能エネルギー発生のために現代科学では解決不可能なのです。これまで原子力発電は原子力の「平和利用」のスローガンのもとで行なわれてきたのですが、本来、核融合による核エルギーの熱エネルギーへの転嫁による「平和的」利用は、原発稼働による廃棄物の処理不能のほかに、一旦事故を起こすと「人類破壊物質」となり、そのコントロールは「地球」上では物理学上不可能と言われています。

この点につき、日本政府は原子力廃棄物の放射能をできるだけ薄めたうえ、最後は海洋へ投棄することを方針としていると言われており、現に２０２１年4月12日、菅内閣は福島原発稼働後のトリチウム汚染水を海洋投棄する旨発表しました。日本の経済産業省は２０２２年夏には貯蔵タンクが満杯で限界となるからです。これに対して国連の人権高等弁務官事務所は２０２０年6月9日に海洋投棄は慎重協議すべしと勧告しました。放射能物質の海洋投棄はどんなに希釈しても、地球上に放射性物質が徐々に堆積され、将来長きにわたり放射能を発し後世の人類世代に深刻な害悪を与えるからです。

それゆえ、３・11で現に原発建屋爆発後の原子炉内のデブリの取り出し、処理方法、原発汚染水の最終処理法、汚染土の最終処分の方法など、いずれも放射能の最終処理方法はすべて未解決であり、核エネルギーが本来地球上では解決し得ない以上、今後もその解決は不可能なのです。

現在、北欧で地下数百メートルもの深い洞窟に厳重に埋蔵することが実験的に行なわれています。しかしそれは放射能エネルギーを消滅させると言うことではなく、放射能エネルギーは厚い岩盤を通して地上に拡散し、結局、地上の放射能濃度が徐々に濃くなっていくことは防げません。

この度の「海洋投棄」の発表は安倍派政治の国策である原発稼働継続に対する無責任な敗北宣言と言わねばなりません。原発はこれを廃止する以外に解決方法はないのです。

（現在日本の原子力エネルギー利用の実情）

原発事故のないドイツにおいてさえ、福島原発事故を直接的理由にして原発廃止を決めているのに、日本は原爆被害国・地震多発国であり、福島で原発事故を起こし原発加害国でありながら、未だに政府は原発再稼働を強力に推し進めています。この日本政府の反知、反倫理的対応はどのように考えても無謀としか言えません。

日本政府の原発継続の理由は、実は米国の原子力政策が原因なのです。1953年12月のアイゼンハワー大統領の演説では、表向きは「原子力の平和利用」としての原子力発電を日本へ求めたのが始まりです。この時期は日米安保同盟関係が始まった時期でもあり、米国は日本に対して軍事同盟の日米安保条約の一環として、将来、原子爆弾製造に転用可能な「原子力発電」の開発をも強く求めたのです。

これに呼応して、日本では1955年12月に「原子力基本法」を制定し、原子力発電が国の基本政策としてスタートしたのです。このスタートは迅速かつ強力なもので原発開発・運用に不可欠な「五大利益共同体」（「原子村」の受益者をいう）として、「財界、政界、官界、学会、マスコミ」の五団体を結集して、その後「日本原子力産業協会」が設立されました。この「原産会」を中心にして、現在の日本には54基の原発があります。

その後、さらに米国の要望により1988年（昭和63）11月、日米間で「原子力協定」が締結されました。これは原子力の平和利用と言われていますが、日本にもいずれ原爆開発研究を求めたものとの下心があってのことなのです。

その根拠として、福島原発事故後の2012年6月、先の「原子力基本法」は、従来の平和利用目的につき改悪が行なわれて、新たに第2条2項として「我が国の安全保障に資するため」との文言が追加されました。原子力利用につき日本の安全保障との関係で、ズバリ述べれば、平和利用から原爆製造への転用可能な条文が追加されたのです。これは重大な改悪です。この改悪において日本は現在、原爆保有国ではありませんが、いざとなれば原爆保有国となり得る下準備ができたと言わざるを得ません。

拡散防止条約批准について、自民党の日本政府がとる賛成でも反対でもない「橋渡し」と言うあいまいな態度は、上記事情を考慮すると理解可能となり、さらにウクライナ紛争に関し安倍晋三氏らが主張する「核共有」論を見れば自民党が何を目指しているかはさらにはっきりしてくるでしょう。

（原子力規制委員会の問題点）

原子力規制委員会は従前、通産省の一内部機関として「原子力安全保安院」であり、内閣の国策推進の方向で運営されている行政機関であり、問題が多かったのです。

しかし、福島原発事故後、原子力規制委員会が環境省の外局に変更となり、原発の推進と安全を目的とした「原子力規制委員会」が設置され、そのもとで原発の再開・運転・規制などが行なわれているのです。

委員会の人事・役員は国会承認とは言え、従前の原子力推進の姿勢は自公の賛成多数で原発進者で構成されており、日本原子力産業協会の影響もあり、原発再稼働の承認が依然として極めて甘いのです。このような原子力委員会の運営では、今後さらに原発事故が発生することになりかねないと考えます。今後、原子力委員会は独立の第三者委員会に改組すべきです。

現在の原子力規制委員会のもとでも、現在の原発運転には次のような問題点があります。

原発一基の建設費は約4000億円前後かかると言われています。この費用は原発運転をする各地方の電力会社の負担ですが、最終的には電気料金として回収され、最終的にはすべて国民負担で賄われます。電気料金の決定は「総括原価方式」と言われており、電力会社のすべての経費、接待費用、宣伝費用などの合計経費に会社利益として約3％（4000億円×3％＝120億円）を上乗せして電気料金が決められています。よって、電力会社としては原発設置費用としていくらかかろうが、地元有力者の接待費用をいくらにしても、むしろその額が多いほど電力会社の利益3％は多くなるという悪弊を抱えているのです。

五大原発利益共同体には、日本の大手企業のほぼすべてが加入しています。原発製造の日立、三菱重工、銀行協会、衆参国会議員、科学技術庁、通産省、農林省、東京大学教授、・学長、早稲田大学教授、読売社主、朝日社長、毎日社長、NHK会長など。これらの共同体の関係で大手企業より国会議員に対して多額の政治献金があり、また、大手原発企業（例えば東京電力、関西電力など）の労働組合からは原発賛成の民主党の組織推薦により国会議員が選出されているのです。

また、各省庁から定年後の幹部役人が天下り先として電力会社の社長、副社長に納まったり、逆に大手企業から科学技術庁に出向したりしています。各電力会社は、各新聞、テレビなどマスメディアに何十、何百億円の宣伝費を支払い、原発の「安全神話」を振りまいています。また、原発安全神話を宣伝するために各電力会社は国会議員や地方自体関係者、マスコミ関係者に多額な接待をしたり、海外旅行に接待しています。それらの費用はすべて発電経費として電気料金に上乗せされ、国民が負担しているのです。

このような多額の原発マネーの流れの中、関西電力が原発設置工事に破格の高額請負代金を支払い、そのバックマージンとして、原発請負工事会社の吉田建設（福井県）より元助役を通じて関電幹部に約3億円以上の還流金が発生した事件が発覚しました。

福井県敦賀市の高木孝一市長は1983年1月、商工会議所主催の講演会で次のように述べています。「（原発を誘致し）、その代わりに百年たって（放射能による遺伝子変化で）片端の子が生まれてくるやら、五十年後に生まれた子どもが全部、片端になるやら、それはわかりませんよ。わかりませんが、今の段階ではおやりになったほうが（原発を誘致した方が）よいのではなかろうか……。このように思っております」

政府は特別枠として、原発立地自治体に湯水のごとく「原発地方交付金」を出しており、原発計画書提出の段階から五年間で総額約2500億円の交付金が出る仕組みになっているのです。一旦、原発交付金を受けとると、それで箱モノを建てて、その後のランニングコストのために再度、原発誘致が必要となり、重度の麻薬患者の様になると言います。福井県敦賀市には4基の原発があります。原発はあらゆる観点から見て、ただちに廃止すべきです。これが正しい健全な良識であることは間違いありません。

そのことは誰でもわかっているのに、原子力規制委員会の山中伸介委員長が次々と原発再稼働を許可しているのはなぜでしょうか。原子力村の全員が原発マネーのためでしょうか。「巨額な原発マネー」は人を狂わせる好例です。

核兵器としての原子力利用問題

（核保有国の二重基準問題）

現在の国際社会では、核保有国5か国（米、英、ロ、中、仏）のみが核保有を認められて、そのほかの国は核を保有してはならないとの定めになっています。なぜ5か国のみが認められて、そのほかは認められないのか。そもそも全世界の国々は核廃絶すべきではないのか。この二重基準が現代の大きな矛盾です。この矛盾をいかにして乗り越えるのか。一触世界全滅の核兵器が出現した現在、核兵器の存在自体が全世界の脅威なのです。核兵器はすべて全廃されるべきです。核兵器廃絶条約が２０２１年1月に50か国の批准でやっと発効したことは誠に喜ばしいことです。それが不合理な二重基準の解消ともなり得るのです。しかし、日本は核保有国と非核保有国の「橋渡し」をするなどと、わけのわからない詭弁を弄し批准していません（日本は米国の核の傘下で安全を保障されており、これは結局、核兵器の存在を肯定しているからです）。

（安全保障としての核武装、核抑止力の是非）

政府は原子力規制委員会を表に立たせて、福島原発破壊の事後処理問題、福島避難民の救済、衣食住、生業、損害補償問題、生活可能な町作りなどが未了であるのに、次々と原発の再稼働を許可し、原発が徐々に稼働し、岸田内閣は原発の増設をも表明しています。自然再生エネルギー発電をわざわざ排除してまでも、原発再稼働を優先するという非科学的、不経済、不合理、非安全の政策を行なっています。このような危険な安倍派政治のエネルギー政策の根拠はどこにあるのでしょうか。

それは前述の原子力基本法第2条2項であり、日米間の「原子力協定書」の存在なのです。同協定書によれば、日米間の原発維持政策は米国の巨大資本の擁護のために将来の共産主義の侵略、そのための防衛政策のために、いざという時の原子力発電機の原子力兵器製造への転換、準備、確保のために、どうしても原子力エネルギーの技術は継続保持されねばならないと言われているのです。このような原発事故の放射能の恐ろしさから、ドイツ、イタリア、オーストリア、ニュージーランド、その他多くの理性的な国々では、日本の3・11を教訓として、原子力発電自体を廃止する政策が決定されています。唯一の原爆被害国であり、3・11の原発事故の発生地である日本、世界的に地震最多発国である日本でどうして原発廃止の政策がとれないのでしょうか。

この問題を見ても、日本政治の金銭稼ぎ優先、非科学的、反モラル的政治が厳しく問われています。米国の属国化した政治を続ける無責任な日本の自民党政治、日米安保同盟政策に頼った金儲け主義の経済界、併せて多額な税金の無駄使いを容認し、選挙の際このような保守党議員を支持した多くの国民自身の責任も厳しく問われなければなりません。安保破棄とともに原発破棄が第二の「3・11」の故郷破戒の悲劇を二度と繰り返さないために必要であると思います。

（核の傘）

日本には現在、核兵器はないものの、米国の「核の傘」により、他国からの核攻撃に対し安全を保障されていると言われています。「核の傘」にあるということは、国の安全保障を核兵器の存在を前提にして守ることを国策としているものです。国の安全保障を核兵器で守るか、または武力、戦力によらぬ安全保障策をとるかにわければ、日本は世界唯一の被爆国でありながら依然として核兵器を是認し、核兵器により安全を求めているのです。

（原子力の平和利用としての原子力発電の問題点）

日本では原発の「安全神話」のもとで、原子力の平和利用として「原子力発電」が現在までに日本では19か所、60基設置されました（２０２１年1月4日現在）。

それが２０１１年3月11日の福島第一原子力発電所の大事故により、一旦、すべての原発が運転停止になりながらも、政府はその再稼働を進めています。その中で福井県の大飯原発の再稼働につき、その運転停止の民事裁判が起こされ、その結果２０１４年5月21日、福井地方裁判所（裁判長樋口英明氏）にて「原発運転差し止め」の画期的な判決が下されました。

樋口英明裁判長は２０１７年8月に定年退職されましたが、在職中の上記原発差し止めの裁判につき、この度、２０２１年3月11日に「私が原発を止めた理由」という著書を出版され、同書においていかに現在、日本で原子力発電が危険でその運転が許されないかについて自信を以て次のように明確に述べています。

結論的に要旨を述べれば、樋口英明元裁判長の原発即時廃止の理由は次の3点です。

①使用済核燃料の処理方法が現在、存在しないこと。その結果原発稼働により「核のゴミ」は日々大量に発生し、地下３００ｍに埋設しても10万年の保管、１０００年毎に容器の取り換えが必要とのことであり、その間の地震の発生可能性を考えれば、結局使用済核燃料の処分は不可能であり、あたかも「ト

イレなきマンション」の増設とも言われています。

②原発の原子炉格納容器はある程度強固に製造されていて地震、津波などで破壊されないとしても、いざ地震などが原発を襲うと、原子炉周辺の配電線設備、冷却水設備の損傷は容易に起こり得るのであり、そのために原子炉内への冷却水の給水、冷却装置の停止も容易に起こり得て、その結果、原子炉内の冷却機能が低下し、内部が高温化しついには原子炉の爆発が容易に起こりやすいのです。

この点は福島原発事故で現に発生した事実であり、1号機、3号機は原子炉の爆発が発生し、2号機では冷却水の供給が電源切断のために不能となり、いつ2号機原子炉が爆発するかの危険に晒されたのです。実際には2号機の原子炉格納容器ではあってはならない亀裂が生じ、そこから高圧気体が抜けたので爆発に至らなかったとの事でした。

③第三に原子炉の耐震性の欠如です。現在の原発の耐震性基準は2012年までは経済産業省管轄下、以降は環境省の外局である「原子力規制委員会」が各原発の耐震基準を定めています。その耐震基準について驚くべきことは、2011年以前の原発建設時（1980年頃）の耐震性の限度数値はおよそ270ガル～600ガルであり、福島原発事故後は500ガル～800ガルとなり、2018年3月時点では600ガル～1200ガルに引き上げられています。

ここで「ガル」という揺れの単位について述べれば、ガルは地震発生地点から地震波が四方に波及する際の一定地点の揺れの大きさ（加速度）を示す単位です。ほかに「マグニチュード」がありますが、これは震源地の揺れの強さを表し、「震度」は大雑把に述べれば、例えば「震度6強は520ガル～830ガル」の如くガルの一定範囲の揺れを表す単位です。

ここで耐震性についての重要問題を述べます。

第一に現在の原発の耐震基準はおよそ600ガル～1200ガルとなっていますが、日本国内で2000年以降1300ガルの地震は8回も実際に起こっており、1000ガル以上の地震波が17回も起こっている事実です。よって、現在の原発の耐震基準（最強1200ガル）では耐えられない地震が多数回も実際に起こっており、原発の耐震基準自体が実際の地震震度に比べて極めて低くこれでは現在の原発稼働は極めて危険なのです。

第二に上記事実は原発建設時以降、2011年から2018年と時の経過とともに耐震基準が厳しくなっている事実があり、裏を返せば過去の原発はほぼすべてが実際に起こる地震に耐えられない不良原発であった事実です。このような不良原発に対して政府は「原発の安全神話」を振りまいてきたのです。

第三に、原子力規制委員会が各地の原発につきその耐震基準を定める方法ですが、その地での過去何百年にわたる地震の強さ（ガル数）を調べて、それ以上の耐震性を決めるのではなく、当地の過去の地震記録、その発生率などと耐震工事をする電力会社の経費負担額を勘案し、過去の地震の強さ以下での耐震能力でも許可するとのことです。これも誠に危険な耐震基準と言わねばなりません。

①～③の理由により、樋口英明元裁判長は日本の原発はドイツなどと同様に廃止、禁止以外にないと述べているのであり、もっともなことです。

（汚染水の海洋投棄の危険性）

政府は2021年4月、原発の汚染水（特にトリチウム、ストロンチウム）を海水で日本の許容基準濃度の40分の1に薄めて海洋投棄すれば安全・安心であると決定、2年先を目途に行なうとし、この点は国際原子力機関（IAEA）も認めていると述べています。この政府見解について、元弘前大学医学部教授山寺亮氏は政府見解は虚偽であるとし次のとおり強く批判しています。

第一にＩＡＥＡの勧告基準は海洋投棄の「安全値」を示すものではなく、我慢できる安全最大限度値であること、第二にこの値は原子力施設の平常時の1個の施設からの廃出値であり、福島原発の汚染水の如き多数施設の原発事からの汚染には適用され得ない。第三にトリチウムなどを海水で薄めた場合には、海水自体がすでに広範囲な汚染源で汚染されており、何倍に薄めても同倍量の海水を合計すれば、トリチウムの総流失量は変わらず、到底安全とは言えないことは明白です。従って、福島原発の場合にはＩＡＥＡがその安全性を保障しているなどとは到底言えないのです。

（核燃料再処理工場（青森県六ケ所村）問題）

青森県六ケ所村の「核燃料再処理利用工場」の問題点は整理すると次のとおりです。

「核燃料の再処理」とは現在稼働している原発から発生する使用済核廃棄物を再度、核発電の燃料として再利用しようという核燃料の再利用生産のプランです。

原発を稼働するとその核廃棄物の中に放射性物質ウランとプルトニュウムが残り、その混合酸化物（ＭＯＸ）が再度原発の原料として利用できるとして、日本は２０１４年以来、ＭＯＸの再処理製造工場の試運転を開始しました。さらにＭＯＸを利用した原子力発電機「もんじゅ」を福井県に建設しつつありました。ところが、ＭＯＸ再処理工場の高速増殖炉「もんじゅ」も未熟な技術でトラブルの多発、管理の不備、技術能力の無さから、「もんじゅ」の開発事業は２０１６年に廃止決定となりました。そこで日本政府はもんじゅに代わり、一般の原発廃棄物であるプルトニュウムを原料とする「プルサーマル」原発機の開発に乗り出しているのです。現在、九州電力の玄海原発４基がプルサーマル原発として稼働しています。

片やプルトニュウムは原子爆弾の原料となり、原発から排出されたプルトニュウムは現在、日本では原爆6000発分の46kgを保有しています。日本が原発を廃止できない、また核燃料再処理工場を廃止できない理由は、日米原子力協定に基づく米国からの要請があるからで、万一戦争が始まった時には日本も原子爆弾を製造、保有して米国とともに核戦争を辞さないとの密約があるがためなのです。これも日米安保条約のもう一つの大きな問題点です。

再生自然エネルギーの利用促進

福島原発災害により、日本の原発のすべてが3年間以上停止しました。しかし、その間の日本のすべての電力消費量は十分に賄われていました。この事実は原発なしでも日本の電力供給は十分に確保できることを証明したのです。その後、太陽発電、水力発電、バイオ発電、地熱発電、風力発電などの自然再生エネルギー発電の開発が急速に進みつつあるのです。

ドイツは福島原発問題直後の2011年6月にメルケル首相によって、2022年までに原発廃止を決定しました。しかし、この決定は突然に行なわれたのではなく、以前からドイツでは長く原発の是非論が交わされていたのです。

1998年11月に社会民主党のゲアハルト・シュレーダーが首相に就任し、その際の公約として、任期中に原発の廃止を掲げました。それに対して財界、業界から猛烈な反対が上がり、2002年に「脱原発法」が成立し、2020年までに原発廃止を法律で定めました。その際のシュレーダーの原発廃止理由は次の3点でした。

・原子力発電は人類が制御できない科学技術であり、安全性に問題がある。
・エネルギー問題を再生自然エネルギーに転換する必要があり、それで代替可能である。
・原発の発電後の使用済核燃料の処分方法、処分場所の解決策がないこと。

このシュレーダーの原発廃止公約を引継ぎ、メルケル首相が２０２２年廃止を決定したのです。そして、２０２３年4月15日、ドイツでは最後まで稼働していた原発三基が運転を停止したのです。

安保条約による多くの日本国民の人権侵害・国益破壊
（敗戦後約77年間、米国軍隊による日本全土基地方式使用の屈辱）

戦後77年以上にわたる安保条約による米国の属国化政策に対して、日本政府、自民党政治及び与野党の55年体制は、米国の片面的講和条約、日米軍事安保条約、日米地位協定を遵守してきました。安保調印時の当初は全面講和派の外務省の意見（重光外相、孫埼国際情報局長など）も一部ありましたが、吉田首相は重光外相の少数派を排除し、ドイツとは異なり、第二世界次戦につき何ら反省せずに、米国の核の傘の下に納まり、唯々諾々として安住し今日に至ってきたのです。

吉田元首相と自民党は日米合同委員会を法律的にも「国会」以上に重視して、米国中心外交政策、安保中心内・外政策を今日まで77年間もの長期にわたって実行しているのです。その「ツケ」が今日の辺野古問題、原発問題、過大な米軍「思いやり予算」、消費税増税問題、年金・福祉予算の漸減問題、働き方改革問題、沖縄県民投票70％以上賛成無視など、日本政府が日本の国益のために独立的な判断をなし得ない重大問題の多発の根本的原因となっているのです。安保条約の存在の多くの弊害をさらに具体的に以下、述べてみます。

安保条約による日本の国土、空域、自衛隊、経済的損害としては、今や日本の現状はその国土、空域、自衛隊指揮権などが米軍にがっちりと四方固めで支配されていると言っても過言ではありません。東京の首都圏の周りには、横田基地、厚木基地、横須賀基地、座間基地、入間基地、木更津基地など米軍基地が6か所もあり、日本の反政府行動、反米国行動には米軍、自衛隊で完璧に抑え込まれています。

空域も「横田プラント」と言う一定の空域（関東・上越1都6県にまたがる広大な空域）で、日本の民間航空機の立入りを厳しく制限されているのです。このために、羽田空港での今回の民間飛行機の発着増便につき、横田プラントを避けて飛行せねばならず、住宅密集地の品川区、世田谷区、杉並区、豊島区などの超低上空域が新たに民間機飛航路として必要になり、新たな落下物危険、騒音問題などが発生しています。

安保条約によって、国内的にも民間機飛行区域の制限が刺されて、人口密集地の東京以外でも上空飛行の重大な危険に晒されているのです。外務省内の国家公務員の人事でもアメリカ安保賛同者が主流の人事とであり、反米主義の外務官僚者には職場がないと言われています。

（日米安保条約第2条による軍事、経済、社会の一体的支配構造）

米国は軍事的、経済的世界制覇の重要な海外基地拠点として、日本本土の多数の基地を現に発進基地としてところかまわず利用しています。このような米国の本土利用に対して、安倍・岸田政権は日本の国益を主張するのではなく、米軍の世界覇者維持のために、自民党政権の維持のために、言われるままに米国の要求を全面的に受け入れて一層の従属化を進めているのです。その第一は米軍と自衛隊の軍事一体化です。

現在、自衛隊は米軍のアジア戦略の補完的位置づけとなり、在日米軍（第五空軍）の担ってきた極東を中心とする広範囲な「対領空侵犯措置」に対する米軍任務をそっくりそのまま1960年以降移管されて自衛隊が担っています。

そのために、特に1987年12月9日、ソ連TU16バジャー電子偵察機の領空侵犯の際は、航空自衛隊は実弾でもある信号弾を警告発射しました。これが自衛隊機の実弾発射の自衛隊史上初めてでした。この時、ソ連空軍の反撃がなかったので大事に至りませんでしたが、反撃があれば航空自衛隊機とソ連偵察機の実弾交戦、拡大戦闘が発生し得たのです。

日米安保は年とともに、自衛隊は米軍と一体化し従属化し、今や自衛隊は米軍の指揮下組織として世界各地に嫌でも出陣せねばならぬ実情にあります。対イラク・イランへの友志連合への参加もその一環です。安保条約第2条は、1960年6月23日、岸内閣における安保改定の際に新規に設調印されたものです。その理由は岸信介内閣後、池田内閣による日本経済の飛躍的な発展がありましたが、米国はそれを見越し、今後の日本の経済発展に対する支配従属化を秘して調印されたものです。

安保条約第2条には、「締約国はその自由な諸制度を強化することにより、これらの制度の基礎をなす原則の理解を促進することにより、並びに安定及び福祉の条件を助長することによって、平和的かつ友好的国際関係の一層の発展に貢献する。締約国は、その国際経済政策におけるくい違いを除くことに努め、また、両国の間の経済的協力促進する」と規定されています。

ここで大切なことは、この条文をいかに解釈するか、また、この条文がその後いかに日米関係において日本の従属化を推し進めてきたかを理解すべきです。第2条の前段では、米国が日本を資本主義陣営の一員として引き入れることを美文をもって約束させているのです。後段では、来るべき日米間の経済摩擦、貿易戦争において発生する経済政策の食い違いや対立に対し、日本は米国の指導、経済方針に従うべきことを半ばはっきりと脅しながら宣言しているのです。

日米の貿易摩擦の第一歩は、米国の木材の輸出自由化から始まりました。それが１９６０年（昭和35年）からです。この木材の関税撤廃により、日本の林業はそれ以降、壊滅的な打撃を受けて不況産業になったのです。

その後、米国はことあるごとに日本の貿易自由化を迫り、１９８０年代のレーガン政権による新自由主義経済の拡大、「年次改革要望書方式」により、日米貿易の障害となる日本固有の経済内部構造システムの打破に努め、大規模店舗の規制緩和、金融取引の自由化、株式・投資信託・債券など「直接金融」市場開放の要求及びその実施となっていくのです。

トランプ政権では高額武器・兵器の大量売りつけ、莫大な駐留費用の日本負担強要、米国の世界覇者としての日本米軍基地の固定化を狙ってきました。このように、安保条約第2条に基づき今や日本は米国に対して軍事的のみならず、経済的にもその従属化に屈しているのです。

（「日米合同委員会」の設置と今日までの継続活動の重大性）

安保条約により「全土基地方式」の合意があり、具体的には日本国土内のどこに米軍の基地を造るか、どの様な訓練をいつ実施するかなどは、米国の一存で決定される仕組みとなっています。そのための日米の重要な協議の場として「日米合同委員会」があります。これは終戦直後の昭和20年10月頃から今日まで、77年間以上の長きにわたって1か月も欠かさずに毎月、隔週木曜日に開催継続しています。

当初、日米合同委員会は2週間に1回、連合軍占領中の大田区の山王ホテルで行なわれていました。

その後、2週間に1回の開催場所は原則として山王ホテルと日本外務省の相互交代で行なわれています。日米合同委員会の本会議での代表は、米側が軍人である在日米軍司令部副司令官であり（米国の国務省ではない）、日本側は外務省北米局長です。本会議の下部委員会として「事故分科委員会」、「民間航空分科委員会」など25もの多くの分科会があります。

テーマは、日米双方がその時点の日米関係の大なり小なりの日米間のすべての問題がテーマとなります。新米軍基地設置の問題、国内の低空飛行訓練、夜間の騒音問題、米兵の酒酔い運転事故、米軍基地内のゴミ処理問題、辺野古基地建設などあらゆる大小問わずすべての事項が協議されています。出席者は日本側は外務省政務次官が代表で、議題に応じて各省庁の局長クラス、米国側は日本駐留軍の副司令官クラスが代表で、陸、海、空、海兵各軍人の責任者が随時出席して行なわれています。議事につき「議事録」はありますが、原則非公開で日米双方の合意の場合のみ公開となっています。しかもその合意事項は、国会の決議なくして日本政府を拘束する法的効果があります。

この国民に知らされない日米の秘密合意事項が「密約」であり、日米関係は結局、この密約が憲法より上位にあるものとして取り扱われています。日米合同委員会で決められた密約外交が今でも厳として存在し、多くの日本人の人権（騒音、米兵の犯罪、基地騒音など）を日夜侵害しているのです。それに対して、日本政府も裁判所も関与、拒否することはできず、日本国民は現在でも多くの人権侵害を受けたままでの日常生活を強いられているのです。

日本外務省の外交、特に日米関係はすべてこの日米合同委員会でまず取り上げられて、事柄によっては日本外務省内部で外交方針が決められ、それが時には国会に議案化されて提出されたり、首相答弁となったりするのです。日米合同委員会は安保関係の事項のみならず、日米間の一切の問題の協議の場となっているのです。よって、「日米合同委員会」は日米関連の問題処理については、事実上、日本の国権の最高機関である国会よりも上位の議決機関の位置を占めているのです。

日米合同委員会の存在は憲法第41条違反の公然たる「秘密日米委員会」なのです。現在の日本の最高権力者は実質上内閣総理大臣ではなく、日米合同委員会の米軍側最高の「米軍太平洋司令官」と言っても過言ではありません。この点は辺野古基地の推移を見ても理解できます。

このような憲法違反の日米合同委員会が、戦後77年間も長期間継続存在し、日本の外交の基本方針を外務省を通じて行なわれて来たのが日本の弱腰外交の実態なのです。このような屈辱的な日本外交であり、安倍政権は米軍製兵器ステルレス戦闘機（1機100億円以上）をも爆買もせざるを得ず、著しく日本の国益を害していることは明らかで、早急に日米合同委員会は廃止すべき緊急な重大問題なのです。

日米合同委員会での「密約」につき重要なことは、米国では密約と言えども、すべて外交文書として記録・整理されており、かつ情報公開法（ＦＯＩＡ）により30年の徒過で公開されているのです。これに対して日本外務省では「密約はあくまで密約」であり、国会に対しても存在しないものとして扱われてきました。密約の記録・文書・整理・公開は一切ありません。米国から密約の履行、または違反の是正を求められた場合、その是非の確認方法が日本にはなく、結局、米国の密約文書に記載されているとおりに従わざるを得ないのです。

なお、日米合同委員会のこれまでに米国で公開された密約集は「ジョン・ミッセル・コレクション」として５５００ページに及ぶ膨大な記録として、沖縄国際大学図書館にあり、誰でも閲覧・謄写できるとのことです。

（「ＣＳＩＳ」（米戦略国際問題研究所）の日本支配）

日本の外交は上記のとおり、日米合同委員会を通じて、具体的に対米従属外交を続けているのですが、米国自身の国際戦略外交方針はどの様にして形成されているのでしょうか。

米国外交方針決定に極めて重要な役割を果たしているのが米国の「ＣＳＩＳ研究所」です。ＣＳＩＳは、元ジョージタウン大学内に設けられた大学研究機関が１９８７年に学外組織として民間のシンクタンクとして独立した組織です。

現在、米国の防衛・国家安全保障の研究・提言機関として世界第1位の評価を受けています。政治的には新保守主義（ネオコン）の流れであり、レーガン、サッチャーなどの政策に採用されました。日本の小泉、安倍（古くは中曽根）らも米国ＣＳＩＳから指導を受けており、日本の基本的な内政、外交政策はＣＳＩＳの提言を忠実に遵守させられてきたのです。換言すれば、ＣＳＩＳは日本の外交政策をも操ってきたシンクタンクなのです。

米国のＣＳＩＳには現在約２３０名の専門研究員がいますが、日本からも内閣、公安調査庁、民間からもＮＴＴ、日経新聞、稲盛財団、宮内義彦らが関与、寄付、出向研究員を出すなど密接な関係があります。また、ＣＳＩＳの情報は日米の機密に係わる情報も多く、マスコミはその報道に関しては報復や暗殺を恐れて極めて慎重に扱い、ほとんど報道しないと言われています。、ＣＳＩＳの提言で対日政策が決定されて、それが日米合同会議を通じて日本に伝達されているのです。

安倍内閣はそれを受け入れて米国の国益のための政策、例えば集団的自衛権の導入推進、自衛隊の軍隊への昇格、憲法9条の改悪推進、原子力政策、辺野古基地建設推進などが進められています。また、第二次安倍政権成立直後の２０１３年10月、ＣＳＩＳのジョン・ハレム所長が来日し、経産省の総合資源エネルギー調査会の会合で、「（福島原発事故があったが）原発を再開するしか選択肢はないと思います。長期のエネルギー戦略の上で、原発は日本の戦略の一部を構成しており、ベースロードを賄う上で最良のエネルギーです」と講演し、原発推進は日米合作の政策であることを強調しているのです。安倍内閣は地震多発国である日本の特殊事情を考えずに、ＣＳＩＳの指導に盲目的に従っているにすぎないのです。今後、ＣＳＩＳの発言には注視する必要があります。

（日本側の対応「国家安全保障会議」）

第二次安倍内閣は就任早々から日米安保条約の強化、憲法改正、自衛隊の海外派兵を強調するスローガンを掲げて登場しました。

第二次安倍内閣が発足して、その具体策として安保強化・深化のために米国のＣＳＩＳに見習い、新たに「国家安全保障会議」を設置し、同会議において「国防の基本計画」、「防衛計画の大綱」を審議し、日本の安保・外交・防衛の基本方針決定の役割を果たしています。

国家安全保障会議の事務局が「国家安全保障局」であり、安全保障の企画立案にあたっています。その局長に公安警察出身、内閣情報室トップの「北村滋」氏が就任しています。国家安全保障局は、安倍内閣の「影の軍団」とも言われており、官邸主導の政治を進める強力装置とも言われています。かくして、安倍内閣は日米安保条約の強化を図り、軍事的、経済的、産業的にも日本の国益を米国に売り渡す売国奴と化しているのです。この点は岸氏が米国ＣＩＡから資金援助を受けて安保強化を図り売国奴となったのと同様です。

（安保と司法——最高裁判決で騒音停止、飛行停止判決が出ない理由）

安保関連の訴訟における「騒音防止」、「飛行停止」、「慰謝料請求」などにおける最高裁判決では、すべて金銭賠償支払判決のみばかりであり、騒音停止、危険地域の飛行停止など作為義務履行の判決は一件も出ていません。その理由は次のとおりです。

最高裁判所は安保条約及びそれに基づく「密約」を（日米合同協議での密約を黙認し、また「統治行為理論」と称して）憲法よりも上位の法的効力あるものとして認めているからです。そのために、最高裁判事の勇気ある「憲法違反」の判断が出ないまま今日に至っています。

仮に裁判所が勇気を持って米軍機の基地周辺の住宅地上空の飛行に憲法判断を出せば、危険地域の飛行停止、騒音停止の判決が出ることは間違いありません。しかし、安保条約・地位協定により「全土基地方式＋基地排他的管理権」を合意しているために米軍機の飛行につき統治理論を採用して、「全土基地方式＋その排他的管理権」を否定するような判断、即ち騒音排除、基地排除、飛行停止などの現状回復措置はできないと最高裁自らが田中耕太郎最高裁長官の憲法違反の先例判決を下しているからなのです。

騒音排除、夜間の飛行停止などを現状回復できぬ場合の保障として　せいぜいできることは金銭賠償でしかないとの消極的判断から、米軍基地関係の訴訟では金銭賠償判決ばかりが出るのです。日米両政府は日米地位協定の方が憲法より法的上位であることを法的にも認めているのです。

米国内では住宅密集地上空の空軍機飛行は禁止されていること、またドイツ、イタリア国内の米軍基地使用につては米軍機の騒音規制があり、住宅地域上空での飛行はいずれも禁止されています。また、欧州では米軍駐留につき国内航空法につき、米軍の治外法権の特権を与えられていないのです。このように日米安保だけが治外法権が認められているのです。

本来、裁判官は当然のことながら憲法を最高位の法的基準として、自らの良心と法に従い独立して（憲法第76条3項）、刑事・民事の判決を書かねばなりません。この矛盾の妥協策として、最高裁判所事務総局では、安保関係事件担当の裁判官の取扱い方として秘密の「日米行政協定に伴う民事及び刑事特別法関係資料」集を作成し、日米合同委員会における密約集をまとめて、裁判官会同（会議）で密約の配慮（実行）を裁判官に強いているのです。その結果が騒音訴訟で飛行停止判決などが出ない理由なのです。

しかし、このような裁判所の環境の中で安保条約が憲法違反であると勇気ある判決が戦後2件出ています。

一つは統治理論の発端となった1959年3月30日の砂川事件における伊達昭雄裁判長の判決です。当時の米軍基地反対運動で、砂川米軍基地内に立ち入った被告人に対して安保刑事特別法違反で起訴されましたが、伊達裁判長はそもそも安保条約に基づく「米軍」が日本国憲法9条2項の「戦力」に該当し憲法違反であるとして被告人を全員無罪としました。

もう一つは判決の傍論（判決の主文理由と直接関係のない部分の判断のこと）での判示ですが、2008年4月17日、名古屋高裁の青山邦夫裁判長の判決です。当時、イラク戦争で米兵をイラクの戦闘地に向かう米兵輸送機に、自衛隊の行なう給油行為は米軍の武力行為と一体となる「武力行使」と評価できるのであり、結局憲法9条1項に違反する憲法違反である、と判示しました。

我々日本国民が生活紛争につき、最後の人権保障を守る、また頼りにするのは裁判所であり、その裁判所において「裁判官の良心の独立」（憲法第76条）をも貫けないのが最高裁判所を頂点とする全国の裁判所の今日の姿なのです。安保条約、日米合同会議の弊害は日本全体の政治、社会、行政そして正義の最後の拠り所である司法にまでのすべてをどす黒く覆っているのです。

伊達判決についての田中耕太郎最高裁長官の判決不当介入は①日本の司法界№1の一大汚点である、②憲法第八十一条違反の「統治理論」により、現代の辺野古問題などすべての安保関連裁判に直接悪影響を及ぼしている、③同時に三権分立をも否定する憲法違反の大犯罪です。④その後の良心的な多くの裁判官を苦しめ、日本の立憲主義を否定する大犯罪でもあるのです。

（米国の半植民地扱いに対する日本政府の弱腰）

現在でも、自民党、外務省など官僚の思考は日米同盟一辺倒で対応し、今や全くの米国の軍事的支配下、経済的支配下となってしまったのです。日本国の主権はどこにいったのか。今後、日本独自の国益を守る外交、内政はどのような方法で実現すればよいのか。現在の最大で緊急な問題です。

安保条約に対する政府見解の虚偽・堕落

日米両政府は安保条約の「建前」論として、次のような見解を掲げています。

・日本は憲法で戦争放棄を規定し、戦力も軍隊も認められていない。
・そのために、日本国は自分たちで国を外敵から守ることはできない。
・そこで1952年の独立の際、米国に守ってもらうために日米安全保障条約を締結した。

この建前論で日本政府は米軍の駐留、その地位の特権は止むを得ない正当な理由があるとの論法により、安保条約は必要であると説明し、多くの国民もそれに騙されて信じてきたのです。

上記安保建前論について、どのように反論するか。憲法で戦争放棄、戦力・軍隊の放棄を認めても、外国からの不法攻撃に対しては独立国家として当然に、最低限の生命、財産の安全・自力救済措置としての自衛権行使、そのための実力組織・防衛力保持は当然に認められます（主権国家には「固有の自衛権」の存在）。

ここで問題となるのは、「固有の自衛権」の内容、方法、範囲とは何かという大問題です。固有の自衛権と言えども、「武力の行使」、「戦力の保持」は違憲で認められないというのが現行憲法第9条の定めです。

武力または戦力とは言えない「自衛権の行使」とは、一体どのような方法なのか。現在、日本の自衛隊は事実上、世界で米、ロシア、中国、英に次ぐ世界第5位の「戦力」を保持していると言われているところから、この問題は大問題なのです。しかし、残念ながらこの大問題につき、現在、日本では各政党をはじめ学者や一般にあまり議論されていません。

筆者としては、結論的に述べれば「固有の自衛権の範囲」とは、現在の行政的警察権行使が限度であると考えています。それ以上の武力、武器の保持は憲法違反であると考えます。その理由は後に述べることにします。

（安倍派政治の改憲と安保条約の関係）

安倍・菅・岸田政権下において、安保条約の運用と改憲方針は車の両輪の如く軌を一にして、今日でも日本の軍国主義促進化を推し進めています。米国の世界覇者としての軍備強化、宇宙の軍事支配に伴い、日米安保も密接な関係として強化され、今や日本の自衛隊は米軍指揮の傘下に入り、最新のより強力な軍備、兵器を備えてきました。

その意味で実際の自衛隊の軍備強化、海外派遣は米軍とともに世界的共同拡大行動の必要性から憲法第９条の改憲は安倍派政治にとって不可避となっているのです。「安保による日米連携強化↓自衛隊の軍備強化↓憲法９条の改悪↓自衛隊合憲の憲法明記」。この密接な関係として連動して軍備の高度化しつつあるのが現代の自民党政治の実情です。しかし、我々一般国民はこの安倍・菅・岸田軍備強化体制への意図的な突進は何としても阻止しなければなりません。

今日の状況は、明治時代の日露戦争前夜とよく似ています。当時、ロシアを仮想敵国としていましたが、ロシアが日本本土に攻め入ることはないのに、日本の安全が脅かされていると政府は故意に扇動し、軍備を一方的に増強しメデァで煽っていました。現代も北朝鮮、中国は直接日本に侵略せんとしていないのにその危機を煽り、日米安保の強化を叫び集団自衛権の訓練を米軍一体となって行なっていることが問題です。この点で北朝鮮のミサイル試射の日本への危機も問題となりますが、北朝鮮のミサイル発射の攻撃目標は米国にあり日本ではありません。しかし、日本をも攻撃範囲にあるとすれば、日本と米国が日米軍事安保条約により軍事的一体化していることが原因であり、この点でも日米安保は危険なのです。

然るに、安倍・岸田政権は自ら米軍の従属下に防衛戦争に向けた政策を実行しつつあり、そのための社会福祉予算の減額、消費税増額などを行なっているのであって誠に危険な戦争準備の政権運営を行なっているのです。阻止運動としては安保破棄闘争であり、憲法改悪阻止闘争ですが、具体的な目前の闘争としては　沖縄の辺野古基地阻止闘争でしょう。

7 安保条約破棄の方法とその推進活動

安保条約破棄の現実性

米国が世界最強の軍事・経済大国であること、日米安保条約が戦後77年以上の長期にわたり、日本全体を支配してきたこと、現在の東アジアの緊張状態などから日米安保条約を破棄することは至難のことの日本人も多いと思われます。しかし、現実の世界を見ればフィリピンは1992年に軍事地位協定を破棄して本土からから米軍基地を撤退させた事実があります。また、2023年4月、米比間の「2プラス2」の会談で、比外相は米比の防衛対策について、「私たちの国内の基地が（中・露などへの）攻撃的な行動に利用されることは認めない。我が国の防衛だけだ」と述べ、自国の利益のみを求めています。また、ドイツでは軍事同盟（NATO）に加盟していますが、ドイツの国益を維持し、米軍基地使用についての治外法権はないのです。この点、日本では著しい不平等な地位協定が全く改定されません。しかも、日米安保条約の必要性についてもその時々で変化して、当初、必要性は「東西冷戦」でしたがその後は「自由世界の防衛」→「世界の警察権」→「北朝鮮の脅威」→「台湾問題」など二転三転しているのです。この事実は日米安保につき、その時々の米国の国益を中心に米国の駐留であることを裏づけているのです。換言すれば、我々日本人は日米安保条約につき、疑問のない自明の正当性があるものとして受け入れている奴隷のような国民とも言い得るのです。

この点につき、白井聡氏はニイチェの言葉を引用し「本物の奴隷は奴隷であることをすばらしいと考える、また自分が奴隷であることを否定する、自分が奴隷であることを思い起こさせる自由人を誹謗中傷する、また、その中傷を他人にも強要する」と述べて、「このような誤った貧しい人々が第二次安倍内閣の長期政治の中で疫病の如く蔓延している」とも指摘しています。

（安保条約締結の評価）

この日米安保条約の成立につき、昭和27年当時、吉田首相は「日本は戦争には負けたが、外交では勝った」と総括していました。吉田元首相の言う「外交では勝った」とは何を意味するのか。多分、吉田首相は安保条約によって日本の防衛は米国に任せて、その間に日本は自国の経済復興に 全力を注ぎ、敗戦国にしては見事な経済復興を為しつつあることを指していると思われます。しかし、片面的講和条約と引き換えに、安保条約という悪魔と締結した吉田外交は明らかな失敗であると言うべきと考えます。

なぜならば、日米安保同盟調印により、終戦時より今日まで日本の全土を米国のための防衛前線基地として不平等な基地提供をなし、日本国民及び日本国土、上空域、海域を米国の使いたい放題に使わせ、戦後77年以上経っても辺野古問題を見てもわかるように安保条約により、米国は日本国内の陸・海・空のどこでも自由に米軍基地の存在と使用を許され、莫大な日本国民の経済的にも生活上の侵害、損害を77年以上にわたり受け続けてきたからです。

この責任は戦後の吉田首相による米国の罠の読み違い、片面的講和条約の不当性、不平等性、講和条約同日の内容を理解せぬままの安保条約調印をした愚かさによるものであり、吉田首相の終戦処理の無知、失敗、敗北以外の何ものでもありません。本来であれば、吉田元首相は終戦時において、敗戦により得た何ものにも代えがたい平和憲法に従い、非武装中立、国際社会において国連憲章に従い、軍事同盟の拒否、平和同盟の推進に舵を切るべきであったのです。吉田元首相は「戦争にも敗北し、外交にも敗北した」政治家であり、以降、日本国民の国益を喪失させ、莫大な損害を残したのです。

今日の憲法改正問題、辺野古問題は安保条約と複雑に絡み合って政治の混迷を呈しています。最大の政治問題である理由は、日本政府、財界、役所、官僚、大企業、マスコミなどの大半の政治勢力が「日米安保条約の堅持」は日本にとって賢明な事柄として是認していることであり、その存在は意識せずして当然の前提としてごく疑うことなく普遍的存在化している事実です。この事実は現在の日本、将来の日本にとって誠に恐ろしいことです。

このような安保条約の破棄については、多くの難しい問題があります。列挙すれば次のとおりです。

・安保破棄の正当理由は何か。
・国民の大勢、世論を安保破棄の方向に持ってゆくにはどのような組織、運動が必要か。
・安保破棄後の日本の安全、政治、経済、貿易のあり方はどうあるべきか。
・安保破棄の具体的手続と時期。

解決の方向は現在のところ、次のとおりと考えます。

・現憲法を維持し、より徹底した人権保障、横断的労働組合の合法化活動などにより、資本勢力の運動を制御し、社会民主主義政党の躍進による北欧型、協同組合型の福祉国家の成立を目指す。
・憲法第9条を堅持する。自衛隊は徐々に縮小、改組し警察力、緊急援助隊に改組する。
・日本の安全は米国との軍事同盟を破棄し、「東北アジア地域集団平和協定」の成立により維持。
・国連中心主義の強化、推進。国連軍の早期実現(国際連合憲章第43条〜第50条)。5大国の拒否権の排除、常任理事国制排除、加盟国の平等などの国連改革。
・多国籍企業、大資本企業の資本行動の規制強化、国際競争力強化の技術革新推進、米国従属の外交、大企業優先の新市場主義経済の解体など。

（安保法制に対する国民有志、弁護士集団の違憲訴訟）

２０１４年7月1日、安倍内閣による集団的自衛権の閣議決定及び集団的自衛権発動を予定した２０１５年9月19日付「安保法制」の強行採決は、現在日本が最も危険な戦争への道にストレートに突き進む道であり、安倍派政治の憲法9条違反の最も危険な政策です。これに対して２０１６年4月以降、全国国民の友志７６９９名が原告となって、国を被告として、代理人弁護士１６８名が参加、分担して、北は札幌から南は沖縄まで22の地方裁判所で集団的自衛権及び安保法制は違憲であるとの裁判を起こしています。

具体的には現に進行中の集団的自衛権に基づく安保法制の戦争準備政策はすべての国民が現在享受している「平和的生存権」（憲法前文、憲法9条及び憲法上明記の多数の基本的人権条項で守られている平和的に生活できる権利の総称）を侵害する不法行為であるとの主張です。

よって、その平和的生存権の侵害（主として精神的慰謝料）に対する損害賠償金支払請求事件の裁判、及び今後身近に起こり得る政府による戦争準備のための具体的行動（例えば米軍の台湾近海における軍事行動への自衛隊の防衛出動（集団的自衛権の行使））の差止請求事件です。

これらの裁判はいずれもその内容に集団的自衛権は合憲か、安保法制は憲法9条委との関係で合憲か、という重大な憲法問題が含まれており、担当裁判官はこの問題に正面から真摯に向き合い、その合否を判断すべき職務上の義務があります。

ところが、現在7つの地裁で判決が出ていますが、その判決はこの重大問題の憲法判断を回避し、多くはそれ以前の「平和的生存権」という権利がそもそも未だ「法律上の権利」として認められていないと判示し、憲法問題にまで踏み込まないのがこれまでの判決です。このような裁判所の態度は現に安倍・

岸田内閣で日々戦争への日米両軍の進展を放置するもので、紛争の最後の砦である裁判所の基本的な職責を放棄し、司法権への国民の信頼を裏切っていると言わねばなりません。

なお、上記裁判のうち前橋地裁裁判で証人となった、第一次安倍内閣の法制局長官であった宮崎礼壱氏は「安保法制は一見、明白に憲法違反である」と証言している貴重な事実があります。

第4章

憲法第9条の堅持と改憲批判

1　憲法第9条の世界における名誉ある歴史的意義

現憲法の「前文」及び「9条　戦争放棄の規定」は、「パリ不戦条約→ヴェルサェル条約→大西洋宣言→国連憲章→ポツダム宣言」など、長く苦い人類の戦争の歴史におけるその都度の反省に基づいて、やっと到達した現段階の人智最高英知の結晶であり、歴史的な経験と反省の積み重ねた結果の金字塔です。

憲法9条の規定は日本国家の安全につき「丸裸の平和」を意味するものではありません。これまでの「戦力」（騎兵隊、戦車、戦闘機、航空母艦、核搭載ミサイル）など、技術的高性能化の兵器競争に基づく「軍拡・戦力強化」、「核の抑止力」を愚策を否定して、他国との信頼関係を基礎とした「平和外交交渉」を基本とする戦争・武器・交戦権放棄の憲法です（但し、止むを得ない場合、国連憲章には「国連軍による平和維持軍事活動」があります）。

この様に、憲法9条はこれまでの武力闘争の殺し合い、非人間的な争いの反省の上に立って、あくまで人間固有の英知を働かせた「平和的交渉による紛争解決」を目指す思想に裏づけられた、これまでにない新たな憲法なのです。具体的には国連中心の世界平和を目指し、武力衝突ではなく平和外交交渉に徹した平和維持を目指したものです。

但し、ここで国際法上問題となるのは「平和的交渉」の対立概念である「侵略行為」の定義です。即ち、平和的交渉と侵略行為との区別、境界戦はどこにあるのかの問題です。

歴代の自民党内閣は国際法上「侵略の定義」はないとしています。しかし、1974年12月14日の国連総会で「侵略の定義」につき総会決議がありました。この決議よると、その8条で「侵略」の定義を「他国の主権、領土を侵略する国連憲章に違反した方法による武力行使」とされています。しかし、実際にはその武力行使の有無を判断する正式な国際機関は安保理のみであり、国際司法裁判所にはその権能がないとされています。

国連を中心に考えると、ウクライナ紛争を考えても、現段階で早急に国連の組織運営につき、当面次のような重大な欠陥があり、早期に国連改革が必要あると言わねばなりません。

一つ目に、国連憲章第42条の「国連軍」の早期創設。今後の国際紛争の平和的解決につき大きな課題です。二つ目に、常任理事国5か国の拒否権の改革です。一国でも拒否権を発動すると国連の法的意思表明、法的行動がとれない現状は改革し、例えば国連総会の3分の2以上の賛成、あるいは常任理事国の4国の賛成など、早期に国連の意思、行動が決定できるようにすべきとも考えます。三つ目は、国際民事裁判所、国際刑事裁判所の権限の強化と判決の執行権の付与と強化。その他、これらの国連中心主義の結集及び国連強化策が急務であると考えます。その目指すところは日本国憲法、第9条の実質的な実現にあるのです。

2　憲法第9条の制定過程

日本国憲法第9条の真価とは、一つ目に、人類普遍の原理である具体的な最低限の保持すべき自衛力の保持、二つ目に国連中心主義の平和外交への限りない「相互信頼と協議 による紛争解決」の2点だと考えます。米国との安保軍事条約による「軍事力に依存した平和維持」ではありません。

現在の日本国憲法9条がいかにして誕生したかについては、米国の押しつけ説、幣原首相の提案説など諸説あります。実際の制定手続は次のとおりです。

i）GHQよる新憲法案作成の日本側への指示。

ii）松本烝治国務大臣の明治憲法に小規模の改定をした「松本案」としてGHQへ提出。

iii）GHQは松本案を拒否し、GHQ案（天皇を元首、戦争放棄、基本的人権条項）の受入要求。天皇はこのGHQ案につき「これでよい」との発言あり。

iv）GHQ案につき、日本の旧憲法下議会で家族関係など若干の討論、修正の上、明治憲法の改正手続により、決議及び天皇の裁可により成立しました。

これら経過を見れば、新憲法は実質的にGHQが作成したと言えるでしょうか。その理由はii）の段階で松本案は、1945年8月13日に日本側がすでにポツダム宣言を受諾しながら、それに反して戦争放棄条項、国民の民主化条項を含めなかった誤りがあったからです。その後のGHQ案はポツダム宣言に沿った内容でした。新憲法で重要なことは、天皇自身がポツダム宣言の受諾、GHQ案につき了解していたこと、旧憲法下での国会の討論、承認決議があったことから、日本人自らの意思で決定した新憲法と言えると考えられます。米国の押しつけ憲法論は、その後の保守政治家により言われはじめたことなのです。

また、憲法制定後77年余も経過した現在においては、「誕生の事実関係」は憲法9条の解釈の一つの要素として考慮すべきであり、そこにこだわるべきではないと考えます。それよりも重要なことは、9条をはじめ、新憲法の内容自体の是非であり、現代の世界情勢から見て、また核兵器が現実化した現代において、いかに思想の正当性、妥当性を定着させるかが重視されるべきであると考えます。

なお、矢部宏治著『隠された日本支配の構造』によれば、日本国憲法は1946年2月3日以降、マッカーサーの指示のもと、GHQの部下であるケーディース大佐らが日本国憲法草案を作成したこと、第9条記載の戦争放棄、戦力・交戦権放棄の規定は、国連憲章規定の国連軍を前提に作成されたものであることが明確に述べられています。無論、前文及び第9条の規定の文言は、それまでの歴史的宣言である「パリ不戦条約」、「大西洋宣言」、「国連憲章」などの文言が直接の下敷きとなって集約されて作成されたものであることがわかります。

3　憲法違反の自衛隊

（自衛隊の武器強化→軍隊組織→強大な戦力への変遷）

吉田内閣は、敗戦直後からマッカーサー司令官の言われるがままに、戦力不保持との憲法がありながら、「警察予備隊→保安隊→自衛隊」と、平気で憲法違反である「戦力」、「武力」保持の武装体制を強化して今日に至っています。

1945年7月26日　ポツダム宣言発表　9項「日本の軍隊は完全武装解除する」
1945年9月2日　日本の敗戦受諾
1947年5月3日　日本国憲法第9条により「戦争、武力、交戦権」の放棄制定
1950年6月25日　朝鮮戦争勃発
1950年8月10日　警察予備隊発足、マッカーサーのポツダム政令の発令による。この発足は表向

き「国内治安維持強化」にありましたが、米国の意図は最初から日本の再軍備、米軍にとっての経費の負担軽減、共産陣営との米国世界戦争への日本の戦力利用にあったのです。

1951年9月9日　日米安保軍事条約調印
1952年10月15日　保安隊に発展
1954年7月1日　自衛隊に発展
1954年　防衛省設置
1954年　防衛施設庁設置

（自衛隊の許される「武力の行使・組織」の限度　9条1項）

多くの戦争犠牲者のもとで太平洋戦争終了後にできた憲法9条でも認められる「個別的自衛権」の武器の限度・範囲はどうのように考えるべきでしょうか。この問題はあまり議論されていないのですが、極めて重要であり、明確にすべきです。その要件を考えてみると、憲法9条1項、2項より、次のとおりと考えます。

i）他国と「戦争、または交戦」しうる「武力」であってはならない。
ii）他国と戦争もせず、他国を威せきするに足る「武力」であってもならない。
iii）その実力組織は陸海空軍は無論、その名義を問わず、その実質においていかなる「戦力」と言われるものであってもならない。
iv）紛争解決手段は、「戦力」、「武力」の行使は、永久に放棄したのであるから、紛争解決手段は「外交交渉」こそが残された唯一の方法とするべきです。即ち、円滑な外交交渉を進めるに必要不可欠な最低限での実力行使が限度です。

v）円滑な外交交渉の維持に必要な最低限の「実力手段」は、どの様な態様か、ここが極めて重要です。

vi）例えば、現在の警察権、機動隊力、海上保安庁の有する実力の範囲はどうか。この実力部隊は、日本国を防衛するための実力部隊であると同時に、外交交渉を円満に進める目的のための治安組織なのです。

vii）よって、この警察力などの実力組織が、現憲法9条で認める個別的自衛権の合憲の限度の範囲と考えるべきでしょう。片や、現在の「自衛隊」は集団的自衛権も認め、その実態は米軍と一体となってステルス型ミサイル迎撃戦闘機も保有し、今や米軍組織の一部となって米軍の指揮下にあります。よって、自衛隊の実態は他国と十分に戦争を為し得る「戦力」、「武力」を保持した軍隊であり、憲法違反は明白です。

viii）国際紛争につき、自分の国を自らの最低限の武力行使で自己防衛すればよいのであり、何も特定の国との軍事同盟を締結し、他国のためにしゃしゃり出て戦争（集団的自衛権行使）に参加して加勢するまでの理由は全くありません。なお、「日本は自ら守る軍備も核兵器もなく自己防衛できるのか」とか、「代わりに米軍の核の傘に守ってもらう必要がある」とよく言われますが、核戦争ともなれば、核保有国も無論「核の傘」も全世界が滅亡し、勝者、敗者もないのです。核兵器のある現代において、「核の傘」で米軍に守ってもらう、自衛隊で自国を守るということは、武力の強化が限りなく必要となることになります。これは明らかに憲法は想定していません。

ix）「核の傘」について述べれば、「核の傘によって日本の平和を維持する」との見解は、結局、核兵器の存在を前提にするものであり、しかも自国は核兵器を所持せず、他国の核兵器の所持を前提にするものであり、極めて姑息です。よって「核の傘の平和維持」イコール「核兵器の所持の平和」であり憲法違反は明白です。

x）よって、憲法9条による個別的自衛権の自衛手段の限度は、現在の警察権、機動隊力、海上保安権の範囲の実力と解するのです。

4 自衛隊の許される「戦力」（武器）の限度（9条2項）

現憲法では、日本国の自衛権として「個別的自衛権」は認められていますが、軍事同盟を前提とする「集団的自衛権」は認められていないというのが歴代内閣の憲法解釈であり、憲法学者の通説でした。よって、安倍内閣の集団的自衛権の閣議決定は、歴代内閣の憲法解釈からは明白な憲法違反であると言わねばなりません。さらに、ここで留意すべきは、日本は中国、ロシアの最前線ではないという地理的事情です。最前線は38度線で接している韓国であり、また最前線は中国では台湾です。仮に米国が防共防衛を強化するのであれば、韓国と台湾に強力な反共武器を設置して防御すべきであり、現にその体制は取りつつあります。沖縄は中国に近いのですが、最前線ではありません。

なお、付言すればこの2014年7月1日の集団的自衛権の閣議決定につき、安倍首相は次の「新3要件」のもとで合憲化されるとのことです。

①わが国の存立が脅かされ、国民の生命、自由および幸福追求の権利が根底から覆される明白な危険があること、②これを排除しわが国の存立を全うし、国民を守るためにほかに適当な手段がないこと、

③必要最小限度の実力行使にとどまるべきこと。

これらの条件のもとで、集団的自衛権の提案は実は自民党内部において、当時、前述のとおり自民党副総裁であった山口県出身の衆議院議員の高村正彦氏（弁護士）が、砂川最高裁判決文からこれらの条件で、集団的自衛権は憲法9条においても合法的に認められるとして提案し、安倍総理により閣議決定されたのです。しかし、砂川最高裁判決では、集団的自衛権につき何ら触れておらず、高村氏の提案は砂川最高裁判決の無理な解釈から導き出したものです。

今日、米、中国、ロシアなどは戦力として「核兵器」の開発競争に明け暮れしています。核兵器はどこの国が、どの様に使おうとも、核兵器戦争が一旦使用される、勃発すれば全世界の大半が死滅するという究極の悪魔の戦力、武力です。

しかし、地域紛争については、核兵器以下の武器が有益とも考えられますが、戦争になれば相手がいつ核兵器を使うかわかりません。また、地域紛争でも徐々に戦線が拡大し強力な戦力や武器を使い、多くの尊い命が犬死として失われてゆくことはこれまでの歴史から明らかです。

よって、個別的自衛権の武力の限度については、国内的な市民生活上の紛争処理、社会治安保持の限度に限って認めるべきであり、それは現在の行政的警察力の範囲（一例として警察官所持のピストル程度）と考えるべきでしょう。その場合、無法な外敵からの戦力による攻撃に対して、いかに対処すべきかが問題となります。

この点につき重要なことは、第一に日頃の政治の基本として敵国を作らず、周辺諸国との平和外交、平和同盟の締結にこそ十二分な不断の政治的努力をすべきで、そもそも「外敵からの武力行使」を防止する環境作りが必要と考えます。

第二に、実際の武力攻撃については、国際紛争解決機関である国連へ助力を求めて対処すべきと考えます。安倍派政治は集団的自衛権を閣議決定し、その上で軍備、兵器に頼る日米軍事同盟のみを頼りにしています。即ち、兵器、武器の性能高度化を求めて、武器購入の爆買いを行ない、無制限の軍備費が国民負担がかかり、その費用対効果も不明であり、展望のない軍備拡大政策を進めているのです。この点は、日本の外交安全方針として従来の国連中主義を逸脱し、日米安保軍事条約中心主義にシフトした、米軍中心の方針を容認した愚策です。

第三に、ハーグ陸戦条約の規則第25条「無防備都市宣言」の規定があります。「無防備都市」を宣言すれば、同都市に軍事力を置かない代わりに、相手の攻撃を国際法で禁止する効力を持つものとされています。その実例として、第二次世界大戦の際、フィリピン軍を指揮していたマッカーサーが日本軍にマニラを包囲され反撃できなくなった際、マニラ市は「無防備都市宣言」を出して、自らはオーストラリアに脱出しました。規則第25条では「防守されていない都市、集落、住宅、建物は、いかなる手段によってもこれを攻撃または砲撃することはできない」と規定されています。

この条約は、日本国憲法前文の「平和を愛する諸国民の公正と信義に信頼して、われらの安全と生存を保持しようと決意した」に連なっていると考えます。

5　自民党の憲法第9条改悪の真意

（自民党憲法改悪案の内容）

憲法9条改悪については、次のような問題点があります。

安倍派政治が改悪せんとしている憲法草案とはどんな内容か。安倍首相は憲法改悪により何を求め、何を実現せんとしているのか。自民党の9条改悪発議は「憲法改正」手続ではなく、以下の理由で「一種の革命行為」です。

イ）自民党の憲法改正案（平成24年7月草案）は「憲法改正」ではなく「一種の革命」の実行行為と言うべきです。けだし、現憲法の基本原則である三点、即ち「国民主権、平和主義、基本的人権保障」という憲法の根本原則の全部またはその一部の変更であり、現在の憲法改正条項（第96条）では予想していないのであって、憲法改正の範囲を越える革命行為となるのです。自衛隊の軍隊化による憲法明記は現憲法の前文を見ても明らかに逸脱、矛盾し予定していません。

ロ）今回の「自民党改革案」で最大の問題点は平和主義を変更し国防軍を憲法上明記し、集団的自衛権を行使して米軍とともに自衛隊が海外に派兵され戦争に参加することです。即ち、自民党の改革案では憲法に第9条はそのままにして、さらに「第9条の2」を新設します。そこに「前条を元に国民の安全を期するために外部からの攻撃に自衛権を行使するために、新たに国防軍を設置し、内閣総理大臣が総司令官となる」、とあります。

この新設の「9条の2」には「前条をもとに」とありますが、実は9条の2記載の「自衛権を行使する」との「自衛権」には自民党の「Q&A」の説明第9項に「集団的自衛権」が含まれると明記されているのです。よって、自民党改正案では、日米安保条約に基づき、米軍とともに日本の国防軍が海外戦争への参加が憲法上可能となります。

自民党は「9条の2」を新設しても、9条は従来と何ら変わりはないと主張していますが、実は「集団的自衛権の行使」が憲法上規定されるので大違いです。この点に国民は騙されてはなりません。

今後の第三次世界大戦、あるいは地域戦争の勃発の際、日本の国防軍は米軍の要請により参戦することが憲法上可能となり、現に参加が日米安保条約の義務として発生するのです。

ハ）緊急事態条項新設の問題があります。自民党の改憲案第98条では、外国勢力の侵攻、大規模な自然災害のほかに、日本国内の内乱などの社会混乱状態につき、内閣総理大臣の「緊急事態の宣言」条項を新設しています。

総理大臣が緊急事態宣言を発すると、内閣の「閣議決定」は法律と同一の法的効力が生じ、内閣・省庁が発令する省令により国民統治、集会、出版の禁止など基本的人権の制限が無制限にできることになります。また、緊急事態宣言が出されると、国会議員の任期は延期され、衆議院の解散権は停止され衆議議員選挙が行なわれず、民意が国会に反映せずに、現在の与党多数のままの国会決議の乱発が可能となります。

緊急事態令は、ヒトラーの行なった「緊急事態宣言」による国家権力集中の手法と全く同一の手法です。ヒットラーは独裁的な緊急事態宣言を乱用し、ユダヤ人を数百万人も虐殺し、ポーランド侵攻を行なったのです。緊急事態条項の新設は、自民党憲法改正案の中で、国防軍新設とともに最も危険な改悪条項であり、絶対に許してはなりません。

２０２０年1月以来のコロナウィルス騒動で安倍内閣はこれを奇貨として、憲法改正条項の一つである「緊急事態宣言」を狙っていました。２０２０年2月28日に北海道の鈴木知事が「緊急事態宣言」を発しました。それに合わせて安倍内閣はサーズインフルエンザの際の「新型インフルエンザ等特別措置法」（２０１２年制定）の改正を提起し、去る２０２０年3月13日に衆議院本会議で可決されました（反対は共産党のみ）。自民党はこの機会を憲法改悪の「国家緊急事態権」の導入を狙っているので要注意です。その後現に安倍内閣は２０２０年3月にコロナウィルスを口実に緊急事態宣言を発しました。

ニ）集会の自由など基本的人権の制限については、現行憲法ではAの人権とBの人権が衝突した場合（即ち人権と人権の衝突の場合）に、双方または一方が「公共の福祉」の理念から人権の一部が制限可能となる考え方が通説です。しかし、自民党案では人権相互の衝突なくても、一般的に「公共または公益の利益」維持のためと称すれば、人権の制限がいつでも可能となり、その公共の利益についての基準、判断、実行は主として「総理大臣」、「行政」が行なうのであり、人権の制限が国家意思によって一定の方向に左右される危険が極めて大きくなります。即ち、国民の人権よりも国家の利益を優先して守ることなどから、自民党案は現憲法の「改正案」ではなく、現憲法の基本原則「基本的人権保障」を変える革命案であると言えるのです。

ホ）その他、天皇は「元首」と明記され、「国旗、国歌（＝君が代）」とその尊重義務が憲法上に明記されます。

このような国民主権に反する時代錯誤的な悪憲法への改定は絶対に許してはなりません。

（集団的自衛権行使・安保法制の違憲性）

安倍元首相は、憲法9条3項に新たに自衛隊（または国防軍）の明記を主張し、または「第9条の2」項を新設して、自衛隊を国防軍とし集団的自衛権行使を合憲化せんとしています。しかも安倍元首相は、改憲の前後を通じて現行憲法はそれ以前と何ら変わりはないと、真っ赤なウソを主張していました。そこには大変な相違があるのに、「変わりはない」という大ウソの真意は何でしょうか。

安倍元首相は、従来から本来的に２０２０年の世界第5位の戦力を持つ自衛隊は合憲であると述べています。元々合憲であるから、それを憲法に明記しても「何ら変わらない」と大ウソを述べているのです。さらに自衛隊の活動面においても、２０１４年7月の閣議において、従来の内閣では決して認めていなかった「集団的自衛権」を合憲として閣議決定したのです。それに基づき、いわゆる一連の安保戦争法制を自・公の過半数により国会で強行採決したのです。

しかし、上記の安倍首相の見解はとんでもない危険な見解です。

第一に、自衛隊は現在の戦闘能力からして世界の第5位にあり、その戦闘能力（武力）は現行憲法9条2項にいう「戦力」の該当することは明らかであって、現在すでに憲法違反の状態なのです。

また、「集団的自衛権」の容認は軍事同盟のある他国（即ち米国救援）のために自衛隊を派遣することを認めるもので、内閣が解釈してきた戦後77年間の憲法見解を法制局長官を敢えて安倍派イエスマンである横畠祐介氏に代えて容認させて閣議決定したもので、77年間続いた憲法9条の解釈を質的に大きく逸脱した違憲の閣議決定なのです。

安倍元首相は、太平洋戦争でA級戦犯であった岸信介氏の孫であり、ともに戦前の一等国である天皇制国家の再現を強く願望している政治家です。この点は一等国であった旧ロシア帝国またはソ連社会主義連邦の再現を目指しているプーチン氏と思想は同様です。安保条約も安倍改憲による自衛隊の軍隊化により、その真意はともに一等国の日米共同軍隊として、米国の巨大資本家及びそれに従属した日本の巨大軍需資本の繁栄、成長を大いに喜ばせているのです。

ここに憲法改悪と日米安保条約の強化の利害が一致し、安倍元首相は国内的には憲法改正に邁進し、外交政策としては安保軍事条約の一層の強化に努め、トランプ参りを繰り返していたのです。さらに改憲の背景には「日本会議」という極右翼の政治集団があります。

なお、日本会議の天皇制復活を目指す目標と、米国の世界覇権の野望が理論的に矛盾しないのか否かについてはさらに今後推移を見守る必要があると考えます。日本共産党の志位委員長が2019年、元旦の年頭談話で、安倍元首相の憲法改悪の真意につき「安倍総理の個人的野望と自衛隊が何の制約もなく海外派兵を実現するためである」と述べています。

6 現憲法下での平和維持の方法

（「戦力」に頼らない平和維持の方法）
現憲法9条では第二次大戦の深い反省から、
1項、「戦争」の永久放棄 「武力」の威嚇・行使の永久放棄、
2項、「陸海空軍の戦力」の永久放棄 「交戦権」の永久放棄
を定めています。
その上で国民と国土の安全、平和を維持する方法として、憲法前文において、
2項、「……平和を愛する諸国民の公正と信義に信頼してわれらの安全と生存を保持しようと決意した」
4項、「日本国民は全力を挙げてこの崇高な理想と目的達成することを誓う。」
と定めているのです。
この平和憲法に定めた「平和を維持する方法としての諸国民の信義に信頼して」果たして21世紀の世

界情勢において、日本国民の平和と安全が維持できるでしょうか。この重大な問いに対して、大局的に見て二つの対立したA案、B案があります。

A案は、「諸国民の公正と信義に信頼」しているだけでは、平和は維持できない。日本国民の安全のためには「敵国に対抗し得る戦力または武力（武器）が必要である」。この見解は戦後、一貫して自民党が主張してきたことです。従って、自民党は党是として憲法9条の改正が必要で「戦力、軍隊の保持」が必要であるというのです。

B案は、「諸国民の公正と信義に信頼して」日本国民の平和と安全は保持できる、または保持できるように政策方針を転換して臨むべきである」との見解です。

まず、前提として21世紀の現代において、日本国民の安全と平和をB案である「諸国民の信義」を信頼して保持するためには、三つの大きな問題があります。

その一は、外国からの武力攻撃があった時、日本国民の安全をどの様に守るか。

その二に、実体は軍隊（戦力）である「自衛隊」を今後どの様に改編し、又解消するか。

その三は、軍事同盟である「安保条約」をどの様に破棄、または解消するかなどの重要問題です。

以下B案について専門家の見解を確認してみます（以下、伊藤真ら共著『9条の挑戦』による）。

憲法学者の見解

その1、「外国からの武力攻撃に対する対処法」

小林直樹（東大名誉教授・法学博士）の見解

恒久平和の政策は自主防衛体制強化の確立ではなく（なぜなら防衛力強化は限度がなく、国民生活を圧迫するから)、「永世中立と積極的な平和外交」とすべきである。(注、上記小林教授の見解は1975年、冷戦対立中の見解です)。

これを前提にして、万一にも侵略を受けたときは、治安警察の対処とともに、「国民としては非暴力による抗議「デモ、集会、ストライキ、抗議文配布」などであり、人間の尊厳と自由のために知恵と勇気と忍耐による素手による協同的集団的抵抗で対処すべきです。

深瀬忠一(北大名誉教授・法学博士)の見解

自衛隊を平和憲法的に改編し、「平和隊」とする。その上でその一部約7万人を「警備隊」に改編する(1987年)。警備隊は国土防衛の最小限度の部隊で、軍事力ではなく警察力として領土・領海・領空を守る武装組織により安全、平和の維持に努める。

水島朝穂(早稲田大学名誉教授・法学博士)の見解

冷戦終結1989年以降の見解として新たな外国の脅威としては北朝鮮・中国の脅威論を除けば、大量難民漂着、テロ組織活動、日本近海の島嶼国境紛争などでこれらの対処は現行の警察力、海上保安庁の機能強化で対処可能であるとする。

その2、「自衛隊を今後どの様に改組するか」についての見解

小林直樹教授の見解

自主防衛体制は膨大な防衛費、膨大な兵員を必要とし、国民生活に悪影響を及ぼし、有効性は乏しく、

非現実的である。国防政策としては永世中立の宣言、アジア地域の集団安全保障条約などが有効である。自衛隊については具体的に言及がないが、最終的には解散か。

深瀬忠一教授の見解

自衛隊を4つに改編すべきという。i）警備隊（警察隊）7万人―軍事力ではなく、警察力で安全生活の維持活動、ii）国連平和維持隊2万人―安保理決議で世界の紛争地のＰＫＯ停戦監視活動、iii）災害救助隊5万人―国内外の災害につき、復興作業にあたる、iv）その他国際協力隊5万人―国際機関、国際技術協力、青年海外協力隊活動、これら4つの部隊活動を通じて、国連中心の平和維持活動を強化し、地域的な軍事同盟の解消、軍事基地の撤収し、戦争制度の廃止を目指すとする。これらの見解は、日本国憲法9条に違反せず、且つ、国際連合憲章第42条に定める、いわゆる国連軍の創設につながる見解であり、極めて妥当と思う。

水島朝穂教授の見解

東西冷戦構造が消滅し、自衛隊はその存在理由が失われたという。ついては既存の自衛隊を解散し、新たに憲法の平和主義の観点から「国際災害救助隊」を編成すべきという。その内容は国家機関、地方自治体、民間の3分野に必要な人員を振り分けて災害救助に当たるという。防衛省は国土省と統合し、国土防災省にする。水島説は深瀬説と極似しており、自衛隊の今後については、国連軍への参加、及び国内外の災害救助隊活動に転換してゆくべきものと考え。

その3、安保条約の破棄、解消の是非、その方法

小林教授の見解

安保条約につき、破棄の方向で検討すべしという。その理由は冷戦下で核攻撃ともなれば安保条約では日本を守れない。通常兵器での戦争でも、自衛隊では長くて3～4日しか抵抗できず、米軍の援助があっても、ベトナム戦争にみられるように日本の国土と国民は守れない。さらに安保条約には内在的に①米軍の極東防衛戦略の指揮下に組み込まれ、②米国の無理難題にはすべて応ぜざるを得ず，③米軍基地の存在は敵国の攻撃対象となり、④米国が闘う戦争に巻き込まれる恐れがあるので破棄すべきである。

深瀬教授の見解

安保条約は軍事的緊張を高め、戦争の危険があり、国連の平和維持機能を減殺するので、徐々に解消し米軍基地も撤収すべきである。

水島教授の見解

自衛隊の国際災害救助隊への改編により、安保条約はその第10条により条約終了の通知手続きを行ない、「日米平和友好条約」を締結すべきである。

会田寅彦氏（ジャーナリスト）の見解

会田寅彦氏は1938年生の北海道大学農学部出身の農学者、出版編集者、NPO法人理事などを努

めるジャーナリストであり、2021年2月に「非戦の国防論」の著者です。同氏の非戦の国防論は本稿の参考になるので以下その概要を紹介します。

同氏は今後の日本の防衛論として非戦の国防論を提唱しています。即ち、日本が外国から侵略されたときの対応として「丸腰の対応」をすべきとしています。武器による対応は限りがなく愚策であるというのです。具体的には①非暴力的抗議行動をしながら逃げる、②国際司法裁判所への提訴、③当該外国での日本企業の完全撤退です。但し、「丸腰の非戦撤退」にはいくつかの前提があると言います。

第一は日頃から近隣諸国に敵国は作らず平和的な関係を形成するように努めること、第二に敵国に責められても、日本国内での生活安定のために食料安保（食料の自給率を現在の30％～70％程度に引き上げておくこと）、エネルギー安保（重油など輸入に頼っている基礎的なエネルギーの確保）、が必要であるといこと。この点は例えば敵国侵略と同時に経済封鎖を受けた場合の国民の生活安定策です。

丸腰国防論で自衛隊の処遇については、自衛隊を解体し、①災害救助隊、②農村支援隊（現在の農業人口の激減にたいして荒れた田・畑の復旧とコメの増産に寄与する）、③森林保安隊（森林保全のため下草刈りなどの森林管理の強化策）、④海外協力隊（国連のＰＫＯ活動ではなく日本国としての開発途上国の援助隊として）の創設に充てる、これらの予算としては現在の約5・3兆円のうち、3兆円をその人件費、運営費で賄うというのです。

この見解は、憲法前文の「われらは全世界の国民が等しく恐怖と欠乏から逃れ、……平和を維持し圧迫と偏狭を地上から永遠に除去しようと努め……国際社会において名誉ある地位を占める」ことに完全にマッチするものです。また、あえて指摘すれば、日米安保条約第1条規定の「締約国は国際紛争の解決の手段として武力による威せきまたは武力の行使を……慎む……」にも合致します。

筆者の見解

思うに、ここでの根本問題は現在の平和憲法9条の元で、いかに具体的に日本国民とその領土を平和的に守るか、の回答を出すことです。

筆者としては、第一に国連中心主義の平和外交の強化、第二には警察力の限度での秩序維持及び国民による非暴力的抵抗運動の徹底、と考えます。難しい問題ですが、この点の研究、思考こそ現代及び今後の政治家の最重要責務であり、我々国民一人一人の努力、知恵の出しどころだと思います。なお、この問題は、これまでの日本の平和維持策が米軍一辺倒に偏っていたので、この点につきこれまであまり検討がされてこなかった問題点でもあるのです。特に、安保条約破棄後の日本の安全保持につき真剣に検討すべき課題です。

解決の糸口は、日本の外交政策を米国一辺倒から脱出し、どの様な外交方針を進めるかにあると考えます。ポイントは二つ。

一つは国際連合の重視、改革対策です。特に常任理事国の拒否権の排除、国連軍の早期創設、国連総会の改革として「多数決」につき、議案により単純多数決ではなく3分の2以上の特別多数などの採用、一定期間内における早期の多数方法などです。

もう一つは、東北アジア周辺国（中国、南北朝鮮、ロシア、モンゴル、チベットなどを含む）との平和条約締結などの平和外交政策です。さらに加えれば、会田寅彦氏の言うとおり、前提として近隣諸国との日頃の友好的外交の積み重ね（敵国を作らない）、食料安保、エネルギー安保があって初めて警察力での対応が可能となるのでしょう。

この点で、現在の具体的な問題は「いわゆる「中国・台湾問題」に関し、中国軍の日本（先島諸島・沖縄・日本本土などの国土及び米軍基地など）に対する武力侵略の場合への対応策いかんの問題です。この対応については現在の最難問題ですが、基本的には2通りが考えられます。

一つは自衛隊が集団的自衛権を根拠に米軍とともに中国軍と交戦対応する場合、二つ目は、日本はあくまでも憲法9条を理由に治安維持活動（自衛隊解体後の治安維持隊うぃ含む）の範囲で対応する場合です。

筆者としては後者で対応すべきと考えます。現在の日米関係、国際状況から見ると、後者の対応は非現実的とも考えられますが、「中・台湾問題」があり得るがゆえに、前述のとおり日本の外交姿勢として、第二次世界大戦の反省及び憲法の前文、第9条の厳守を早期に確立し、その21世紀の平和外交方針を全世界にアピールする絶好の機会と考えます。その前提条件としては、日米安保条約解消、憲法第9条の厳守、自衛隊の解消、日本の矜持ある真の独立の宣言です。

しかし、現在は全世界を破滅し得る核兵器が存在し、その中で今後50年、１００年先までの日本の持続的な安全・安心を考え、また唯一の原爆被爆国である日本が世界平和をリードすべき立場にあることを考えたとき、「中・台問題」を契機に、日本の長期的安全外交政策として安保条約解消、多国的平和外交策への転換は現実的にもあり得ると考えます。

7　軍隊のない国家がある

この世界には、軍隊のない国家が存在します。軍隊がない理由はいろいろあり、周辺に脅威もなく、軍事活動の必要性も、その国民の意思もないとの理由もあります。また、国土も国民も少ないミニ国家で経済的理由から持てない国もあります。さらに、周辺諸国と「地域安全保障システム」(RSS)を作り、一国では軍隊を持たない国もあります。次に事例を挙げます。

パナマ：憲法で非軍隊保有を宣言、警察・沿岸警備隊約1２００名のみ。

アイスランド：軍隊はなく、北大西洋条約機構に加盟。但し、「危機対応部隊」がありその法的意味が問題視されています。

ドミニカ：軍隊なし。地域安全保障システムに参加。

その他：コスタリカ、ハイチ、バチカン、ソロモン諸島、モナコなど。

（平和維持の必要性と具体的方法）

安倍派政治の改憲案は「戦力、武力による支配、抑圧、侵略」を推進する、歴史を逆回転させる戦争賛美、軍事兵器産業の繁栄、戦争軍事経済による景気回復策を求める（武器輸出三原則の容認）という政策を進めています。この戦争追行のためには、国家権力を総理大臣一人にすべての権力を集中させて初めて実現可能となるので、「緊急事態条項」が同時に必要となるのです。

自民党憲法改革案第99条4項によれば、緊急事態法が成立すると、総理大臣が国会の議決もなく国策につき指揮命令（これが国会決議同様の法律効果がある）ができ、衆議院の解散はなくなり、現状の自民党優位の政治が継続することになります。加えて基本的人権制約の諸法が制限されていくので、この様な恐ろしい政治は許せません。ヒットラーはまさに緊急事態法を使って国民に恐怖心を煽り、不安に陥れてポーランドに突然侵略開始をし、ユダヤ人大量虐殺を実行したのです。

よって、今後の安倍派政治は絶対に許してはならない。その阻止のためにはどうすればよいか。

まず、自民党改憲案の反歴史性、第三次世界大戦の勃発の危険性、核戦争による世界の破滅招来、地球上の人類の破滅の予告、即ち、全国民、全人類の死滅などを大宣伝し、阻止しなければなりません。

安倍派政治の憲法改悪意図を潰す最良の方法は、現平和憲法の原則である「非軍事平和外交政策」の早期完全確立・普及活動です。そのためには少なくとも、①全野党政党の共闘強化、②国会議席の安倍派勢力を半数以下にすること、③労働組合の御用化阻止、④大手マスコミの権力批判報道の回復、記者クラブの廃止、愚民報道のテレビ番組、新聞の排除、⑤国民各自の主権者としての社会的自覚などが是非とも必要でしょう。


（国際紛争における平和的解決問題）

国際紛争については二つケースが考えられます。
イ）日本国内への外国からの不当侵略に対していかに対処するかの問題、ロ）国際社会におけるA国とB国との国際紛争をいかに平和裏に治めるか。ともに困難な問題ですが、イ）については不十分ながらこれまでに述べてきました。ここではロ）について述べてみます。
国際問題（主として領土紛争が多い）における国家間の紛争については、第二次アジア・太平洋戦争後、国際連合で制定された「国際連合憲章」）では、二つの関係規定定められています。

i）一つは憲章第41条の「暫定的措置」として「兵力（＝強制力）を伴わぬ然るべき措置」です。

この措置適用については、国連加盟国の当事国の承諾のもとに「経済関係、鉄道、航海、航空、郵便、電信運輸手段など」の全部または一部の中断、外国関係断絶による措置です。この規定の準用として現在「国連平和維持活動」（ＰＫＯ活動）があります。ＰＫＯ活動は国連事務総長の指揮、国連機関の直接統制下で地域紛争のでの停戦監視、兵力引き離し、警察任務などを行なう強制力を伴わぬ任意的措置です。

ⅱ）これに対して、憲章第42条規定の軍事行動は、安全保障理事会の決定（常任理事国５か国の同意及び理事国９カ国の賛成）に基づき、平和と安全の回復のために必要な「空軍、海軍、陸軍の強制」を伴う軍事的措置を取るものです。この発動のためには国連加盟国は安全保障理事国の要請にて「特別協定」を定めてそれに従い兵力、援助、通過の権利などを安保理に利用させる約束が必要となります。

この軍事的措置の発動では安保理の決議が必要で、即ち少なくとも常任理事国５か国の同意が必要条件となります。憲章では「国連軍」としての名称はありませんが、結局、安保理でその都度「特別協定」を決定し、実際は「国連軍」として活動するのです。この国連軍は国連憲章制定直後からの東西対立のために残念ながら組織されたことはありません。

現在のウクライナ・ロシア間の武力紛争では「国連軍」の組織・介入が是非とも必要と考えられますが、ロシアが常任理事国なのでその同意が得られず国連軍の組織化は困難なのです。

過去の歴史では1950年６月の朝鮮戦争では、安保理決議で国連軍の派遣が決定されて、16か国が国連旗を使用して戦いました。この際、ソ連は中国国内の事情（中華人民共和国と中華民国との対立）から安保理決議を棄権したのです。またこの際は、国連軍派遣の「特別協定」もなく、米国軍中心の派遣であり、正式な「国連軍」とは言い難いとの見解もあります。

現在紛争中のミャンマーの国内紛争、シリアの長期紛争、コンゴの内紛など、現在及び今後の国際紛争の対応、即ち平和的解決について考えるに、第一にＰＫＯ活動のさらなる拡大活動方法の検討があります。前述のとおり、ＰＫＯ活動は紛争当事国の国連介入の「承諾」が要件に成っていますが、この点をやや緩和して「一方の紛争当事国の要請」、「国連総会決議を過半数、または3分の2の賛成決議」、「そのほかの緩和策」が考えれますが、片や国連としての介入でＰＫＯ活動参加要員の安全確保が問題になります。

第二は、安保理決議の要件緩和による「国連軍」の早期対応策です。この度のウクライナ・ロシア紛争では、常任理事国であるロシアが紛争当事国になっていること、及び原子力兵器の拡散している世界での国連軍の介入であり、そもそも国連憲章が想定していなかった特別事情です。

片や、国連軍の関与で第三次世界大戦を誘発することは絶対に容認できないこと、他国の領土を不法に、即ち多くの場合他国領土内の自国住民の（ロシア系住民）安全確保を大義名分とする「侵略」も容認できないこと、原子力兵器の脅し、使用も絶対に容認できないことなどを前提条件として「国連軍」を結成・介入して、紛争の武力解決方法はいかにあるべきでしょうか。現在、世界平和維持のために問われている最も難しい問題でしょう。

結局、国際連合の組織改革（例えば、戦後78年間もの経過で、戦勝国である既得権＝「常任理事国」の特権解消など）を含めて、東西問題・イデオロギー問題を越えた人智を尽くして、関係者の協議を重ね、道理に従った協議解決以外に方法はないと考えます。

第5章

新自由主義経済の生活破壊とその脱却

1　新自由主義経済政策とは何か

新自由主義経済の特徴

現在、日本を含めて、世界全体を覆う経済政策として「新自由主義経済」政策があり、その発信地は欧米のハイエクやフリードマンにはじまり、シカゴ大学のウイリアムソン提唱による「ワシントン・コンセンサス」と言われています。この経済政策は、ベルリンの壁崩壊後の勝利した自由主義国がとるべき対外経済政策として新たに掲げられたものであり、「小さな政府」、「規制緩和」、「市場原理」、「公営事業の民営化」などがキーワードです。

この政策はアダム・スミスの「見えざる手」に象徴される個人、または小資本の活動を市場の自由に任せるとする従来の「自由主義経済」政策に対して、近時、巨大企業や多国籍企業中心の自由主義経済の再来として「新自由主義経済」と言われています。

本来、資本主義社会では、あらゆる生活及び生産物商品は、人間の分業による協力関係によって生産されています。しかし、現象的にはお金（商品の一般化した形態）と個別商品が交換されて社会生活が成り立っているのであり、それゆえ、人間は生活のために何にでも交換可能な「お金」稼ぎに追われているのです。

ここで「商品（≠お金）と商品」の「交換」の背後を考えてみると、各商品に投下された労働量の交換をしているのであり、且つ、その「交換」の中で実現される剰余価値が生み出されているのです。資本主義社会において、市民が生活のために消費する商品を求め、あるいは金銭を追い求めることは、人間が作り出した生産物が「商品」となり、さらに一般的な商品（何にでも交換可能な商品）としての「貨幣」になった世の中で、逆に人間が「貨幣」を敬い、追い求め、それに支配される関係になってしまっているのです。貨幣を強く欲求し、崇めるという意味で「物神崇拝」とも言われています。

資本主義社会における「交換可能な一般的商品＝お金」に対する「物神崇拝」は、人間関係を従来の物々交換の人間相互の直接的信頼関係を崩し、お金と商品の疎遠な関係にし、また、同時に資本家による労働者の剰余価値の搾取をも覆い隠してしまう大きな社会的矛盾を孕んでいます。我々は資本主義の社会的矛盾をはぎ取り見破らなければならないのです。

現代日本での「新自由主義政策」の推進をストレートに言えば、それは現代日本の資本主義における資本階級の労働者階級に対する反革命行為なのです。新自由主義政策は、日本における労働者階級の弛んだ全般的な労使協調路線につけ込んださらなる搾取の収奪諸政策であり、この国家的な収奪行為はその影響、効果は、これまでの日本資本主義制度を大きく変質させるほどで、反革命行為と言い得る政策です。

労働者階級に対する非正規雇用制度の採用拡大による大幅な賃金削減、正規労働者の長時間労働、労働強化による過労死の頻発ばかりか、大半の国民に対するあらゆる福祉予算の削減、教育文化予算の削減などが実行されて、資本家階級にとって剰余価値のさらなる増大、大企業・軍備強化の有利な分配を求めた一大悪政策こそ新自由主義政策です。

このような新自由主義政策を許した主たる原因は労働者階級、具体的には「連合」指導の労働組合、企業内組合の劣勢、失敗、怠慢などにあります。このような劣悪な資本へ反撃するには、後述のとおり、労働組合の同一業種による「横断的労動組合の組織化」が是非とも早急に必要であると考えます。

（新自由主義経済の特徴（大企業優遇と労働者、消費者、教育、社会保障、文化などの冷遇）

新自由主義経済の本質的な意味は企業が巨大化し、さらに国家の関与する「国家統治の経済政策」、さらに国家を超えた「多国家間の経済政策」と言えます。

新自由主義経済のもとでは、小さな資本額の個人商店をグローバル化した巨大企業の巨大資本が国家の統治・政策と連携、一体化して「経済の自由化」を基本として統治する思想です。その結果、基本的に個人商店よりも巨大企業の商人＝巨大「会社」の自由を優先するところに特質があるのです。

高度資本主義社会では「巨大資本会社」が増々富み、片や生身の個人は、生活の唯一の手段である賃金を搾取され、中小企業も大企業に抑圧または吸収されて貧しくなり、貧富の差が拡大していくのです。

安倍派政治の基本は大企業中心の大会社利益優先政策であり、その反面、国民の福祉予算を限りなく削減しています。一言で述べれば、赤裸々な「巨大企業利潤の最大追究、企業経費、特に人件費、福祉費の最少コスト追究」の政治です。その具体的な政策手段が「新自由主義政策」の貫徹なのです。

最大利潤獲得を目的とする巨大資本の弱肉強食の経済主義、外国政府及び国内政府の政策援助のもと、グローバル資本活動の世界的拡大の援助、その対象分野は一国の政治、経済・軍備、金融・財政分野、全産業（農林水産業製造業）、雇用形態、個人生活、教育・文化、個人日常生活、福祉などすべての分野に強く影響しています。

対象分野の巨大資本への従属化、すべての物品が商品化される全社会構造的変化をもたらす全経済・すべての生活に影響を及ぼす政策です。目先の利益増大に目を奪われてしまい、中長期・次世代の生活政策は無視することも新自由主義経済の特徴です。経済団体（経団連）は、日米安保条約を最優先とし国民福祉の観点がありません。この点から新自由主義は、社会の共同意識、共同体は分断されて崩れていき、大企業は利潤を増々蓄積し、新技術の開発と相まって増々巨大化していくのです。

新自由主義経済の一番の弊害は、そこで働く労働者の「雇用、働き方」への悪影響、「働かせ方改革」＝非正規雇用、派遣社員、フリーランスなどの力の弱い労働者個人の限りない増加、搾取、貧困化の問題です。また、国家が新自由主義を採用すると、国家統治者の「権力の自由化＝私物化」をもたらし、国政を統治者個人（総理大臣、大臣など有力政治家）の利権、利益のために政策決定がなされやすく、国民は国民としての従来の国益（国から受ける利益）を失い、生活破壊の状態に置かれやすくなります。安倍派政治は、まさに新自由主義を強く標榜し、国政を自己の利益のために悪用し、安倍元首相は「モリ、カケ、サクラ、黒川問題」などの問題を起こしました。

２０２０年初頭からの「コロナウィルス問題」などは、その背景に新自由主義経済による大企業による巨大森林の開発が原因とも見られていますが、一旦グローバル化したコロナウィルスの発生は「個人の問題」としては処理できない事象であり、「国家の問題」として責任を果たすべき公共的問題です。安倍派政治は、コロナウィルス問題を国民生活の安全、安心として対応せず、あくまで新自由主義経済の発想で対応しているので、うまく解決できないのです。

安倍内閣の最初の対応策は、マスクを一人に2枚の配布でした。その後の現金10万円の配布、全国民へのＰＣＲ検査、外出自粛と場あたり的な営業補償など、どれもコロナ対策として巨大資本の利益優先で考えてたために失敗し、コロナウィルスの徹底的撲滅＝国民の安全優先の発想、政策がないので、後手後手の対応になりコロナ大波が何回も襲い失敗しているのです。

巨大資本の活動を自由にさせれば、個人の労働者の健康と寿命に対しては手薄となり、いつまでもコロナ感染拡大を撲滅できず、景気低迷による労働者の格差、失業、過労死、餓死、自殺、窃盗、無知、道徳的堕落などに追い込む事態を発生させているのです。現にその現象が各国で現れています。それゆえ、新自由主義政策の採用に対しては、今やＥＵ諸国や南米など世界中から見直しや批判が出ています。

アルゼンチンは１９８０年代、新自由主義を進めたために中小銀行が倒産し、経済も破たんしました。そのために２００３年、キルチネス大統領が当選し、企業の再国有化、貧困撲滅への予算投資、公共投資の拡大、軍事予算の削減、基礎年金の倍増などの政策で経済の再生に成功しました。次いで、ブラジル、ボリビア、ベネゼラなどで新自由主義経済の援助をしていたＩＭＦ、世界銀行からの脱退をして経済の立て直しをしています。

しかし、日本は日米安保条約のもと、米国の経済影響下にあるので「ワシントン・コンセンサス」そのままの新自由主義経済政策を強力に継続し、安倍元首相はレーガン大統領が始めた「レーガノミクス」を名前のみ猿真似した「アベノミクス」と称して強力に実行しているのが現状でした。すべての生産物、特に公的サービス事業（教育、福祉、介護など）がわずか数パーセントの巨大多国籍企業に支配されて、特に安倍政権下において規制緩和、巨大企業の自由な市場主義で民営化し、「アベノミクス」の名のもとに教育、介護などの商品化、外部委託化され、市場において大資本の競争に晒されているのです。

日本の新自由主義経済
（金融緩和政策の推進と問題点）

安倍内閣は物価の２％上昇を目的に金融緩和政策を行ないました。金融緩和政策とは、適正金利を維持するために市場の貨幣量を緩和する（大量発行する）政策であり、経済学会では「マネタリズム」と言われた政策であり、新自由主義経済の中核政策です。

アベノミクスの具体的な方法は、国家が大量の「国債」を発行し、日銀、一般銀行を通じて国民や企業、外国に買い取らせて市中に大量の貨幣を流通させ、物価を2％上昇させようとする政策です。しかし、この政策は失敗しました。いくら貨幣を市中に流しても、物価の2％上昇が実現しないのです。なぜなら、国が国債を大量発行しても思うような需要が少なく、国債の買い手がつかず、やむなく日銀が大量に買いつけをなし、企業も有利な投資先もなく「内部留保金」として多額の金額を溜め込み、結局、貨幣が消費者に回らないのです。

通常は「国家による国債の発行↓銀行の購入↓国民の購入」となり、市場に貨幣が流入するのですが、現実は国民に国債購買力（A）が弱く、やむなく日銀が禁じ手である「日銀の国債購入」（B財政法違反）を大量に行なっているのです。金融緩和政策は右記のとおり、まず、国債発行と日銀の国債購入で市中に貨幣を供給するのですが、（A）は少量であり、（B）が多量となっているのです。

本来、日本銀行の目的は主として二つあり、一は「金利の決定権」を武器（手段）として貨幣の流通、景気好循環への調整機能です。二として、政府の財政政策につき第三者的な公正な経済環境、市場環境を創設することです。

安倍政権のもとでは、異例な人選の日銀の黒田元総裁が政府のあからさまな要請に言われるままに従い、自ら政府発行の国債を大量に購入して貨幣を滞留させており、これは市中の経済環境を抑制するものであり、禁じ手なのです。この禁じ手を可能にするために、安倍首相は異例の人事権行使で賛成派の黒田氏をわざわざ日銀総裁に選び、極端な金融緩和策を実施したのであり、安倍元首相の政策と人事の失敗は明らかになりました。

アベノミクス政策の失敗

アベノミクスの三大政策は「三本の矢」でした。第一は前述の「金融緩和政策」です。金融緩和政策とは、市場に貨幣を大量に流通させて貨幣循環を活性化させて物価上昇率2％をも目指すものです。

安倍首相はその政策を「アベノミクス」と称し、内容として3本の矢、第一に「異次元の金融緩和政策」、第二に「デフレ不況から脱却の財政政策」、第三に「成長戦略」を掲げています。

第一の「異次元の金融緩和」政策は、経済学的に言えば「貨幣数量説」であり、紙幣を市場に大量に流せば金銭は企業、個人にも循環し、物価は上がりデフレ不況は脱却できるとの単純な発想なのです。

しかし、この異次元金融策は国による国債の乱発により多量の貨幣が生み出されましたが、その多量の貨幣は多国籍巨大企業へ550兆円とも言われる「内部留保金」として、また日銀の約1830兆円（2018年12月）もの多額な国債買取りで滞留し、また銀行など金融機関は日銀への当座預金積立金が年々積み上がり、2021年には500兆円も滞留しているのです。このように異次元の金融緩和（紙幣の増発）は企業の内部留保金として、また日銀の国債買取として、金融機関の当座預金として滞留し、そこから先の労働者への「トリクルダウン」もなく、逆に労働者は貧困化し失敗に終わっているのです。

第二の「デフレ不況からの脱却、積極的な財政政策」については、そもそも現在、日本はデフレなのかという大きな前提疑問があります。安倍内閣は戦後最長の「いざなぎ景気」と自己宣伝しており、矛盾しています。さらに「いざなぎ景気」も毎月勤労統計の偽装操作により、真偽に疑いが出ている現状です。

労働者の実質賃金は非正規雇用制度などの急速な拡大の影響により、長期的に確実に下降しつつあり、景気の6割を占めるという消費者内需が冷え込み、「不況からの脱却」は失敗しているのです。

第三の「成長戦略」についても、非正規雇用の算入で低賃金労働者を含めた有効求人倍率は、1・0以上でも、購買力は弱く成長感は全くありません。有効な投資先がなく、銀行の日銀への当座預金の金利もマイナスになっています。さらに、安倍派政治は投資先として、システム一式として外国に新幹線、リニアモーター、原発、潜水艦など武器を含めた売り込みを狙ったのですが、いずれも失敗に終わっています。

片や、安倍元首相の外交政策は米国一辺倒の従属的なもので、自立性がなく、この点は国際的にも知れわたり、独立国としての信用、威信がありません。米国追従の外交政策の原点は前述のとおり、米国のシンクタンクである「戦略国際問題研究所」（ＣＳＩＳ）の考えに従っているからです。この研究所にはアーミテージ元米国務副長官が指揮を執り、日本の外交戦略を多々誘導、指導し、日本の外交の基本は米国のＣＳＩＳの方針に従っているのです。

アーミテージは「日本は世界の中で最も重要な地域における最も有能な米国の同盟国である」と褒め上げ、多額の兵器購入を脅して購入させています。ＣＳＩＳはこれまでに集団的自衛権の容認、原発再稼働、軍事費をＧＤＰの１％以上拡大（兵器の爆買）、日米軍事の一体化、ミサイル防衛、宇宙防衛、人工知能の開発などを日本政府に要求し、安倍内閣は、米国の言われるままに米国要請の政治を行なっているのです。このように、安倍元首相らの成長戦略は完全に失敗に終わっています。

2 新自由主義による労働者雇用形態の崩壊と貧困化

資本の論理、剰余価値の発生・搾取、資本競争のグローバル化激化、金融資本主義

筆者は「マルクス主義」のすべてを肯定、信奉しているわけではありません。その理由の第一は、マルクス自身の説く「原始マルクス主義」とその後のソ連、中国、北朝鮮などのマルクス主義国家は、マルクス主義とは異なる政治体制ではないかという大いなる疑問があります。少なくともこの3か国は「独裁国家」と言うべきで、マルクス主義国家とは到底言えないと考えます。

理由の第二は、原始マルクス主義における唯物史観及びその経済理論としての「資本活動における労働力の搾取」については筆者もその事実を認めます。なぜなら、資本家が資本（原材料＋労働者雇い）を投下して、投下資本以上の価値ある生産物を生産し、売却して利益を上げているのは事実であり、その事実がなければ資本投下の意味がないことも明らかだからです。

ここで投下資本以上の「利益」（即ち剰余価値）はなぜ生じ得るのか、ここが大問題です。投下資本のうち、原材料自身は生産過程で加工されて価値が増大するのですが、それは原材料自体が生産過程で自ずと価値増殖することは考えられません。しかし、生産過程で原材料が価値増殖することは、生産過程で労働者の労働力が加わって初めて価値が増殖するのであり、この労働力の働きで外見上見えないのですが「商品としての労働力が原材料の価値以上の価値生産」をなし、価値増殖する以外に考えられないからです。この「増殖分の価値」が資本家に帰属するのであり、これが資本家にとっての剰余価値であり、資本家が労働者から奪う「搾取」なのです。なお、詳論すれば、商業資本では場所的移動の労働力の他に生産資本家の余剰価値の一部を得るのです。

よって、資本制社会では、あらゆる活動が剰余価値の生産・実現こそが本質的な目的であり、換言すれば、資本主義とは資本家による労働者からの「剰余価値の搾取」が根源的な目的となる社会なのです。特に現代の新自由主義下の後期資本主義における莫大な「搾取」は格差拡大、国民の貧困化など社会全体に悪影響が極めて甚大、不可避であるので、「搾取」を伴う経済体制は止揚されるべきと考えます。それゆえに資本による搾取の止揚過程では後に述べる「株式会社」→「高度福祉国家」→「協同組合」などへの移行が必要と考えるのです。

理由の三として、筆者は「原始マルクス主義」を是認するとしても、それを絶対的な経済理論として肯定するものではありません。唯物弁証法から考えても、永久不変に絶対的正当なる理論はあり得ないと考えます。現在、原始マルクス主義につき相対的に肯定することは、現代の極端な差別社会、貧困問題、競争社会などの負の社会的病理原因は、いずれも「資本の搾取」に起因していることが明らかだからです。よって「資本の搾取」を徐々に緩和し、最終的に「資本の搾取」を止揚する社会体制を目指すべきと考えるのです。

その四として、いかなる社会体制を目指すとも、多数政党制、言論・表現の自由は維持すべきであり、一党独裁制は絶対に排除すべきです。これまでの約20万年間の人類文明発展の歴史は常に多様性、少数意見からはじまり、その後の論争、争いを経て世界全体に普及してきたのが歴史だからです（好例はガリレオの少数説の地動説に対するローマ法王庁の多通説による有罪判決の誤り）。

その五として、個人の立場で考えても、唯一の理論、唯一の宗教が絶対に正しいと信じ込むこと、換言すれば個人の思想が絶対的に正しいとの「教条主義」になると、やがてそれが行動に移される時、他人を排除、誹謗して本人は孤立無援となり、やがて狂信的な言動に陥りやすく、事件を起こす原因にもなり得ることを留意すべきだと考えています。

このような観点から、筆者は原始マルクス主義につき、現代では未だそれを越え納得し得る正当な経済理論、哲学、社会学などは現れず、現在では相対的には正しいと考えています。特にマルクスによる資本の生産・流通過程における「労働力の搾取」の発見は重要な大発見と考えられ、今後、早期に労働組合の結束により、「資本の搾取」を排除すべきと考えています。

「資本の搾取」の存在、発生過程は次のとおりです。

資本制生産において、資本家は原材料など固定資本を使用して、労働者に賃金を支払って雇用し、「商品」を生産して、その販売で原価以上の利潤（剰余価値）を得ているのです。ここで特に留意すべきことは「労働者に賃金が支払われる」と言うことは、労働者の「労働という働き」が「労働力」という生産素材の一つとなっていることであり、換言すれば商品を生産する上で労働力は「商品」として扱われているのです。資本制生産では労働者が「商品」として生産に寄与し、その寄与に対して賃金が支払われています。その意味で、資本家にとって労働者は、労働は人間でありながら、ほかの原材料の商品と同一視されている点が重要です。ただし、労働力以外の原料を不変資本と言い、労働力を可変資本と名づけて、剰余価値は労働力から生み出されるのです。

資本制生産の初期ではこのようなり、人間の労働力の本質があるがゆえに、資本家は労働者を目に見えて物品扱い（非人間的な扱い）することが多く、過去には長時間労働、ひどい低賃金であったのです。しかし、その労働力の本質は現代でも変わりません。

資本の本性はあくなき最大限の剰余価値の獲得・増加を目的として商品生産をしているのです。利用者のためによい商品、安くて有益な商品の生産・販売を目的とするのではなく、何が何でもより多くの剰余価値が得られればそれが資本制生産の目的であり、有害な商品（軍備品、麻薬など）でも剰余価値さえ得られればそれでよいのであって有害な商品にも資本投資されるのです。

上記理由により、資本家は必然的に、片や労働者の労働時間の延長、サービス残業などを執拗に求め、また技術革新による生産力アップを常に求めるのです。その動機は実に剰余価値（利潤）拡大のためなのです。決して消費者にとって質のよい、安い商品を生産するためではないのです。

この点でさらに重要なことは、資本は実際に商品が売れなければ回収されずに利潤が実現しないために、常に販売のために新商品の開発及び同業他社との間で販売競争に晒されているのです。

ここに資本競争による剰余価値の増産として、人件費＝労働者の労働時間の延長、労働密度の強化が絶えず要求されて、その過剰な要求があればその分、労働者の犠牲（過労死、ノイローゼなど）が発生する原因となるのです。

また、余剰価値の増大は右のとおり、労働の値下げが必要であるため、常に現在よりもより安価な労働価値（賃金）を求めて、「働き方改革」と称して安い賃金で雇える「非正規雇用」、「契約社員」、「パート」、「偽装請負契約」などが多用されて、常に人件費を削減し、剰余価値増大の目的を狙っているのです。白井聡著『武器としての「資本論」』（東洋経済新報社）は、現代の新自由主義における剰余価値のあくなき搾取につき、明快に整理されており、ポイントは次の点です。

「資本の活動目的は善ではなく、あくまで剰余利潤を得ることである。よって、資本活動を社会に役立てるには、資本の無制限な活動を制限をしなければならないのです。例えば、「非正規雇用制度の廃止」など労働形態の改善、ギャンブル産業の廃止、軍需品製造の禁止など。資本の剰余利潤のあくなき追求は太陽が西から登ってきても止めないだろう。労働組合は非正規雇用労働者に対しては関心が薄く、資本サイドとして対応してきたのであり、そのなれの果てが現在の日本労働組合連合会（連合）。即ち、連合までが資本サイドである。現在は日本人個人の意識ばかりではなく、個人の感性・センス・人格までもが新自由主義の毒牙に侵されて資本マインドになっているのである。それゆえにこの迷いの毒牙マインドからの脱却は容易なことではない。第一に自分がどこまで毒牙に侵されているかをしっかりと認識すべきであろう。第二に資本主義のあくどい政治は政治家個人の悪行とし非難すべきではなく、社会的構造的な仕組み（金融資本主義）の悪性であることを知るべきである。よって、この資本主義の悪制度からの脱却は革新勢力が構造的に対応し、国政選挙において自民党を倒すことが現在考えられる可能な具体的方策である」

経団連、安倍内閣の労務政策の人権侵害、人件費の削減と長時間労働

２０２０年度の経団連発表の「経労委報告」によれば、現在の最低賃金保障が全国平均９０１円であり、この引き上げにつき経団連は「生産性向上分の枠内」での引き上げのみ可能としています。その理由は、最低賃金の引き上げは、結局全国的な人件費の引き上げとなり「雇用の減少、事業継続の不能につながる」と称しています。しかし、９０１円の最賃の場合の月額収入は「９０１円×１日7時間×22日＝１３８７５４円」となり、最低生活費調査（全労連）で月額23万円には到底及ばず、「ワーキングプア」の大量生産が不可避となります。その結果、若者の未婚化、出産減少、労働力不足、人口減少、産業低下をもたらすことになってしまい、現にその傾向は現実化しているのです。

片や、巨大会社は黙っていながらも、人件費削減のトータルとして莫大な内部留保金（２０１９年３月現在、４６３兆１３００億円）を溜め込んでいるのであって、経団連の労務方針は結局、大資本の身

勝手な「人件費削減」という労務政策で、ついには日本国家をも潰すことにもなりかねないものなのです。このように経団連、大資本家は自ら利潤最大を目的にして、人件費の削減に血道をあげているので、その結果、消費の約6割を占める国民の消費需要も冷え込み、生活消費材の売り上げも伸び悩み、2%の物価上昇の景気対策は失敗の連続であるばかりか、消費低迷の結果をもたらし、今や大資本家は商品の売上も伸びず、労働者の低賃金政策で自らの首を自らの手で絞めるという自己矛盾の政治・労務政策に落ち入っているのです。

（経団連の政策買収行為、巨大資本の横暴とその規制）

経団連の政策買収行為及び安倍元首相と大企業の社長が連れだって行なう外交・外遊などが、大資本と政権の癒着・政策の買収行為となっています。

企業による政党への政治献金については、政治資金規正法に制約があります。その内容は、個人や個別企業は政治家個人に献金できません。個人や企業は政党または政党の指定した政治資金団体への献金はできます。献金の上限は最大1億円です。政治団体は政治家個人や政党に献金することができます。従って、個人が「政治団体」を通じて政治家個人に献金をすることができるので、政治資金規正法はザル法なのです。

上記を前提として、各業界や業界の上部団体である「経団連」は毎年、会員である個別企業に通知を出し、政治団体を通じて自民党への政治献金を強く求めています。その結果、第二次安倍政権発足時の2012年以降、自民党への企業、政治団体からの政治献金は、年間約16億円から約29億円（2017年）に激増しています。経団連は自民党への献金を武器にして自民党政治の通信簿（評価算定）を発表し、

２０１９年には消費税10％への引き上げ、原発再稼働の進展、「働き方改革」の実施、消費税増税後の社会保障の切捨てなどにつき高く評価し、各企業につき相当額を自民党へ献金負担を要請しています。

このような経団連による自民党への多額の政治献金は裏を返せば、業界自らの利益追求を金によって政策を買収するものであり、実際、法人税の税率は35％から着実に低減し、現在は平均約15％まで下がっているとも言われています。その方法は法律的には法人税の引下げ、さらに研究開発費の経費化、連結決算の導入によるグループ会社間の黒字決算額へ赤字決算額の算入による偽装をしているのです。

（賃金の限りない削減と内部留保金の増大）

安倍派政治は労働法制の改悪で、人件費が減額する政策を着々と進めています。賃金が安倍政権下では実質減少にありました。このような減少は先進国では日本のみです。その原因は資本家団体＝経団連と自民党による異常に強引な労務政策＝人件費削減政策にあります。賃金の伸びがなく、その上で社会保障の年金削減、介護料、健康保険料の負担を増額し、年金給付が削減するので、日本全体の需要消費額の50～60％を占める国民購買力全体が弱く景気が低迷しているのです。

加えて、労働形態でも低賃金の非正規雇用制度の導入、派遣社員制度、外国人実習労働者の増加、雇用契約の脱法的な偽装請負契約の是認（ウーバーイーツなど）、従業員の他社での副業奨励、時間外労働の延長など労働強化もあり、格差の拡大、ワーキングプアが増大して、消費は増々減少し、景気は低迷しているのです。

このような人件費の強引な削減をしながら、そこで浮いた純利益を大企業では株主配当を増加させ、多額の「内部留保金」をため込んでいるのです。２０１２年に内部留保金は５００兆円を超えて増大しているのです。そのために労働者の賃金も上がらないのです。

「働き方改革」の労務形態の重大人権侵害

（派遣法の歴史・非正規雇用の拡大）

派遣社員の雇用の拡大は当初、ごく限られた専門職（例えば電話交換手、タイピストなど）に限られて認められていました。しかし、経団連は新自由主義経済の推進必要性から、低賃金雇用の増大のために徐々にその職種を拡大し、今や一般製造業の労働者のほかに、一般公務員としての採用も認められ全就業者の40％以上にまで非正規雇用者、派遣社員が拡大して企業や自治体の人件費削減の有力な労務政策となっています。その根本的原因は１９９１年以降のバブル崩壊以降の不況で、資本の投資先が著しく減少し、需要も減少し、売上高も伸びず、利益が出ない経済状況を迎えたからです。

これに対する経済界、政府の対策は、円安による輸出産業の重視（トヨタ、三菱重工、ＩＴ産業など）、人件費の徹底的な削減の2点でした。前者の効果として輸出販売高は伸び、後者の対策として平成９～10年にかけて、「働き方改革」と称して「非正規雇用」方式が製造業、公務員一般に適用されて増大し人件費の生産コストを削減して利益が増大しました。

その結果、生産力（生産性）は変化なくも、売上増大、コスト減少で販売利益が維持、増大されて低いながらも利益率は維持されたのです。しかし、平成不況はその後も利益率の傾向的低下（2～３％）しながらも、売上高は一定水準が可能となり、日本の資本主義経済は維持されてきたのです。

よって、この平成不況を支えてきたのは労働者の実質賃金の漸次低下、「働き方改革」の強化のためであり、一部円安（巨大輸出産業の保護）だったのです。この状態が続く限り、日本の長期停滞は継続するのです。

（連合労働組合の弱体化）

非正規社員の増大については、同一労働同一賃金に反するばかりか、総需要を削減し、日本経済の根本的な不況原因となっています。それゆえに、非正規従業員の労働条件を正規社員に近づけることは無論、非正規雇用制度そのものを排除する必要があります。

然るに、労働組合はこの非正規労働制の改善にあまり積極的ではないのです。そのことがさらに非正規労働者の労働組合への協力意欲を削ぎ、結局は労働組合、特に連合労組の力量も低下し、正規労働者と非正規労働者の弱体化をもたらしている一因となっています。今や非正規労働者は全労働者の約40％に達しており、その結集が強く求められているのです。しかし組合員同士が争い、差別を助長しているようでは到底日本の革新勢力を伸ばすことは到底できません。

3　「雇用契約」の崩壊

（「雇用契約に代わる各種「非雇用契約」の労働類型）

法律上の「雇用契約」を否定し、人件費削減を目的とした働かせの方法が始まって久しいです。

資本主義社会では常に資本間の競争があり、その主たるものは生産性向上競争であり、技術革新の競争です。生産性向上や技術革新は労力省力化や、新製品の開発などそれ自体本来は歓迎すべきよいことですが、高度資本主義社会での生産性向上は、資本の蓄積増加＝剰余価値の増大と労働強化（人件費削減）の形態として現れるのです。

さらにそのために「過剰な商品」が生産され、販売不振よって過剰な労働の削減＝人件費削減が求められて、必然的に解雇による失業者や半失業者＝非正規雇用、派遣労働者、パート、フリーランスなどを生む原因となるのです。

従来の日本社会では、一旦入社すると、法律上「契約期限の定めのない雇用契約」としての正社員であり、多くは日本固有の安定的な終身雇用、年功序列賃金でした。しかし、新自由主義の高度金融資本主義社会では技術革新は利潤獲得競争＝人件費削減競争＝賃金の引下げ、長時間労働競争となって表れるのです。特に現在の日本では欧州と比べ、人件費削減競争が激烈で、当時の安倍内閣は「働き方改革」と称しながら、実態は非人間的な「働かせ方改革」として多様な人件費削減態様を生み出し、限度を超えた過労死労働、過労自殺、過労精神異常者を生み出し、ワーキングプアも輩出しました。その反面として超高額所得者を発生させ、また巨額な内部留保金も生み出し、貧富を拡大が増し、ここに後期資本主義の制度的矛盾がはっきりと生しているのです。

（あくなき剰余利潤の追求「雇用契約」の崩壊）

これまで一般的に述べてきた非正規雇用の拡大、労働組合の弱体化、雇用契約に代わる具体的・多様な労働形態は、いずれも剰余価値のさらなる増大を獲得する方法でした。剰余価値のさらなる増大を求める方法として「雇用契約」の解体、否定（雇用契約の液状化とも言う）の方向に資本側が強力に進めているのが現代の非雇用契約の諸形態なのです。

安倍派政治が進めてきた「働き方改革」とは、まさに雇用契約の解体であり、その目的はより増大させる剰余価値の手段以外のなにものでもありません。次に述べるような雇用契約が解体、液状化した多様な働き方を許している事実は、その対抗組織である労働組合が連戦連敗しているためであり、その理由は資本側の新自由主義経済の攻撃により、労働者は無論、労働組合の幹部まで新自由主義の攻勢により、反撃的「魂」まで奪われてしまっているからです。

日本の資本家による内部留保金は現在、505兆円とも言われており、このような剰余価値の限りない増殖を食い止めるには、後に述べるとおり、労働組合の横断的組織化によるストラキを立てた反撃闘争以外にありません。

現にEU諸国では、横断的労働組合の活動によりストライキを行使して、大幅な賃上げや多様な労働形態を雇用契約化に戻す多くの成功例が出ています。このような労働組合の反撃がなく、このまま剰余価値のあくなき増大を放置すれば、最後には剰余価値の最大・最終の獲得手段である戦争への道に引きずり込まれる危険があるのです。現に日本では、米国の求めから2022年12月16日の岸田内閣の閣議決定により、防衛3戦略策が決定されて戦争への危険な道を歩み始めているのです。

（非雇用形態の類型）

現在、蔓延している人権費削減策には次のような非人間的な労動形態があります。

・非正規雇用、派遣社員が典型です。正規雇用に対し、種々の労働条件で不当差別があり、同一労働をしているのに、待遇差別が単に非正規雇用という身分だからという理由で、賃金差別が問題になっています。特に対等労働の模範であるべき郵政業務、公務員の非正規雇用化で問題となります。非正規雇用者は1990年には881万人で全労働者の20％でしたが、その後は人件費削減、簡易な解雇可能制から増加して2019年には2165万人、38・2％まで増加しています。新自由主義による資本の横暴、コスト削減策の結果です。非正規雇用の具体的な形態は次のようなものがあります。

・契約社員、有期期限のある雇用契約。従来は終身雇用で雇用期間の定めはありませんでした。

・派遣社員、派遣会社から派遣された社員、派遣社員の雇用者は派遣会社でありながら、労働の指示は派遣先の会社で働き、異例な労働形態です。

・パート労働、短時間労働の時給払い、以前は例外的な働き方でしたが、現在はパート常勤です。

・フリーランス、相手方と法律上「委託契約」で仕事をするのですが、実際には「雇用契約」の仕事が多いのです。企業が人を雇うのに、人件費を削減する目的のみで、その働き方の指示の実態は「雇用契約」であるのに、あえて雇用契約（労働契約）として締結せずに「請負契約」（労働者が自らの判断で仕事をなし、完成品を交付する契約）や「委託契約」（委託者の指示はなく、受託者の特殊技能を駆使して事務を処理する契約）などと称して偽装しているのです。

これらは、労働の仕方の実態は「労働契約＝雇用契約」なのに脱法的に請負契約、委託契約と称しているので労働（雇用）契約の偽装行為であり違法なのです。この違法契約につき、日本でも公正取引委員会が発注者の優越的地位の乱用、自由競争の不公正などの点から、法的規制も含むガイドラインの作成検討に入るとしています（2019年6月厚労省の中間整理の発表）。ただしEU、特に仏、スペインなどではフリーランスにつき、雇用契約の一種であるとの判決が多く出されており、政府がそれを法制化している国もあります。日本の行政、裁判所は未だそのような判断も見えません。

安倍内閣は雇用契約でない「フリーランス契約」を「多様で柔軟な働き方」と美名の宣伝し、好印象を狙いながらあいまいな表現で歓迎し、その拡大、定着を目指しているのです。これは財界、大企業の要請に応えているのです。さらに、内閣府は2019年7月、フリーランスの人数を306万人〜341万人と推計発表しています。そのため、内閣府に「未来投資会議」を設置し、成長戦略の策定をし、このなかでさらにフリーランスの拡大を目指しているのです。「未来投資会議は」2013年設置の「産業競争力会議」の一部を引き継ぎ2016年に活動開始。メンバーは安倍首相議長、大臣8名、民間人(竹中平蔵東洋大教授、中西経団連会長、五神東大総長ほか3名)で組織された反労働者的な組織です。

さらに、2017年には経産省主催の「雇用契約によらない働き方」に関する研究会が設置されています。また経産省が応援して設立された「プロフェッショナル&パラレルキャリア・フリーランス協会」も存在しています。同フリーランス協会には、フリーランス業界大手の「ランサーズ」、「クラウドワークス」の社長らが研究会委員となってフリーランスの労働条件などにつき協議し、その一つの結果が、コロナウィルス休業により、補償手当てが1日約8500円と安く支払われて問題となっています。

これら研究会などで経団連は労働者の人件費につき、低賃金、事業者の社会保険負担なし、必要な時の採用、不要な時の切り捨て実施を狙っているのです。しかし、海外ではイギリス、スペイン、フランスなどでは前述のとおりフリーランスにつき、それは雇用契約の範疇であるとの判決が次々と出ているのであり、日本の「フリーランス」扱いの非人間的な対応は明白であり、許し難いことです。

フランスの最高裁判所は2020年3月4日、フリーランスのタクシー運転手につき、雇用契約にあるとの歴史的な判決を出しました。ウーバー社のプラットホームを通じ、タクシー運転サービスをする者は自分で顧客を選べない、価格や経路を自由に決定できない、3度の運送拒否でアプリから遮断されるなど、ウーバー社との間に従属関係にあると判示しました。この件は2019年1月にもパリ控訴院でも「雇用関係」を認定していました。この判例を見ても、日本の司法判断は相当に遅れていると言わねばなりません。

英国ではコロナウィルスで収入が途絶えているフリーランスに対して、使用者は賃金相当額の80％を保証することが決まりました。この決定には、英国財務省とナショナルセンター労働組合会議（ＴＵＣ）、中小企業連盟（ＦＳＢ）、フリーランス・自営業者団体（ＩＰＳＥ）との交渉で決まったとのことです。なお、ニュージランドでも賃金の８割の補償をするということです。

・偽装請負、偽装請負とは、契約関係は実質的に雇い主の指示のもとに「請負者」がほぼ全面的に働くので「雇用契約」（労働契約）であるのに、形式的には「請負契約」として働かせられていることを言います。請負契約のポイントは、働くものが自らの技術と判断で依頼仕事をなし、その完成品を引き渡す契約にあります。従って、本来その作業中の事故責任、労働時間の決定は請負者の責任と判断により行なわれ、労働基準法の「労働者保護規定」の適用はなく、それを雇い主の指示で働かせるのは雇用契約の脱法行です。

・「ギグ・ワーク」（デジタル時代の働かせ方）、人類の歴史が「狩猟時代」、「農耕時代」、「工業時代」、「情報時代」と進み、現代は「デジタル革新時代」と言われ、米国、中国などの巨大ＩＴ企業（アマゾン、フェイスブック、アップル、ファーウェーなど）の活動が中心となってきました。

デジタル技術は個人の生活ばかりか、行政、産業構造、雇用など社会のあり方など全般が大きく変わろうとしています。雇用契約で言えば、従来の企業内の終身雇用型の正規雇用型からインターネットによる個別仕事、単発的な仕事発注の「ジョブ型雇用」、例えば「ウーバーイーツ」などでジョブ型は賃金も労働時間の制限はなく、資本の自由な支配が可能となってきました。そのために貧富の格差拡大し、現代資本主義の不安、閉塞、分断がさらに進んでいるのです。そのような「雇用契約によらない働き方」の一つの形として「ギグ・ワーク」があります。即ち、インターネットを通じて単発・短期の仕事を発注する仕事で、雇用契約の脱法なのですが、経営者は「請負契約」と称しています。

その典型が「ウーバーイーツ」です。このようなフリーランスとして働く人は、最低賃金補償も労災保護規定の適用もありません。フリーランスは2019年2月時点で341万人もいるのです。

・「全世代型社会保障改革」、安倍派政治は盛んに「全世代型社会保障改革」について宣伝、推進をしています。その裏の動機は、2022年に「団塊の世代」が75歳以上になるのを目前にして、医療、介護、年金などの社会保障には全世帯につき、その改悪（給付削減、負担額増大）を求めるためです。年金での国民への給付を削減し、医療費などの負担を多くする改悪です。政府のこの全世帯型保障の真意は、本来、政府予算や会社で負担すべきものをあえて労働者・国民の負担にすること、会社負担の削減、人件費削減などに寄与することを目的にしているのです。具体的には次が挙げられます。

※医療費の窓口負担の2割増額――本来医療費は「健康保険料」の支払で全額負担済みなのです。さらに病院での「窓口負担」の支払は存在理由はないのです。現にヨーロッパでは医療費につき医療保険料の負担はあっても、窓口負担などはありません。

※介護保険料2割増額――老人にも介護保険料の2割増額を求めています。元々収入の減少・無収入となる老人に増額負担は酷であり不公正です。

※雇用につき、定年延長策や老人など退職者の再就業を求めています。老人が年金だけで生活できないことを認めているのであり、また老人ゆえの低賃金、非正規雇用＝人件費削減を目論んでいるのです。

※幼児教育の無償化の話題もありますが、その対象者には親の大幅な収入制限があり、全般的な無償化

ではありません。

そもそも社会保障費の負担については、「応能負担」が原則であり、大企業及び高額所得者職の負担こそ重視されるべきなのです。安倍派政治の社会保障は逆に、大企業の負担軽減、国民大衆の負担増加、給付削減を狙っているので、「社会保障の趣旨」に逆行しており、大いに問題があるのです。
・日本の「同一労働、同一賃金」の欺瞞。日本で「同一労働、同一賃金」と言っても、その実態は文言とおりではありません。例えば、正社員Aと非正社員Bとが勤続年数、労働時間、仕事の内容が全く同じでも、その間に賃金の差額があっても裁判所は不当な差別とは認めません。AとBとの間に総合職か期間付き労働者であるか、男か女か、転勤可能契約か否かなどで、賃金に差異があっても問題ないというのが日本型「同一労働、同一賃金」なのです。このような差別は欧米では認められません。この裏には経営者にとって身分の差異があるとして扱うからであり、極めて不当です。
・高齢者の低賃金使用＝高年齢者雇用安定法について、現在の高齢者は年金支給開始年齢の引き上げ、年金支給額の削減により高年齢者は定年到達後も働かなければ、まともな生活ができないところまで追い込まれています。そこを狙って、安倍派政治は定年後も老人の雇用促進のために、また、労働力不足を補うために、年金受給者の老人の雇用を促進せんとして、高齢法改正案を2020年3月31日に成立させました。しかし、その実態は定年後の老人採用は「フリーランス」としての採用、派遣労働、偽装委託契約などになりやすいのです。その結果、労働契約に伴う労災補償、労働保険、労働時間の制限もなく、極めて安い使い捨ての労働力供給源となっているのです。この高齢者の低賃金雇用は第二次大戦中の高齢者、若年者（大学生、旧制高校生）の戦争への徴兵を思い起こさせます。国家は必要とあれば年齢を問わず国民を狩り出して酷使しているのです。

・外国人労働者。「技能実習生」、「特定技能外国人」、「移民問題」、働き方改革として安価な外国人労働者の雇用が増大しています。外国人労働者はこの10年間で3倍に増えています。２０１８年末で１４６万人も就業しています。外国人労働者は労働時間、残業代未払、健康診断なしなど基準法違反の悪労働環境で働かせているのです。

日本における外国人労働者は、従来型の「技能実習生」が現在約37万人います。しかし、その就労状況は多くの問題を抱えています。第一に外国人労働者は法的保護のある「移民」としての定住・就労は認めていません。その建前は特定の「技能」を習得せしめる目的で、一定期間の日本滞在が認められているに過ぎません。よって、滞在期間が到来すれば帰国させられるのです。

また、事前の来日目的の就労業務と実際に派遣された業務の内容が異なっていても、就労の変更は原則的に認められません。目的とした業務習得ができず、実習生が就労拒否をすれば、入管での長期拘束になることがあり、入管で期限のない長期拘束が問題となっています。さらに、就労自体の労働の強化、賃金低額、賃金未払いなど当初の契約条件と異なる待遇があり、そのために職場から逃走する外国人が年々増加しています。このような外国人労働者につき問題が多いのは、政府及び雇用者が入国後の労働の実態を保証、監視せず、単に外国人を安い補完的な労働力、使い捨てのために入国許可をしているからです。

差別なく日本人と同等に人権を保護しながら、労働者としての勤務を保障する必要があります。しかし、国家は必要があればその労働内容は二の次にして、外国人を偽装的に「技術習得」のためと騙し、外国人を単なる補完的な労働力として募集しているからです。現在、あまりに過酷な労働のために逃げ出した外国人労働者が収容される入管事務所では、人権を無視した長期拘束が国会でも問題になっていることは誠に恥ずかしいことです。

・労働者の兼業労働の推進。安倍派政治は2019年頃から会社従業員の労働時間外の他社兼業を積極的に認め始めました。従来は本業業務への「専念義務」を課し、他社の兼業は就業規則で硬く禁止していました。他社兼業を認めた理由は、経団連の労務政策で本業の会社賃金ではまともな生活が困難になってきたことから、他社での賃金収入を加算する必要が出てきたからです。

平成バブル以降、平均賃金が低下傾向にあること、「働き方改革」で正社員も非正規社員も一層賃金が減少したからにほかなりません。資本サイドの人件費削減方針のもと、そのカバー対策は複数の長時間労働などさらなる労働強化を強いられているのです。

4 新自由主義経済による弊害

第一次産業、製造業などの破壊

（TPP、FTAなどの貿易自由化政策による国内産業の荒廃）

安倍政権により新自由主義経済が導入されて、特にTPP協定以降、両国の輸入関税が撤廃されるなどして、日本の第一次産業、製造業などは外国から安い商品、原材料が輸入され根本からひどい被害を受けました。

貿易自由化は双方の国力、企業、産業規模がほぼ同じであれば相互に関税は撤廃されて、自由貿易は活発となれば、物価は下がり、輸出国、輸入国ともに歓迎すべきでしょう。両国にとり貿易がスムーズになり、両国の産業も活発になり、雇用も増えるからです。

安倍、菅内閣はこの一定の条件を無視し、単純にTPPの宣伝文句として、「膨大な雇用を生む、安価な農作物、乳製品が買えるようになる」などの繰り返し宣伝してTPP協定を導入しました。しかし、貿易による双方の国における生産物コストの相違、生産物の品質相違、生産力の相違、為替の相違、多国籍巨大企業と中小企業の併存などがあると、貿易の自由化、関税の撤廃は日本国内に安い商品が大量に市場に出回り、輸入国の国内産業を倒産に追い込み、雇用を減らし、国内産業を停滞、不況に至らしめることになります。

貿易自由化により生産力の弱い国、生産コストの高い国、為替レートの安い国では、そのままの貿易自由化は国際競争力で負けることになり、敗北した産業各社は倒産し、不景気となり、労働力の安い外国に工場が移転され、国内の失業率が上がり、国内賃金は停滞、減額し、国の全体に及ぼす経済の悪影響は莫大なものとなるのです。

特に、日本のように資源が少なく貿易立国であり、農業、漁業、林業、牧畜業などの小規模の家族労働中心の第一次産業が多い零細規模の国においては、TPPによる多国籍大企業の安価な物品が関税も0円で大量輸入されたり、一部の日本の多国籍企業が工場を海外に移転すれば、大量の失業者が発生することになり、貿易自由化促進は一部大企業を除いては国益に反します。

さらにTPPで重要なことは「ISDS条項」(海外企業が貿易自由化の相手国の営業障害事由につき、その国内規制の排除を求めて訴訟を起こす権利保障条項)があり、例えば日本の計画的な産業育成政策が否定されて、国家の経済主権が侵される危険がある点です。「ISDS条項」があるようにTPP協定は国内経済政策を侵害し国家主権を侵す「第二の安保条約」であると言いうる重大問題があるのです。

従って、現に韓国、中国などはＴＰＰに加入していません。

ＴＰＰやＦＴＡ（二国間貿易協定）は、多国籍大企業である米国や、日本の一部巨大企業にとっては歓迎すべき部分もありますが、日本の大半の中小企業、農業、漁業、林業では価格競争では太刀打ちできず、廃業に追い込まれる危険があります。ＩＳＤＳ条項のこれまでの実績では、米国の大企業がカナダ政府、メキシコ政府に提訴した訴訟は約40件、すべて米国企業の勝訴に終わっています。ＴＰＰでボロ儲けするのは穀物メジャー、アグリビジネス（大規模農業生産企業）、製薬会社などのグローバル巨大企業であり、負け組は中小企業とその労働者です。さらにＩＳＤＳ条項で問題になるのは、日本の国民皆保険制度に対する外国企業による日本の医療機関規制に対する提訴の可能性です。

現在、日本では政府が薬価や医療行為につき、国民皆保険制度を維持するために、点数制によりその価格などに上限を定めています。そのような日本の医療政策は、ＴＰＰでは知的財産権の自由化制限となり、ＩＳＤＳ条項による提訴の対象となり得ます。ＩＳＤＳ条項で日本政府による医療行為の治療費制限、健康保険利用制度につき提訴されると、貿易自由化に反するとして敗訴の可能性が高く、国民皆保険制度が崩壊してしまう可能性があり、大問題です。

その他、ＴＰＰ導入による国内産業、生活へのマイナス点は次のとおりです。

・多国籍企業の安価な輸入品が入り、国内の同種産業が価格競争力で負けます。
・国内産業の倒産、解雇、雇用減少が起き、失業率（者）が増大します。
・国内賃金は、安価な商品競争と安い海外労働者賃金のために下がります。
・農業、漁業、林業などの商品は、安価な外国製品が普及し、日本の自給率が下ります。
・ＴＰＰで唯一よい点と思われることは、消費者にとっての価格低下ですが、その場合、商品の質が海外産の遺伝子組み換え食品、ＤＮＡ編集食品、有害農薬まみれなど、国民の健康被害が多発することもあり得ります。

・ＴＰＰは「製造業、農業」中心に論じられてきましたが、実は日本健康保険制度である「公的医療保険の運用」についての自由化＝規制緩和も協議対象に入っているのです。日本で高額手術が頻発すれば超高額の保険使用頻度も上がり、保険制度がパンクする可能性もあります。

・日本の一般中小企業は価格競争に負けてしまい、閉鎖、倒産し、うまくいってもＭ＆Ａで吸収されてしまい、失業者が増加し、地方の過疎化がさらに進む可能性があります。

・「原料輸入＋加工品輸出」型の日本の国内中堅企業でも、海外原料の寡占による高騰化で輸出価格競争に負けてしまい、販売不振で閉鎖、倒産に至ることがあります。

・日本の多国籍巨大産業（トヨタ、三菱重工、日立など）は、人件費や原料の安い海外に工場を移転し、国内産業の空洞化が進み、失業増大、生産縮小で不景気となります。

・国内生活では外国の多国籍企業の支社が多くなり、その巨大企業の製品、サービス（損害保険など）がのさばり、国内産業は対抗できずに不景気が蔓延し長期化し荒廃します。

日本のマスコミはこのように多くの問題を含むＴＰＴＰについて、これまであえて報道、批判報道をそれほど多くしていません。そのために、国民の多くはＴＰＰ加入の重大性を知らされていないのです。日本の大手新聞は、ＴＰＰ参加につき賛成の社説を書いています。その理由は、日本の新聞業界は独禁法で特別保護を与えられており、価格競争や新規参入につき、自由競争から保護を受けているからなのです。

以上より、日本はＴＰＰ協定交渉には参加すべきではなく、伝統的な農業、漁業、林業、中小企業、ベンチャー企業などを補助金政策で保護しながら、徐々に競争力をつけていくべきであると考えます。よって、ＴＰＰ協定には参加反対です。このような事情もあって韓国、中国などはＴＰＰに参加していません。

米国とのＦＴＡ協定（二国間協定）は自由化の程度、速度がＴＰＰ協定よりもさらに一層厳しくなるので、絶対反対です。当時の安倍内閣が推し進めていた「ＴＰＰ11」、「米国とのＦＴＡ」交渉は、単に日本のごく一部であるトヨタ、日立、三菱重工、三菱ＵＦＪ銀行、武田製薬などの多国籍企業の利益にはなり、その大企業の利益のみのために行なっているのです。そのほかの99％の企業、国民は格差拡大で貧困化することになり重大事です。この点は過去の米国経済で実証済です。

（輸入関税の緩和・撤廃による国内産業の荒廃とその防止策）

貿易相手国との間の条約に「最恵国待遇条項」があれば、日本が同相手国に対して、他国より高い輸出入関税を設定すれば、この条項を根拠に同じ低率関税での輸出入が義務づられます。現在、日本は15の国と地域との間で相互に「最恵国待遇条項」を協定しています。ＴＰＰ、ＥＰＴ、ＦＴＡ（自由貿易協定）、ＲＣＥＰ（東アジア地域包括的経済連携）協定などです。輸入関税の撤廃などにより国内産業がダメージを受けることに対する国内産業の保護につき、フランスでは農家収入の9割、ドイツでは7割につき政府補助金を交付して、国内産業をしっかりとガードしているのです。

これに対して、日本では農家の補助金制度は民主党政権でやっと始まりましたが、その後、安倍政権になってから補助金は半減し、２０１９年には0円となりました。このために、日本の農家はこれから激減していき、食糧の自給率は２０２２年4月現在の38％からさらに下がり、食の安全保障問題に危機が到来する可能性が十分にあります。

この点は補助金削減による国内産業の荒廃とともに、円安ともなれば、安い商品が輸入されて、同種の国内産業の競争力が低下し危機に落ち入ります。よって、輸出入経済が中心の日本経済では関税協定の是非の外、為替操作も重要になります。

農・林・水産業・流通の解体

（大企業優先による第一次産業の政策、大型合併などの実行）

2018年7月18日に、日本とEUとの間で「EPA協定」が調印されました。このEPA協定により、8項目の輸入品の関税が相互にゼロとなり、その中にチーズなどの乳製品が含まれていました。チーズの中でも、カマンベールなどソフト系はEPA協定で、ゴーダチーズなどハード系チーズはTPP協定により乳製品の関税は0%となりました。そのために、国内の酪農家は価格で国際競争に勝てず、廃業の危機に直面しています。また、鮮度が最も重視される「生乳」の流通方法につき、農協の全量購入義務の「指定団体制度」が廃止されたために（2017年7月）、中小酪農家が生乳の流通が価格、輸送力などで過大な経費がかかり、毎年200戸の酪農家が倒産していると言われています。


（森が売られる）

安倍内閣は2018年5月「森林経営管理法」を可決成立させました。

昭和36年、日米貿易戦争の自由化第一号として、外国産木材の輸入自由化の対象となった森林業はそれ以降、外国材の低コスト輸入材との競争にかなわず、不況続きで木材は商品とならず、森林は放置され、国土の3分の2を占める森林は荒れ放題となりました。近時、この荒れた森林をバイオマス発電のチップ材の生産財として再利用すべく目をつけた人物が、オリックスの宮内義雄社長です。

彼の属する諮問委員会である「政府規制改革委員会」にて、自社の利益のために、新たに「森林経営管理法」なる新法の制定を提案し国会承認を狙いました。その骨子は「地方自治体」が森林所有者（民間、国有林も含む）の管理状況を見て、放置されて管理の必要性があるとみなせば、所有者の意思に関わらず、企業に委託し、森林木材を伐採することができる法律です。無論、伐採木材はチップに加工し、バイオマス発電の原料となり、その電力は「固定価格買取制度」で国が高額で買いとることにつながるのです。しかも、「森林経営管理法」によれば、森林伐採の林道開設費用は新たに全国民一人１００円の森林環境税によって賄うとのことです。かくして、日本の荒れた森林は海外の大企業も含めて有望な商品となりました。

この森林伐採により、森林の保水力、空気の清浄化、大型台風襲来による土砂災害の防止力は確実に失われ、日本全土の災害、環境問題が問われる時期がやがて到来するでしょう。安倍政治は何事も将来の結果を見ずに、「今だけ、カネだけ、自分だけ」の政治を進めているのです。

（漁業、海が売られる）

安倍内閣は」２０１８年11月、「漁業法改正法」を可決成立させました。沿岸の「漁業権」（特定沿岸とその先の海域で漁業をする権利）は戦前、資本家により売買されたり、担保にされてきました。戦後ＧＨＱの介入もあり、沿岸漁民の平等・公正、安定的な生活資源として沿岸の「漁業協同組合」に優先的に管理権（漁業権）を与えて自主運営させてきました。

安倍政権はＴＰＰ交渉の中で漁業権につき、沿岸漁協の優先性を破棄し、県知事の管理下に置き、入札方式で大企業参入を認めました（ＴＰＰ協定第20章16条などの付属書）。「漁業法改正案」を２０１８年11月、わずかな審理時間でオウム死刑囚の死刑執行のドサクサにまぎれて、全国漁協、漁民の周知、協議時間もなく可決してしまったのです。

（築地市場が売られる）

安倍内閣は２０１８年6月15日「卸売市場法改正法」を自公多数で可決しました。築地市場の豊洲移転問題の本質は、豊洲の有毒土壌の問題ばかりではありません。その本質はＴＰＰ協定に関係し、野菜、魚類、果物などの生鮮食料品の流通に関して、現在の地方自治体経営の「卸売市場」の存在が内外の巨大食料品販売卸業者につき多々障害になるところから、「自治体経営卸売市場」を排除し、民営化するところにあるのです。

ウォルマートなどの世界的な食料品会社は「生産→流通→加工→販売」などの一連の流れを一括し、高利益を上げるとともに、中間にあたる仲買人が担っている中小食品会社の排除を狙っているのです。

この生産から販売までの一連の流れにつき、日本の「卸売市場」は明治以前からの独特のシステムが形成されてきました。「荷揚げ→自治体経営の卸売市場のセリ→仲卸→小売業者→消費者」この流れにつき、ＴＰＰ協定では地方自治体経営の中央・地方の卸売市場管理は障害物となっているのです。そこで卸売市場を民営化する卸売市場改正法が成立し、その背後では築地中央卸売市場は解体されるべきとの安倍政権の新自由主義経済、ＴＰＰ政策の要請があるのです。

豊洲市場は一部は東京都が関与するものの、民間大手水産業者のセリなしの直接取引が可能となり、今後、魚介類の衛生問題、鮮度維持、価格高騰、長期冷凍魚の取引などが問題になり、いわゆる「築地ブランド品」が喪失さて行くと思います。

国民健康保険制度の崩壊

政府は高齢化時代で医療保険負担の自然増、介護などの福祉予算の自然増を強調し、その自然増の抑制、削減のために「後期高齢者医療保険制度」を導入し、医療費値上げ、薬価値上げ、医療報酬値下げを行なっています。

しかし、健康保険の医療費の増加原因は老人が増加したことばかりではないのです。「高齢化による医療費の増大」は政府の福祉予算削減のための口実です。

米国産の医療複合体（製薬会社、医療機器メーカー、医療保険会社）の販売システムによる市場参入によって、超高額医療費（1回数千万円もする抗癌剤など）の増額圧力が大きく原因となって、日本の健康保険料の増額が問題となっているのです。

がん治療のための超高額医薬品及び、超高額医療機器の支払のために、年齢を問わず医療費負担が増大し、健康保険料の多くが老人医療費よりも超高額ガン医療費に支払われているからなのです。さらに、中国人など外国人旅行者への医療保険の適用が規制緩和され、外国人の医療保険利用が多くなっていることも医療保険支出の増大原因になっています。

日本が高齢化社会になったからといって、総医療費の支出が増えたとしても、その増加量はわずかであり、その社会的需要くらいは、適切にほかの予算費目（例えば防衛費の抑制、巨大な大企業の内部留保金への課税など）の調整により十分賄い可能であり、国民の生命を預かる健康保険制度予算を削減、高齢者への高額医療負担は、何としてもあってはならない政策です。

また、高齢者が増えて老人医療費が増大したので、「後期高齢者医療制度」を新設し、その健康保険料を若年者と比べて特段に高額とした安倍・小泉政治は「高齢者は非生産的であるから医療保護は必要ない」、「高齢者よ、早くクタバレ」とのあからさまな反倫理的な政策でもあることなのです。

5　新自由主義による社会政策、福祉政策のレベル低下

人間性のレベル低下

新自由主義社会では、あらゆる社会生活の面で競争がつきまといます。学校でも将来の出世が求められ、会社でも低賃金のもとでの競争が求められ、人生全般でも競争社会となり、格差社会の90%の国民の貧困問題、将来社会への閉塞感などでストレスが溜まる社会となっています。

また、新自由主義経済のもとでは、質のよい商品を安く市場に出すかは問題ではありません。問題は商品の質ではなく、いかに「利潤」を多く生み出すかだけが問題となるのです。しからば、その「利潤増大」の方法は「人件費の削減」となるのです。それゆえに労基法に反してでも、労働者を差別した非正規労働者、派遣労働者の多数採用となり、人件費の削減に努めるのです。その結果が正規労働者の長時間労働などの労働強化を生み、また、株式配当、役員報酬の超高額化を生んで、社会に所得格差を拡大し、ひいては貧困問題を生んでいるのです。

さらにこの格差社会が広がれば、社会全体にストレス社会となり、ストレスが高じて気の弱い人は過

労死や自殺者となり、頭がおかしくなり凶悪犯罪の温床ともなるのではないでしょうか。
新自由主義社会はあまりにも「利潤追求」のみが激しく持続するので、人間性までもが蝕まれてしまうことが十分にあります。

福祉行政（生活保護、年金、介護、医療）のレベル低下

①生活保護、②医療保険、③介護保険、④公的年金給付などの福祉政策につき述べます。国民の社会福祉については、憲法第25条が国において国民の「文化的最低限度の生活」を保障し、国民は社会権として、政府の施策に対して最低限の生活を要求する権利を保障されています。しかし、菅内閣は社会福祉政策において「自助→共助→公助」の順序を掲げ、まず自助をせよと宣言しました。

「共助」は本来医療保険、介護保険など保険制度による互助福祉ですが、その財源には国費、使用者の負担分もあるところ、その公費、使用者負担部分を徐々に減額し、逆に国民負担の保険料の引き上げ、新たな自助負担分の新設（入院食費の引き上げ、入院居住費の引き上げなど）の事実上被保険者の自己負担の引き上げにより、自己負担分が増加し「共助」の「自助」化を目指しているのが自民党政治です。「公助」は社会福祉の基本ですが、安倍内閣は生活保護費の引下げを強行し、２０１３年には生活保護費を最大13％も引下げしました。

「公的年金」の給付についても、２０１４年以降「マクロ経済スライド」制という悪法を導入しました。年金の給付額につき、年金受給者数（老人）の増大と年金納付者数（若年者）の減少から、総年金原資の減少を重視し、その年の平均生活費と賃金動向の低い方の水準に併せて（これがマクロ経済の基準です）毎年の公的年金給付額を決定しており、実際には年々徐々に年金給付金が減額しつつあるので

す。この点についての批判としては次のように考えます。

年金総原資が減少することは、少子高齢者社会になれば、当然に予想できる自然な現象です。また、高齢者は増々医療費がかさむことも自然の成り行きであり、その差額を単に年金支給額を減額して解決すればよいというのは浅はかな悪政策の典型例です。

現在の老人もそれ以前の勤労時代には法定の年金支払いを負担してきたのです。老人になったかといって、年金給付金を減額することは、社会保険制度の本質に反することと考えます。注意すべきは、若者の年金負担が高齢者の年金を賄っているのではないのです。ここにマクロスライド方式採用の隠されたごまかしがあるのです。

社会保険制度はそれ自体での独立採算制度ではないのです。国家予算における収入・支出費目の一分野なのです。従って、問題なのは予算編成における政策的な予算分配なのです。税制上の不当な法人税の大幅引下げ、不公平な消費税の導入、安保条約に基づき米国に半ば騙されている「思いやり予算」や米国兵器の爆買いなど予算の配分、税金の無駄使いにこそ問題があると考えます。高額所得者、金融取引税の増額などによりによる対処、および中国、北朝鮮への過剰な恐怖心を煽っての軍備予算増額の削減、米国からの軍需品爆買いの是正などはやめて、国家の歳入・歳出の全体を考慮して、高齢者の福祉予算の増額を確保配分すべきなのです。

結局、「マクロ経済スライド制」とは、高齢者の年金支給額を削減するために自然増の増額分は若手労働者が負担するという案出された偽装政策です。また、安倍・菅内閣は「全世代型社会保障」の名のもとに、あたかも全世代に福祉行政を手厚く施すかのごとき幻想名称を使いながら、その実は全世代の福祉を削減する政策を行なっているのです。

介護行政では、従来の介護保険の対象であった介護支援1、2及び要介護1、2をすべて介護保険から外し対象外となし、末端自治体の総合生活支援に組み込んでしまったのです。介護事業、介護業務は専門の介護士が行なって初めてその役割をはたすところ、素人のボランティアをその担い手にしているのです。さらに介護の担い手は低賃金の高齢者、外国人、ロボット(IT技術)の活動を進めているのです。さらに進んで高齢者の介護への予防体操、自立支援に積極的に取り組んでいる自治体に対して、特段の交付金を傾斜配分している事実もあります。これらは高齢者の介護、医療費などの経費削減を特に強く求めているのは、経済界の要請に基づく施策なのです。その他、特養老人ホームでの食費・住居費の自己負担値上げ、ケアプラン作成代新設、高額介護サービス限度額引き上げなど介護経費の削減は細かな部分にまで及び、高齢者の老後生活費負担を困難にしているのです。

安倍内閣は2019年12月19日の「全世帯型社会保障検討会議」(議長、安倍首相)会議で次のような「中間報告」をまとめました。同会議のメンバーは大臣6名、民間人は経団連会長中西宏明、サントリーホールディング社長・新浪氏、前・慶応義塾塾長清家氏、そのほかであり消費者代表、労働組合代表はいません。

(医療費)

①窓口負担につき、現在の「原則1割」を主として財界委員の主張で「応能負担の原則」及び世代間の公平から75歳以上の高齢者医療につき「窓口負担2割」を打ち出し、2022年より実施。

②大学病院の紹介状につき「400床以上」の大学病院につき、5000円以上の紹介料を「200〜399床以上」の中小の一般病院にまで広げる。さらに初診5000円以上のほかに、再診2500

円以上の導入が検討されています。

「窓口負担」（医療費負担割合）を課すことは受診抑制、医療財政削減が目的ゆえ動機不純であり、近年は公的負担で医療費無料の世界的傾向にあるのです。ＥＵでは医療費の個人負担は無料の方向にあります。

（応能負担」の誤り）

現役（60歳～70歳）は医療費が2割負担です。高齢者は一般に退職後で複数病、長期、重度疾病が多く「応能負担力」が減少するので、原則1割と減額になっていました。それを同じ「応能負担」を理由に2割に値上げすることは矛盾し理由とならないのです。

「応能負担の原則」は、税金負担力や社会保険料負担能力での原則であり、疾病に対する保険である「医療費」には馴染まない考え方なのです。

また、高齢者の医療負担増額は「健康維持の自己責任論」を求めるもので不当です。政府の「世代間の公平」論は世代間の対立をもたらし不当です。

思うに、高齢者の長寿増加は祝賀すべき事柄であり、高齢者の医療依存は誰にでもある不可避的なのです。政治は高齢者に優しく対応し、心配なく医療に罹れるように政策を摂るべきです。その場合、仮に老人が増えて、医療費が１０００億円増額になろうがこの現象はあたり前のことであり、それをどのように予算案で調整するかが政治力の問題なのです。

負の連鎖

安倍政権は自衛隊の軍隊化、日米軍事同盟の強化を狙い、軍事費への限りない浪費を基本政策に置いています。毎年の軍事費拡大の財源確保のために、福祉予算の削減（年金開始年齢の繰り下げ、年金支給額の低減、介護保険給付の削減、窓口医療支払の増額、健康保険料の値上げ、生活保護費の削減など）、消費税・相続税・所得税・地方税など諸税値上げ政策、巨大企業の資本強化策（法人税の値下げ、研究開発費の経費扱い、金融緩和策、低金利政策など）などを実行し、一般国民生活の窮乏化政策、格差の拡大政策を故意に推し進めているのです。

国民の福祉窮乏化策の裏はに自衛隊軍備費増大、日米軍事同盟の強化、巨大多国籍企業の優遇政策があり、さらに画一教育・マスコミと労働組合の弱体化など・国民の種々愚民政策が行なわれています。その重要な具体例の一つとして、教育の貧困と自衛隊員増員対策を挙げることができます。

歴史の流れとしては、日本社会は米国の10年～20年遅れで後追いをしているとよく言われています。米国では2000年以降、教育の荒廃が問題となり、当時、大雑把に言えば、富裕層の子どもは私立学校へ通い、貧民層の子どもは公立学校へ通い、中間のワーキングプア層はチャータースクール（自由学校の様に生徒に好きな科目の専門教育のみを教える学校）へ通う状態であったと言われています。問題は貧困層の子どもが通う公立学校でのことですが、教師、生徒の授業内容レベルも低く、生徒のいじめ、暴力事件も多数発生し、その責任を教師、校長に負わせていたのです。

この教育荒廃対策に対して、州やその教育委員会は「落ちこぼれゼロ法」を制定し、州全体の統一学力テストを行ない、2000校以上の小中学校全校につき成績順位を発表し、成績の悪い学校では先生や校長の給与を引き下げ、改善が見られない学校では教師の解雇やひどい時は廃校も行なわれたそうです。また公立学校の生徒については卒業時には上級校進学の学費もなく、就職先も見つからない生徒が多く出ました。

その実情を察知して、米軍から卒業生を軍隊への入隊を進める電話や訪問、勧誘が行なわれ、入隊すれば学費も出すし、別にボーナスも出すとして、いわゆる「経済的徴兵制」が多く行なわれていると言われています。なお、米国では徴兵制はベトナム戦争の反省から１９７５年に廃止されていました。この点は中間層の生徒にも卒業時に軍隊からの勧誘の手紙が送られ、経済的援助と引き換えに入隊、除隊後の一定期間の徴兵が行なわれていると言います。この際、各市町村役場から卒業時の生徒の住所、名前が米軍に情報提供されていました。

この点は、安倍元首相の憲法9条改憲理由につき、各地方自体につき、中卒、高卒、大卒者の住所氏名の市町村からの情報提供をスムーズにするために、改憲が必要との説明と約20年遅れでの猿真似と完全に合致します。

現在問題となっている、市町村の自衛隊に対する卒業者名簿の提供は米軍の入隊募集方法をそっくり真似たもので、極めて重大な問題を含むのです。付言すれば、米国の経済的徴兵で入隊した生徒らは、入隊後一定期間の訓練を受けて、その後にイラク戦争やシリア内戦の最前線に派遣されたと聞きます。さらに、その帰還後や除隊後には、現役中に多くの惨い人殺しを実行した心の苦しみから、自殺や心的外傷ストレス症になる若者が出て、社会問題になっているのです。

負の連鎖を放置する政権

安倍派政治の建前は「国民の安心、安全な豊かな生活」と言いながら、その本音は外交政策では戦後の安保体制（米国の核の軍事力の庇護の要請）を基本とし、その枠の中で、内政において個人的野望（歴史的名声）として「新自由主義経済＋軍国主義」を目指して、法人の一部の巨大多国籍企業の利潤拡大の優遇政策を着々と進めています。その反面、戦後民主主義の健全な諸制度を次々と破壊する構造的破壊政策を実行し、格差社会を公然と肯定した軍事化、ファシズム政治を推進しているのです。

国際貿易において「日米合同委員会」を通じて、現在日本が保有している国益（財産・権利）を国家戦略特区を利用しながら、次々と米国巨大資本への売却、構造改革、規制緩和、公的事業の民営化などを実現しつつあります。

例えば公営水道事業の民営化、公共種苗制度（新種苗の農家での種の再利用禁止）、沿岸漁業協同組合の漁業権の廃止などにより、巨大資本、多国籍資本の参入で水道水の水質低下、水道料金の値上げ、食品の自給率低下など食糧安全保障制度の危機を招来させているのです。

結局、安倍派政治は大企業、米国のための政治であり、日本国民のための政治となっていないのです。むしろ真逆に、政府は国民生活の基礎である水道、農地、種子、警察、消防、物流、教育、福祉、医療、土地などを次々と商品化し、市場開放をして多国籍巨大企業に売り渡し、従来の中小農・水・林・商業者の昔からの権利を奪っているのです。

そのために、多国籍巨大企業は民間商品生産業だけではなく、非商品生産事業である学校、人材派遣、刑務所、福祉施設、老人ホームまでも投機の対象（商品化）として大企業の最高値の落札者の経営へ誘導しているのです。この面でも安倍派政治の特質は「今だけ、カネだけ、自分だけ」の政治なのです。

また、安倍派政治は国家戦略特区を悪用し、本来、違法行為であることを法律を自己に有利に改悪し「特区指定制度」の決定のみで違法性を合法化する手品のような政治を実行しています。特区政治は違法行為を恣意的立法により合法化する政治手法なのです。

安倍政権は公的機関の民営化、輸入関税ゼロ円のＴＰＰの導入などにつき、まず実験的と称して特定地域に民営化を導入しました。その内閣指定特定地域の事業は本来、違法なのですが単に「国家戦略特区」として合法化しているのです。

安倍政権は国家戦略特区実施を「強固な岩盤を強力なドリルで崩す」と称して、教育、農業、労働、医療などの違法行為を次々と私的利益のために合法化して全国的規模で大企業のための新規産業などの導入を図っているのです（モリ・カケ問題など）。


歴史の経過とともになぜ、世の中は徐々によくならないのか

世の中はなぜ、税金を払っているのに徐々によくならないのか。世の中をよくするために、国民みんなが毎年努力して税金を納め、長年仕事をしてきました。

然るに、決して世の中は徐々によくなっているとは思えないし、基盤整備も防災対策も不十分で、大災害は毎年大規模化しており、それでも税金は毎年増額しているのはなぜでしょうか。特に安倍・岸田政権の時代は年金など福祉関係の国民負担も増額し、国民生活がすべての面でサービスの劣化が起きています。

それは安倍派政治の政策が、国民全体の生活レベルのアップのために行なわれているのではなく、ごく一部の巨大資本の利益と、在日米軍にのみ優遇政策のためのに行なわれており、その巨大な経済的負担の大半を国民の貧困化する政策でカバーしているからなのです。

日米安保条約による「思いやり予算」然り、「非正規雇用の適用範囲拡大」然り、「年金・医療・介護・

生活保護費の削減など」然り、毎年の「軍備費超増大」然り、人件費削減の「働き方改革」、軍隊創設を目指す「憲法改悪」然り、「自衛隊の海外派兵」然り、その他、安倍派政治のすべてが「国民の貧困化」を目的としています。

その政策の目的が国民の幸せのためにあるのではなく、一部大企業のために、目先の金銭的利益のみを最優先にして政治を行なっているからです。要するに、自民党はトヨタ、日立、三菱重工、新日鉄住友、三菱ＵＦＪ銀行などの巨大企業のための政治を行なっているのです。これを新進のジャーナリスト堤未果氏は、安倍派政治は「今だけ、カネ、だけ、自分だけ」の現代政治だと言っているのです。

しかし、国民一般の庶民の生活では子ども、孫、ひ孫たちなど、長い将来を見越した政策こそ必要であり、カネでは買えない、カネでは評価できない幸せや自然環境、原発のない安全な居住環境こそ政治の目標であってほしいと考えます。

一部の者のカネ（資本）の獲得競争、溜めこみ競争（内部留保金）では世の中はいつまでたってもよくならないばかりか、逆にますます金持ち、大企業の横暴のみ幅を利かせた社会になるのです。

6　新自由主義経済による教育・学術・文化政策の貧困化

大学など教育組織・運営の弱体化

大学の組織・運営は教育専門家である「教授会」を中心にして行なわれるべきであり、従来からそのように行なわれてきました。新自由主義経済のもとで、大学の目的は学術研究の向上よりも経済的利益、軍事的技術向上などが大学運営の目的となってきます。そのために「教授会」よりも政府の意見を通すために「理事会」が強い権限を与えられて運営されています。理事会に経済人を入れたり、教授会を理事会の下に位置づけて学問の自由を制限する大学改悪が進められています。

米国の教育について次のような報告があります。「9・11以降、米国が進めてきた教育改革は強力に規格化された点数至上主義、厳罰化による教育現場の締めつけである。即ち、学校経営者は学校教育を従順な働き手・労働者生産工場とみなして、生徒の労働力商品生産化している。また、学校経営者は保護者と生徒を教育の消費者とみなし、テストの点数を上げられない教師と生徒を処分し、結果が出ない学校を売上不振の商店同様に潰していく。政府が求める卒業生とは、テストの点数がよくて、批判的思考をせず、好奇心や疑問を持たないロボットのような学生、即ち、従順な労働者を大量に生み出す学校が目的」と。

現代社会は、特に日本ではバブル崩壊以降、先の見えない不況が長期間続き、失われた30年と言われ、正規労働者に代わって非正規雇用労働者の誕生・増大もあって、安い賃金、いつ解雇されるかわからない不安定な身分、安い賃金状況下での庶民生活が続いています。

このような不安な生活が長期間続くと、大衆は漠然とした強いリーダーシップやラディカルな変革を求める空気が広まります。また、国民はそんな不安を早く解消せんと欲し、庶民迎合型政治、劇場型政治＝「ポピュリズム政治」が歓迎され、小泉政治などの称賛となったのです。

小泉内閣はポピュリズム政治の典型とも考えられていますが、安倍内閣は当初、同ような政治手法も伺われましたが、安倍元首相の場合、「日本会議」の極右政治が背景にあり、教育基本法の改悪、集団的自衛権の容認、日米安保の強化、憲法9条改悪などの政治活動を見れば、安倍元首相はポピュリズム政治を越えて「ファシズム政治」化となっていたと言っても過言でないと思います。

安倍派政治の米国兵器の爆買いを見れば極めて好戦的であり、福祉削減政策を見れば国民の格差拡大、弱者切り捨ての福祉削減の推進であり、TPP、日米二国間貿易交渉を見れば農、林、水産、牧畜の日本の基本的国益の米国への売却政治家でしょう。しかし、その後の菅、岸田内閣の実態は総理は変わっても、その政策は安倍元首相と同一のまたはそれ以上の新自由主義経済、米国従属政治であって、その弊害は継続・増大しています。

大学受験の共通一次試験につき新方式になると言います。その内容の一つとして「主体性評価」が加わります。「主体性」とは何か。安倍元首相の言う「主体性」とは資本に対してのイエスマンという学生製造です。これは極めて危険な大学受験政策です。そもそも受験科目で「主体性評価」が科目として成り立つのか。極めて不合理な基準＝人格・思想内容の是非・良否が評価基準となってはならないと言わねばなりません。

日本学術会議の人事介入

菅元首相は２０２０年10月１日、日本学術会議の人文系委員任期交代につき、戦後続いてきた同会議から推薦委員６名の任命拒否を行ないました。日本学術会議は「日本学術会議法」に基づく戦後日本で不可欠な先進的な日本アカデミーの政策提言を行なう組織であり、その学術的レベルは世界的にも最高の組織として活動をしてきたのです。

菅元首相の任命拒否は憲法の「学問の自由」を明白に侵し、日本学術会議法に違反する重大事です。そのために、日本学術会議はただちに10月３日に任命拒否の理由開示と、推薦委員６名の任命を求めた要望書を提出しました。これに対し、菅及び岸田内閣は拒否理由の開示もせず、6名の任命もせずに3年以上も放置し今日に至っています。

そればかりか逆に菅・岸田及び自民党は2020年12月15日、日本学術会議の「組織改革提言」をまとめて発表しました。同提言によれば、自民党は日本学術会議を「高度な学術政策提言組織」から「政府へ隷属した組織」に改編し、会員選出と活動内容は政府の直接的な統制下の「選考諮問委員会」に組込む目的が明白となりました。

その背景には菅内閣（自民党政治）が憲法改正を強く求め、その流れの中で日米安保条約の強化を狙っているところ、日本学術会議の政策提言、特に今回任命拒否をされた人文科学系の憲法学者委員らが日本の非軍事化、非軍国主義的思想を有するところから、それを理由として6名の選任を拒否したからです。

菅・岸田総理らは、拒否理由開示を何回求めても一切明らかにしないことは、開示できない重大な理由があるからであり、その「重大な理由」とは、まさに拒否理由が正面から憲法上の「学問の自由」に違反し、日本学術会議法にも違反しているからです。この点は、先に述べた拒否直後発表の自民党の日本学術会議を政府に隷属させんとする「組織改革提言」の内容からも明らかです。

自民党内閣の今回の日本学術会議委員候補の任命拒否問題は、日本の政治、経済、学術、文化など、将来の日本社会全体とって最大の国家の行政権力行使による目に見えない暴挙、濫用です。自民党は今やこれほどまでに日米安保に屈辱し、科学的正義と学問を否定し、日本国民を愚弄しているのです。この自民党の非科学的な理由の言えない政策は必ず打破せねばなりません。

日本学術会議委員任命問題の解決案については、任命拒否された加藤陽子（東京大学大学院教授）の次の指摘が適切と考えます。

まず、「日本学術会議の性格」について、「『日本の科学者の代表組織』ではなく、『日本の社会における全科学者の責任を集約する一つの主体である』。この考えを前提にすると、日本学術会議は、現在の内閣府という行政組織下に置くのではなく、むしろ、国民の代表機関である国会の組織下に置くか、あるいは三権分立にもう一つ『文化権』を加えて四権分立間での相互独立・牽制しあい、日本学術会議はこの文化権に納めたらどうか」と述べているのです。

行政府下の組織はこれまでの歴史（1933年の京都帝大教授・瀧川幸辰氏の思想弾圧事件、1935年の東京帝大教授・美濃部達吉氏の天皇機関説事件）からも明らかなとおり、時の政府による「政治的介入」という大きな欠点があるのです。現にNHKや学校教育に対する安倍政権の介入は目にあまるものがあります。今回の日本学術会議委員の任命問題も、時の自民党政府による安保条約強化による介入であることは明らかです。

自民党、文部省は教育行政に新自由主義的手法を導入して、大学の独立法人化、私学補助金配分につき成績など競争的基準の導入、道徳科目導入により、経済界の求める資本に従順な生徒の育成、大学卒業生の生産を狙っているのです。

日本の教育予算額は先進国でも最下位に近く、また、大学の経営においても教育の中心である「教授会」の権限を削減し学校法人の理事会の権限を強化し、学術、科学、文化などの内容につき政府の意向を受けやすい体制を作りつつあるのです。

7　新自由主義下のマスコミの崩壊

マスコミの支配、機能

マスコミの本来の機能は、政権に対する健全な評価、批判により、国民に対して民主主義的な政治を保持するところにあるのです。そのためにマスコミ関連会社は、政権に対して常に一定の距離を保持し政権に対して中立的立場を維持し、国民に対して正確な事実、正しい評価などを伝える責務があるのです。

安倍、岸田内閣はこのようなマスコミのあるべき機能を知った上で、あえてマスコミを悪用し、まやかしの事実、不当な評論を社会に広く情報を流せんとしているのが実情です。

その方法は、ある時は周辺国からの攻撃による恐怖心を必要以上に煽り、ある時は政府に対する忖度心を利用しています。その前提には安倍派政治がフェイク事実でも国民はそれを信じるであろう、政府の宣伝に乗るであろうという、国民を愚弄した考えがあるのです。この事実は逆に言えば、国民の多くが政府の言うことは無批判に「正しい」と受け止め、あるいは政府の政策には全く無関心であるとの国民自身の無気力、無責任などの現在の社会状況があります。

民主主義社会は今や崩壊の危機にあり衆愚政治に陥っていると思います。現在のマスコミは、今やこのような日本国民の無気力、無関心状態に責任があるのです。このマスコミの責任は重大であり、ただちにマスコミ本来の健全な批判精神を回復すべき責務があると考えます。

報道が少ない

首都東京の周辺には自衛隊基地及び米軍基地として、横須賀基地、横田基地、厚木基地、入間基地、座間基地、木更津基地などが6か所もあります。このような首都周辺に多数の基地がある国はほかにありません。

また、日本全国には今や「安保村」と「原子力村」があると言われていることです。「安保村」、「原子力村」とはこの安保体制強化、原子力発電政策継続を是認し、推進する一大推進関連企業群の利益共同総体を言います。具体的には電力会社、軍需産業、その関連中小企業、国家官僚、自治体、御用学者、大手マスコミなどの共通利益総体を言うのです。

大手マスコミは安保村、原子力村の村民として、安保推進派、原発推進派としてのマスコミ報道をして不利なことには報道統制を行ない、安倍政府の秘密扱い指示に唯々諾々と従い、安全性の宣伝には大手を振って宣伝し、スポンサーになっているのが実情です。大手マスコミのコメント報道の際に登場する御用学者にしろ、調査団体にしろ、その報道内容を鵜のみにせず、視聴者はその発言者の職歴、出身母体の運営資金、出資会社の調査などに注目すべきなのです。

アメリカのマスコミは、大企業に不利益、不都合なニュースは一切流さないと言われています。牛の生産乳量を3割増やし、肉も柔らかく量も増える遺伝子組換えの成長ホルモン「ガンマγＢＧＨ」は1993年以降、全米に瞬く間に牛に注射されたヒット商品となり、マスコミでその旨、大々的に宣伝されました。

しかし、その直後に「γＢＧＨ」は発ガン性があり、その論文が発表されて問題となりましたが、発ガン性があるとのニュースにつき、アメリカのマスコミは一切報道しなかったのです。しかし、それ以降ＥＵでは「ガンマγＢＧＨ」を輸入禁止としました。これに対して米国がＷＨＯ（国連健康推進委員会）に提訴して争いましたが米国が敗訴し、発がん性ありの判断でした。

各国でマスコミの偏向報道に関連し、その情報源である政府はフェィク情報を平気で流すのです。さらに、その事例としては次のような事実がありました。

２０１１年3月11日の福島原発事故の際、文部省下の原子力安全センターは爆発事故の翌日に「スピーディ機器」による放射能汚染の飛散方向を北ないし北北西（浪江町方向）と測定し、その結果はただちに外務省を通じて米国に連絡され、福島周辺の外国人のみは、いち早く関西、九州方面へも避難しました。

しかし、日本国民がその飛散方向を知るのは、その後約一年後の２０１２年1月17日のことでした。この点につき政府は「マスコミには重要情報だからこそ出さないのだ、ただちに健康に悪影響はない」と述べていました。「ただちに健康に影響はない」との意味は、放射性物質の入った牛乳を1年間のみ続ければ健康に害は出る、ガンの危険性はあるが、単に1～2回飲んでも問題はないとの意味です。

なお、ＷＨＯは、各国の拠出金で賄われているのですが、現在は民間の大企業からの助成金が多いのです。その額は国連予算の倍以上になっているので「ＷＨＯの報道は大企業中心の利益団体になったのであまり信用できない」とも言われています。

真実に近づくために

安保体制にしろ、原発問題にしろ、なぜこれほどに日本人は無知なのでしょうか。その大きな原因の一つは大人や学校が子どもに安保体制や原発事などの社会問題の教育をしないからです。今や学校、文部省など教育機関も安保村、原発村の友好的な一員です。巨大利権の受益者、治安維持の責任者らは彼らに不都合な疑問、批判を抑え込むために、必要な法案を次々に成立させ、同時に大手マスコミ、ネット世界を抑え込み、都合の悪い情報を隠ぺいするために政府は「ネット監視」をしているのです。

安保条約のもと、政府とマスコミが一体となって市民の安保反対闘争に介入し、潰しにかかるのが常道です。潰しにかかる方法は幾つかあります。

その一つは、反対派を弾圧するのではなく、抗議運動に潜り込み、その運動の方向づけを操作して巧妙に運動を平穏化（政府寄り）することです。さらに、莫大な資金を投入し、抗議運動に対する反対運動（第二労働組合の如き）を展開させて、その「反対運動（介入行為）」を大手マスコミが民主化運動だと大々的に宣伝して、真の抗議運動を潰していくのです。

例えば、反プーチン運動は米国ないし、米国マスコミがその背後で関与している可能性もあります。巨大企業と系列化した大手マスコミは、その巨大企業の利益のための情報（テレビの広告など）を何回も流す。そのような大企業寄りのマスコミは信用できません。表向き「民主化」、「正当派」の顔をしていても、その多くは背後で巨大企業の関与したブッラク的なニュースの場合があります。その見分け方はニュースや宣伝の提供元＝資金元をチェックすることです。

『驕る権力、煽るメディア』の著者、斎藤貴男氏によれば、ジャーナリストの最も大切なことは「権力の監視」です。この点につき、黒川検事長問題で産経記者と朝日記者がマージャンをしていたことにつき、マージャン接待により記者が取材をしていたことが判明し、記者が権力者に優遇され過ぎていると評しています。また、大手メディアの記者はエリート層が多く、すでにその意識は官僚や大手企業との友好的な目線になっていると述べています。労働組合であれば、御用組合の組合幹部と同様に「権力の監視」の魂が欠落しているのです。

リビアのカダフィ大佐の政治は、長らくリビア国内で教育も医療も無料で高学歴、高福祉、女性尊重のよい政治を行ない、アフリカでもっとも生活水準の高い国で42年間も政権を維持してきたのです。それを米国は独裁者呼ばわりし、ついには裁判なしで虐殺してしまいました。

冷戦後、今や米国の世界戦略の理由は「共産主義の排除」から「テロとの戦争」に変わりました。実はカダフィ大佐はリビアに１４４トンもの金塊を保有し、いずれはアフリカ・アラブの統一通貨「ディナ」を発行し、ドルによる世界銀行の束縛から自由になることを計画していたので、米国に殺害されたのだと言われています。

ニュースの見方は、ロシアの暗部は欧米のニュースを見ればよくわかり、欧米の暗部はロシアのニュースを見る必要があります。真実に近づくために、重要なのは双方のニュースを比較検討する必要があるのです。

（ジャーナリズム精神の放棄とその原因）

マスコミは労働組合の団結力・スト権に次ぐ「第３の社会的勢力」と言われています。現在、日本のマスコミは権力を監視するというジャーナリズムの基本的精神が失われており、その機能を果していません。むしろ、権力迎合報道、反組合的報道さえ見られます。

労働組合の活動、推進での報道もトヨタなど巨大企業の労働組合以外のニュースは極めて少ない。マスコミ関係の労働組合自身がすでに経営者に取り込まれているからです。マスコミの役員らが定期的に総理大臣と喜んで会食をともにしているのであり、そのため新聞記事の編集者、紙面作成のデスクリーダーは、批判精神のある記事を「ボツ」にするので組合関係の報道も少ないのです。また、政府と記者との「記者クラブ制度」の閉鎖性や政府発表情報の垂れ流しであり、質の高い調査報道記事は『しんぶん赤旗』以外には、ほとんど見られなくなっています。

菅元首相は説明もなく「日本学術会議委員」の任命につき6名を外すという、露骨な憲法違反の人事発表をした後、記者会見もしないまま、首相番記者ら19社と「オフレコ朝食会」を開催しました。その朝食会で菅氏は、姑息にも日本学術会議委員任命の説明をしたものと思われます。その後にも読売・産経・地方紙1社の3社とのみオフレコ朝食会を行なっています。

NHKの不当介入、右傾化

テレビは人間をおとなしくさせる効果があります。刑務所の囚人監視は看守の巡回よりも受刑者にテレビを見せておいた方がコストがかからないと言われています。テレビを見ている時、「人間の脳波の動きは鈍くなり、ある種の催眠状態になり、客観的に物を考えることが難しくなる」と言われています。

新自由主義が人間を画一的教育の公教育を求め、医療で生命を商品化する医療を求めるように、マスコミは人々を分断するために情報をコントロールし、受け手が立ち止まって考える暇もないほど高速にニュースを次から次に流すのです。

しかも関連する二つのニュース報道の場合、相互のニュースの関係性や裏の共通原因には触れないので、ニュースの本質がわからず、単に事実の外見的事実の羅列で流すことが多いのです。特に「NHKのニュース」は単に事実の羅列であり、その間の接続詞的説明、背後説明がないので、そのニュースの真意が非常にわかりに難いのです。NHKはそれを「中立公正」と称して、理解不能をわかっていながら建前としての公共電波をダラダラと流しているのです。

現在のマスコミ批判

マスコミは本来政権を監視し、批判することを使命としておりこれが健全な「ジャーナリズム精神」というものです。しかし現在のマスコミは、ほぼすべてが「政府により監視・支配されている」といっても過言ではありません。

特にテレビは「他愛もない娯楽」番組で埋め尽くされ、多くの宣伝広告、番組紹介（特に最近はＮＨＫがひどい）、再放送で費やされており、権力批判番組は少なく、稀に権力批判をすればそのキャスターを引きずり下ろすことが最近多く見られます。

その原因は、放送電波管理権を政府（総務省）が一手に握り、逆に反政府批判を監視しているという根本的な電波管理の悪制度が存在しているからです。先進国で電波管理権を政府が掌握しているところは主要国では中国、北朝鮮、ロシア、日本以外にありません。この点は国連人権委員会が日本政府に対して、公共放送の政府からの独立を何回も勧告されていることからも明らかです。

このようにマスコミが本来の政府監視活動をしていないところから、安倍政治は「桜を見る会」のように政治を私物化し民主主義が危機状態になっているのです。ただし、ＮＨＫのＢＳ放送ではすばらしい反権力報道も多くあることは頼もしく思っています。

世論調査に騙されるな

ＮＨＫをはじめ、各テレビ、新聞は最近特に盛んに「世論調査」の報道をしています。この世論調査の意味・目的は何でしょうか。

我々は社会の真実、経済の真実を知りたくて新聞、テレビニュースを見ます。しかし、『しんぶん赤旗』

以外はすべて大企業の資本グループにその経営権を握られており、その経営上の「販売数、視聴率」を上げるために有効・有利なニュース（視聴率の高いニュース）を編集して販売しているのであり、国民にとって「重要、有益な真実」を報道するためのニュース編集をしているのではないのです。

「世論調査」は歴史的には、20世紀初頭の第一次世界大戦当初、米国で始まったと言われています。第一次大戦当初、米国はモンロー主義（孤立主義）を掲げ、ドイツと英仏伊の連合国の第一次大戦に参加しませんでした。その後、連合軍がドイツ軍に押されて、米国にもその被害が及ぶ事態になり、時の大統領ウィルソンは、方向転換で大戦への参加に舵を切る検討をし始めたのです。その際、米国のジャーナリストのウオルター・リップマンが「世論調査」を初めて行ない、世論を「参戦肯定」の方向へ誘導する世論調査結果を発表し、米国民が参戦に賛成の効果があることを見出したのが始まりです。参戦賛成の「世論調査結果」を報道し、人為操作により国民の考えを参戦に転換させることに成功したのです。以来、「世論調査」は為政者が国民の総意を一定方向に誘導するための世論操作の道具として利用されることになったのです。

典型例はナチス・ドイツのヒットラーによるゲッペルス宣伝相を使ってゲルマン人の優越性、ユダヤ人の地上からの抹殺宣伝活動に利用したことです。今や安倍派政治は自らの憲法改正、安保体制強化のために、マスコミの力、世論調査の利用を「ＮＨＫニュース」などを通じて頻繁に利用しています。その一環として、安倍元首相はほぼすべての大手マスコミ社長との昼食会を開催し、陰に陽にマスコミへの介入、ＳＮＳへの介入、フェイクニュース報道などにより、体制強化のために世論操作に多くのマスコミを利用しているのです。テレビ番組による国民の愚民化番組も多くあるのです。新聞、テレビは広告主に不利な報道は控えるところからも、真実を伏した報道、真実を歪曲した報道をするものです。

従って、我々国民は社会事情につき、何が真実であるか非常にわかりにくい社会に生活しているのです。現代は、学校教育の結果からか「ステレオタイプの人」が多くなっています。その理由は、不安な世の中で多くの人が「他人は皆どの様に考えているのか」を気にしており（忖度思考人間）、SNSなどで世論調査があると、その平均値に同調して心の安心を得ることが多くなっているからです。ヒットラーによってすでに操作された「世論」という情緒的な仕かけが、第一次大戦戦後のドイツ人の極度の生活、心理不安を世論操作により、見せかけのナチス政権に同調してしまったのです。世論調査については、本来はその平均値が「本当に正しいのか」、「真実なのか、正義なのか」を自分で改めて考え、世論調査を批判的に見たり、世論調査の裏にあるマスコミまたは質問の裏にあるの真意を暴き出す必要があるのです。さらに、自分の先入観、偏見などの「ステレオタイプ人間」を絶えず壊し続けること（疑問を持つこと）が大切なのです。

8　新自由主義経済下の「税制」の不当性

かつては約35%であった法人税率が現在は20%から10%台に下がっています。２０１９年度の法人税率は23・2%であり、それに加えて研究開発費減税、連結決算による納税額の減額で実質的には法人税率は10%台になっているのです。その結果、大企業の納税負担率は中小企業の6割程度になっているのが現状です。この減税実績は経団連の政治献金を圧力とした強力な要請があり、経団連は選挙時の資金と票を自民党に保証し、その見返りに安倍首相は法人税の継続的な減額を進めていたのです。

税制、財源は行政運営上の問題として、政府が必要と判断すれば、法律化して税金の増減をすることができます。しかし、恣意的または不条理な課税であってはならず、税の増減理論は「受益者負担」、「応能負担」の二つが大原則です。即ち、企業活動し受益があった、あるいは税金を支払う能力のある個人または会社に対して相当額な課税をするのが大原則なのです。

これに対し「消費税」は応能負担でも、受益者負担でもなく、ただ単に広く個人または法人が「取引」（消費・投資行為）があった場合にその取引に対して税負担を求めるもので、課税の大原則に反しているのです。

安倍政権は２０１２年12月以降、理由のない消費税を５％→８％→10％と二回の増税を実行してきました。その結果、２０２０年度の国家予算における税収入では個人所得税、法人税に対して消費税が一番多額な国家収入源となっているのです。また、応能負担の原則から本来累進課税により高額所得者・法人に対して所得税、法人税を累進課税で賄うべきところ、国家収入を低所得の国民個人に対しても消費税増税をなし、多額な内部留保金をため込んでいる大企業の法人税を減税するなどの不公平な税制になっているのです。換言すれば、本来大企業が負担すべき税金を、国民の全個人の日常的な食品購入（食品取引）の際の消費税徴収に転化しているのであり、不公正極まりない消費税課税なのです。

このような不公正な税制を強制実施しているのも大企業優先の新自由主義経済の政策だからです。

9　新自由主義経済下の国民の窮乏化、貧困化、無気力化、脱政治化

大企業優先政策であるＴＰＰの導入、生活保護、年金、介護など福祉政策の貧困化、教育の従順労働者育成の反動化、大学経営及び日本学術会議への組織・人事への介入、マスコミの統制、不公正な消費税同税など日本社会の大部分において、新自由主義の悪政策がいきわたり、ほぼ国民全員が不公平、不合理な生活、窮乏化、貧困化した生活を強いられているのです。

この反国民的新自由主義の政治・経済はただちに是正されねばならないと考えます。しかし、残念ながら国政選挙などの結果を見ると、その投票率は最近特に低調で政治に無関心な国民が多く、さらに経済統計を見ても経済的格差は広がりつつあります。その原因はどこにあるのでしょうか。

次に述べるとおり、欧州、南アメリカ諸国などでは反新自由主義運動、新自由主義政権の退場などが現れています。日本においては先にも述べたように、反自由主義運動の先頭に立つべき労働組合の弱体化、マスコミの機能不全などが大きな原因の一つと考えられます。しかし、最終的には国民各自が自分の生活改善は無論のこと、それ以上に自分の子ども、孫の生活、社会など将来の日本のあり方について真剣に考える必要があると思います。

10　ＥＵ、欧米の新自由主義経済からの脱却と福祉政策の充実

ＥＵにおける反新自由主義経済政策と社会福祉政策の成功

欧州では第二次世界大戦後の１９５０年11月にローマで開催された「欧州審議会」の参加国会議において「欧州人権条約」が採択されました。その内容は思想、良心、信仰の自由などの基本的人権及び欧州人権裁判所の設置であり、59条からなり、現在28か国が批准しています。

その後のＥＵ（欧州連合）の形成過程は、１９５１年「欧州石炭鉄鋼共同体」の設立条約が調印され、１９５７年「欧州経済共同体」、「欧州原子力共同体」が成立、１９６５年に3共同体が一体化し「欧州共同体」（ＥＣ）として設立されたのです。その上で、１９９３年11年1日、ＥＣに外交、安保、司法、内務の機能が加わり「欧州連合」（ＥＵ）が成立したのです。

ＥＵは２０００年12月、ＥＵ加盟国相互間の密接な連合、共通の普遍的な価値観に基づく市民権自由、平等、人間の尊厳などを希求し「欧州基本権憲章」を採択しました。この「欧州基本権憲章」の流れの中で米国中心の１９８０年以降の「新自由主義経済」に反対して「資本活動の規制ルール」化が強く求められました。

多国籍企業など大資本はそれに相応しい社会的責任を負うべしとの共通価値観により、大資本の行動につき抑制的な諸法、例えば解雇制限法、週35時間労働時間規制、正規労働者としてのパート労働規制、労働組合の横断的団体交渉・ストライキ権の保障などが資本規制ルールとして定められたのです。

例えば「欧州基本権憲章」第28条では、「労働者と使用者、または、それぞれの関係組織は、欧州共同体法および各国法と手続き規則に則って、適当なレベルで、労働協約を交渉し、締結する権利、および、利益紛争の場合にそれぞれの利益を擁護するために、ストライキを含む団体行動を行なう権利を持つ」と、同業者間の横断的労働組合運動、団体交渉が認められています。

それゆえにＥＵ諸国内ではストライキを構えた団体交渉により、賃金のベースアップ、労働時間の短縮が実現し、EU内での購買需要も発生し、格差は縮小され、福祉行政もそれなりに充実しているのです。

このようなEUの政策に対して、日本の財界人からの賛意が評されています。

ソニー元会長で故・盛田昭夫氏は「日本型経営が危ない」との投稿文で、「日本企業が欧米と整合性のあるルールの上でフェアな競争をして行くことが何としても重要」だとし、EUを手本にして「日本の経済・社会のシステム全体を変えていくこと」つまり、働くルールを含めたフェアな、ヨーロッパなみの「資本主義のルール」の確立を訴えました。

これに対して、岸田政治は真逆の政策、即ち、新自由主義政策の強化、格差の一層の拡大、福祉予算の削減などを強行し、日本破壊の経済政策を強行しつつあるのです。

南米・チリなどの新自由主義経済からの脱却

南米のチリでは、1970年に社会主義政権のアジェンダ政権が成立し、人権保障を中心にした政治をしていました。これに対して米国のCIAを使った新自由主義の政権樹立のためにピノチェト将軍のクーデターが起こり、以降20年以上にわたり非民主的な新自由主義に基づいた、半ば独裁政治が行なわれていました。国民の経済的、社会的に差別的な政治、経済が長く続きましたが、1990年以降、チリをはじめアルゼンチン、ブラジル、ウルグアイなど南米で一斉に新自由主義反対の運動が起ってきました。

チリでは1990年3月反新自由主義政権の誕生があり、2022年3月には左派ボリッチ氏が大幅な最低賃金引上げを公約にして大統領選挙に臨みました。その結果、同氏が当選した5月から横断的労組である中央統一労働組合（CUT）との交渉で最低賃金を14・3％増額するという歴史的な大幅アップが実現しました。かくして今や世界の流れは各地で大資本中心の政策批判として反新自由主義運動が巻き起こっているのです。

11　日本における新自由主義からの脱却の方法

資本活動の規制強化

新自由主義経済からの脱却のためには、何と言っても大企業自身の資本活動につき、自社のみの利益優先の活動を規制する必要があります。この点は資本主義である以上個別資本は、ほかの同業他社との競争が必然であるところから、個別資本の倫理規制だけでは困難な問題であることはわかります。それゆえ、時の政府による法規制で制限する必要があると考えます。

当時の安倍内閣はこれと逆の政策を推進してきました。即ち、安倍元首相は三番目の矢の成長戦略として「日本を世界で一番企業が活躍しやすい国」にするとのスローガンを挙げたのです。これでは国内及び国外の企業が望むところは解雇制限をなくす、労災補償も外す、汚染物質も出し放題にする、最賃制度も外すなどであり、資本の横暴をさらにひどくするので、これほどひどい「政策」はありません。事実、安倍、岸田内閣は資本のやりたい放題とはいかずとも、そちらの方向に向けた緩和策を取りつつあります。これに関連して日本の企業は、特に東南アジア諸国に脱出し、そこで目先の低賃金、環境規制の緩い地域で後進国的な操業をする様になったのです。

経団連など業界団体の資本活動には、罰則つきの制限規制が必要です。例えば不正競争防止法の強化策として合併条件に制限を加える、最低賃金制の引き上げ、役員報酬、株主配当率につき制限を加えること、さらに格差拡大につき業界団体が積極的に格差是正策、自己規制策を真剣に取り組む必要があると考えます。

経団連は大企業の上部団体として現在でも利益最優先、内部留保金の増大ばかりか詐欺的製品も販売するモラル最低の大企業も多く、その是正責任団体としての指導性も見られず、ブラック団体にも成り下がっているとも言い得るのであり、大に反省すべきです。

資本主義の最大、唯一の欠点は資本の活動による労働者の「搾取」です。資本主義の初期、中期においては資本の活動により封建性を止揚する点で、資本増大による産業発展など、歴史的な大いなる進歩がありましたが、現在の高度金融資本主義においてはこの「搾取」が大きな制度上の弊害となり、国民の間に過大な差別を生み、また国際的な巨大資本主義の活動により社会的差別、貧困が大問題になっています。この解消のためには資本主義制度を止揚して現在では「協同組合」組織化の活動こそが重要と考えます。即ち、生産活動は株式会社ではなく、より民主的な組合員の出資による協同組合経営こそ搾取をなくし、利益を出資者への還元金また品質向上の投資へ回すべきと考えます。この協同組合制度は日本でもすでに農業協同組合、漁業協同組合、消費者協同組合としてかなり発達しています。よってこの協同組合の組織化を今後「搾取」で利益を上げる「株式会社」に代わって、一層拡大し一般化すべきと考えます。これによって「資本の拡大競争」はなくなり、「品質向上」の競争に転化されて働く者の差別も解消するでしょう。

自公政権からの脱却の必要性

資本活動の規制には、政治が法律を以て積極的に規制することが必要です。現在の金にまみれた与党自公政権ではまず無理ではないでしょうか。新自由主義経済の克服には外国の事例を見ても新たな政権交代が必要と思われます。それには新自由主義経済の克服を公約にした革新政党の台頭が是非とも望まれるところです。

さらに現在の新自由主義を支える勢力としてはマスコミの堕落、労働組合の弱体化も原因になっていると思います。この組織改革が必要でしょう。

労働組合の横断組織化改革

現在の大企業中心の連合労組の体質では新自由主義の克服は無理でしょう。しかし、政権交代を目指すには、労働組合が本来の団結力を結束した一大社会勢力となることが必要です。そのために、労働組合が御用組合を脱して、真の働く者の利益団体として生まれ変わる必要があります。そのためには現在の企業別組合から脱皮して業界ごとの産業別の単一の横断的労働組合を組織する大変革が必要と思います。

協同組合活動、市民団体活動の推進

労働組合の改革に併せて、一般国民の意識改革も必要であり、その萌芽として一般市民団体としての革新的集団、例えば現在も全国的に「憲法九条の会」があり、また「安保反対闘争連絡会議」、「原発被害者団体」などの各種市民団体の活躍、また各種協同組合（生活協同組合、農業協同組合、漁業協同組合、森林協同組合など）の一致した政権交代要求運動も不可欠です。

以上のような革新的各種団体の一層の活動、盛り上がりが必要ですが、現在の日本の状況では政権交代の勢力はまだまだ力量不足と思います。現在の自公政権の交代にはあまりにも革新勢力、特に政党の革新勢力が各党の自己主張が強く、従って結束力は弱いので今後いくばくかの年月が必要と思います。

革新政党の当面の目標は揃って「反自公という目的」の一点に絞り、共闘体制を組む必要があると考えます。それができていない期間、国民全体の新自由主義経済の犠牲者は絶えないでしょう。

第6章

日本が向うべき高度福祉国家の実現

1　日本の望ましい国家像

　これまでに近現代日本の歴史的概要及び多くの国家的諸難問、日常生活の不合理性を指摘してきました。最終章では今後、これら諸難問につき、どのように対処すべきか、また解決すべきかにつき、その道筋を述べてみたいと思います。いずれも極めて困難な問題であり、著者の力量に及ぶものではないとは承知しつつも、人間は本来いつもわずかでも将来への希望が必要であると思います。そのような将来への希望と展望を含めて、今後の日本の在り方について以下述べてみます。

歴史的発展形態

（これまでの人類社会の歴史概観）

　人類（ホモサピエンス）が地球上に現れてから、およそ20万年経過していると言われています。このうち、人類の文明社会としての歴史は、縄文時代から弥生時代を経て、わずか６０００年～７０００年であるとも言われています。この有史時代につき、多くの学者は次のとおり時代区分をしています。

　原始共産社会
・封建時代（律令国家時代を含む）
・初期資本主義時代
・後期資本主義時代（現代）
・社会主義時代
・共産主義時代

（封建時代から資本主義時代へ）

封建時代は、すべての社会的生産手段は天皇、藩主、領主、大名、幕府などが所有し、ほぼ99％の国民は「農奴」として人格・人権は認められず、藩主らの命令に従い、小作農業、兵役、土木作業などに駆り出され、食料は領主などにより過分な租税を巻き上げられて、残りのわずかな麦、粟などでの生活でした。

藩主、大名などは自らの領土を広げるために、ほかの藩主などと野戦を繰り返し、農奴はその傭兵として生死を賭け、戦場に必要のたび駆り出され、命を失う者も多くいました。

その後、農民から小地主や大地主が生まれ、その財力を生かして金貸しなどの商人が生まれました。日本では、江戸時代末期に黒船来航など外国からの圧力で江戸幕府は倒壊し、初期資本主義としての天皇中心の明治時代の近代国家となりました。

明治時代から大正時代、昭和初期にかけて、日本の資本主義は階級対立を孕みながらも発展し、明治憲法を経て、第二次大戦後に現在の象徴天皇を定めながら、憲法上は民主的な日本国憲法が制定されたのです。この「新憲法」上の規定により、戦後の日本は国民主権、基本的人権、平和主義、国際協調主義が定められて、国民は「個人の尊厳」のもとに職業選択、学問の自由、表現の自由、労働組合活動の自由など多くの自由権と平等権、社会的基本権の保障を享受してきました。そのもとで、日本経済は株式会社の「資本」活動を自由に任せ、大いに経済発展をなし、世界で一流の先進国となったのです。

（現代の金融資本主義、新自由主義時代）

資本主義も１９６０年代以降の後期資本主義となると、商品の交換手段であった貨幣自身が一つの「商品」となり、「生産物の売買」から「貨幣の売買」が中心の「金融資本主義」に変容しました。

金融資本主義時代になると、大企業の商品売買の目的は、有益な商品を売って利益を上げることではなく、貨幣の売買、為替取引による外国貨幣との売買、即ち貨幣自体の量的増大を目的とした「貨幣の増大＝資本の増大・蓄積」として、貨幣獲得が世の取引の最終目的となってしまっているのです。

このために「貨幣たる資本」によって、より大きな「貨幣たる資本」の獲得競争が激化し、労働者はあたかも生産素材・原料の如く、一つの生産コストとしての「労働力商品」として限りなく低コスト（低賃金）で働かされて、できる限り安い「労働力商品」が求められています。現代ではその一典型例として「非正規労働者」群を生み、また長時間労働を強いられて過剰労働ストレスを生み、「過労死」をも発生させる日本社会となってしまっています。

現代の後期資本主義時代は、低コスト商品扱いの労働力（労働者）も限度もなく低賃金、長時間労働を強いられる時代となって、政府主導でこれまでとは違った「働き方改革」（実態は「働かせ方改革」）が大勢となって、次のような社会的病理現象が発生しているのです。

・労働者の労働形態が人件費（賃金）の限りなき削減から、正規雇用から非正規雇用、派遣社員、フリーランス、パートなどへの切り替えが行なわれ、国内でも国際的にも貧富の差が拡大して新たな最低生活以下の貧困生活の蔓延。

・憲法、法律違反の労務政策、即ち労働基準法脱法、賃労働を偽った「偽装請負型労働」などの発生。

・労働組合嫌悪の労務政策。

・重厚長大の生産産業（製鉄、造船などの現物生産産業）が衰退し、代わって金融や株式取引が中心となり、健康や幸福よりも、常に最大貨幣利潤を求めて大資本の合併、M&Aなどにより「資本のさらなる拡大競争」が激しい社会であること。
・大資本家と労働者間の超所得格差の増大（貧富の格差拡大）。
・労働者（大半の国民）の年金、介護、医療など社会福祉の削減。
・巨大多国籍資本会社が中心となり、自由に国境を越えて多国籍大資本家中心の過当競争、脱税の氾濫。
・資本の投資先が徐々に縮小し、さらなる利潤を上げるために軍需・武器産業への投資と輸出の拡大、カジノ推進、原発事業の維持・拡大、ひいては世界の安全、健康を害する火力発電所の輸出拡大など。
・その先に軍備拡張、集団的自衛権行使による戦争参加の危険発生。
・国家が巨大資本の従属下に置かれ、国家を利用して強大資本のさらなる利潤拡大の政策を法制化により進めていること。

以上のとおり、現在の日本は新自由主義経済の推進により、資本主義の最終段階である「金融資本主義」時代なのです。結局、新自由主義経済は、今後の世界平和にとって極めて好ましくない戦争へ誘導するの道なのです。

このような巨大資本の無制限な活動は、合理的な規制をして病理現象を治すルール化が必要です。資本の自由は規制をかけて制限する必要があります。独占禁止法などにより、独占企業を制限、排除すること、内部留保金に対しても制限を設け、且つ課税対象にすること、非正規雇用制度の廃止、労働の量・質に関して厳格な均等待遇を保証すること、派遣社員の制限、派遣業の廃止、軍需産業の制限、非核三原則・武器輸出禁止三原則の復活など、多くの基本的な改革が必要です。現在の自公政権では、この弊害の多い新自由主義経済の改革は到底見込みがないと考えます。従って、自公政権の交代は是非とも早急に必要なのです。

望ましい国家像とは

これまで現代日本政治、経済、社会の諸問題について述べてきましたが、その改革実現後の日本の望ましい国家のあり方について結論的に述べれば、筆者は次の5点に集約されるものと考えます。

第一、日米安保条約、日米地位協定は不平等軍事条約であり、早期解消に努め「日米平和条約」とし、自衛隊は改組して主として災害救助組織とする。

第二、現在の日本憲法に定める「国民主権（民主主義）基本的人権、平和主義の権力牽制の三権分立の統治機構」を遵守。厳守した民主主義政治と民主主義社会の実現。

第三、国際関係では第二次大戦の反省として設立された「国際連合憲章」（国連）の尊重、国連の組織強化、「国連軍」を早期に設立して、すべての国際紛争を国連主導で協議による解決を優先し、最終的に国連軍のみが世界のすべての紛争解決につき武力解決にあたり解決すること。

第四、労働組合につき、早期に産業別横断的個人加盟の単一労働組合の組織化を実現し、自公政権代わる革新政党政治により、「高度福祉国家」の実現を目指す。

第五、日本国は「一等国、武力国家の妄想」を捨てて、第二次大戦の真摯な反省と然るべき補償を行ない、いわゆる中流国として、まず、国連傘下の「東アジア平和共同体機構」の実現に努力し、同機構を通じて平和、経済、文化などの交流を図り、併せて国連軍のもとで日本と世界の反戦、平和、繁栄に寄与すること。

これら5点の基本方針の方向での政治、経済、社会の実現を目指すために、その必要な具体的政策を以下指摘してみます。

2 金融資本主義から高度福祉国家（北欧型）への移行

福祉国家移行の必要性

現在の金融資本の無制限な新自由主義政策を廃止し、国民・労働者中心の福祉国家への移行が、是非とも必要であると思想が生れてきています。

「福祉国家」と言う場合、これまでは資本主義体制内において弱者救済のための福祉政策、例えば生活保護の拡大、低所得者への経済援助など、資本主義体制の永続のための福祉政策が考えられてきました。しかし、これとは異なり、資本主義体制から社会主義体制への一つの移行段階としての福祉政策、これを目指すべきと考えます。成熟した現代日本の金融資本主義においては、高度資本主義からいきなり社会主義への移行は可能でしょうか。その具体的方法はどうあるべきか。

この困難且つ重要な国家的な問題は、当然ながら国民全体で十分な議論、国会議員の公正な選出（選挙）、国会での十分な議論が前提になります。その現実的で可能な方法を考えるに、まず、国会議員の選挙において、現在の自公政権を倒して、資本主義国家であってもより福祉重視のリベラル革新政党、労働組合の再生による資本主義内での高度福祉国家を目指す政権樹立がまず必要であると考えます。

現在の立憲民主党、社会民主党、共産党、労働組合、各種民主団体、市民らが共闘して、反自公の国会議員の過半数を獲得し、連立政権を勝ち取り、金融資本主義政策の既得権を排除・転換し、国民への高度な福祉政策を重視した連立政権を実現することです。高度な福祉施策、即ち、軍事費を大幅に削減し、格差是正の税法を実施し、そこで生み出された予算を医療保険の無償化、大学までの教育費の無償化、老人介護費の無償化などの高度福祉政策に充てる政権への移行を目指す必要があります。

しかし、筆者は「民主主義の徹底」こそまず目指すべきと考えます。具体的には現在の日本国憲法の徹底的な実現です。現在、憲法の規定と実社会との間には多くの乖離、矛盾があります。例えば、憲法第9条と現実の自衛隊の戦力問題、同14条の法のもとの平等と男女賃金差別、同21条の表現の自由と大手マスコミの報道規制、同28条の労働者団結の自由と日経連の組合への支配介入の多発、同41条の国会の最高機関に対する内閣優越の政治などです。

これらの多くの憲法上の違憲侵害につき、徹底的な改革運動、徹底的な憲法実施運動＝「民主主義改革」が今後の野党、労働運動、社会運動などで行なわれる必要があると現在考えています。この方針と運動は換言すれば、現代の日本社会では未だ国民主権に基づく「民主主義の政治」が不十分であると考えるからです。さらなる日本社会の民主主義改革が必要であり、その上での福祉国家の実現が可能であると考えます。そしてその先に社会主義国家への可能性の道が開けてくるのではないでしょうか。

各種高度福祉立法の制定、安保法制の廃止、資本活動の制限立法、日本の農業、水産業、林業、再生自然発電、その他イノベーションによる貿易振興による中規模国家としての安定的な産業を中心とした福祉平和国家の実現を望みたいものです。まず、現在の憲法の完全履行を資本主義体制内での運動が継続して強力に進めば、いずれ公共事業や主要産業の国有経営も必要、必然となり、その先には社会主義体制の可能性も近づいていくものと思います。

逆に現在の安倍派政治的な岸田内閣の政治の継続では、近いうちに米軍とともに他国との戦闘に巻き込まれ、多くの日本人の戦死者の発生、膨大な軍事費の投入に押しつぶされて、国民の生活はいきづまるのではないかと思います。

福祉国家の成立要因（各国比較の福祉国家形態）

一般に、また北欧の歴史から見て、福祉国家の実現、発展は労働組合と特に社会民主主義政党の運動の拡大、成長が不可欠とも言われています。ヨーロパ各国の歴史を見ると、そこに多様性があります。労働組合の性質や組織（ただし企業別組合では不可）や時代の経済成長、社会的給付受益者の運動なども関係しています。

なお、ここで「福祉国家」とは色々な定義があり得るのですが、筆者としては福祉国家とは「資本主義か社会主義かは問わず、国民生活で福祉分野（医療、介護、高齢者、障害者やその他経済的弱者）に対する政策に重点を置く政治体制」とします。

その福祉国家とはどのような運動、要因で形成されるのでしょうか。先進国の福祉国家形成の経過を見ると、最大の要因としてその国の歴史的発展経過によることがわかります。歴史的経過にはいくつかのパターン（型、類型）があり、英米中心の「自由市場型福祉国家」、ヨーロッパ大陸中心の「国家主導型福祉国家」、北欧中心の「労働組合、社会民主主義政党型福祉国家」、豪州中心の「賃金強制仲裁型福祉国家」などのパターンが見られます。以下に概観を述べます。

（自由市場型福祉国家）

自由主義的な市場を中心にしていた英米型国家では、国家は福祉政策にあまり関与せず、労使の自治に任された限りの福祉政策です。労働組合の結成、労働協約に法的な拘束力、法的な保護はなく、労使間の契約であり、法律的な最賃制度、労働時間規制もあまり見られません。労働組合は一般に非政治的で、経済闘争中心です。労働組合は横断的全国産業別労働組合の組織により職種別、産別交渉です。貧困層の対策は放置されやすく、わずかな公的扶助になります。

（国家主導型福祉国家）

ドイツなど大陸ヨーロッパ＝保守的民主主義国家に見られる福祉政策です。ここに「保守的」とは旧守派の意味ではなく、「キリスト教的」という意味です。労使の相互了解の成立には、歴史的社会的な背景によるもので、ドイツのギルド伝統、カトリシズム、社会主義的運動の影響が考えられます。ヨーロッパ的福祉国家においては、労働者（≠国民）の生活保障や経済の安定のためには、社会的な制度によって市場（資本の自由）を制御する必要があると考えられているのです。この思想が今日のEUの考え方に引き継がれているのです。

かくして、ヨーロッパ型福祉国家とは、産別横断的組合が市場経済を規制するところから、賃金闘争でも必然的に社会保障制度と連動し、強い影響を与え、それなりに高度な福祉国家を可能にしているのです。

（労働組合、社会主義政党型福祉国家）

スカンジナアビア、特にデンマーク、スウェーデンでは、現在、最も充実した福祉国家です。その原因は次のとおりです。

・社会民主主義政党が早い時期から政権をとり、福祉国家の形成に努めてきました。デンマークでは1900年初めから、スウェーデンでは1930年代から「社会主義政権」が成立しました。

・両国では早くから労働力不足のため、強い労働組合が活動していましたが、経営側も産業平和を求め、1938年にスウェーデンでは「サルトシェバーデン協定」が成立し、経営の所有権は認めるが、所得配分については労働組合に強い権利を与えることになり、「歴史的労使妥協」が成立したのです。

・低生産部門と高生産部門との労働者の移動をスムーズにする労働市場政策も早い時期に作られました。その理由は、組合が獲得する高賃金について「連帯賃金政策」が採用され、賃金の平等化が求められたからです。そのために、早くから再転職職業訓練投資や失業補償性が充実していたのです。

・ジェンダー平等制度の採用も早くからありました。大陸では労働力不足につき、移民政策をとりましたが、北欧では女性の労働市場参加政策をとり「共働き家族」を政策目標としました。また、経済市場においても、「労働組合」の政経不可分による政策交渉力があり、社会主義政権の公的財政支出も大きく、このような社会的市場介入により、北欧では労働組合主導の福祉国家のシステムが形成されたのです。

・「労働組合、労働政党要因説」、スウェーデンでは1930年以降、全国的労組連盟（LO）と社会民主党の階級的共同闘争と政策により、福祉国家の大進歩が見られました。

（賃金強制仲裁型福祉国家）

オーストラリア、ニュージーランドに特有に見られる福祉国家型です。労働力不足を原因として、団体交渉につき、最終的には国家の「強制仲裁」により高額な賃金、即ち生活に十分な所得が保障されています。それ以上に国家による福祉制度はあまり必要ではない。その点では米英型と似ています。労働組合も経済闘争中心です。

（日本型福祉国家」とはどのような型なのか）

日本の福祉国家は、これらのどれにもあてはまらないと考えられます。強いて分類すれば、諸類型の「混在型福祉国家」でしょうか。その内容は「福祉国家」と言えないほど、極めて強い企業（資本）寄りで「反福祉的な資本主義国家」とも言えます。社会保障費の支出はヨーロッパ型の40～50％の水準です。「混在型福祉国家」を強いて述べれば、市場取引はヨーロッパ型ですが、社会保障は米国型です。このような日本型福祉国家の原因は、後発資本主義で「欧米に追つけ型」という国家による経済政策が戦前・戦後ともに財閥、大企業企業の優遇で行なわれたことです。反面、労働組合や社会主義的政党の弱さがあるのです。自民党と社会党の55年体制の如く、労働組合の支持政党が政権につくことがほとんどなかったことは象徴的です。

労働組合や社会主義政党の弱さの原因は、労働組合の組織が「企業別組合」であることが最大の原因です。「企業別組合」であることは、組合の組織力を弱め、ひいては社会主義政党の組織力も弱めていることになるのです。

さらに、日本の労働協約の効力は企業別組合ですから、企業内でのみ効力があり、同業産業の全般的な労働協約の波及効果が欠如してしまうのです。この点がヨーロッパ型、北欧型、ニュージーランド型と異なります。

この点に関連し、日本の大企業では特に企業内福祉が発達したことが特徴的です。社会保障制度全般が大企業中心の内容になりがちであり、労働組合も企業の厚遇に甘んじたていたと言えます。よって、日本型福祉制度は自民党独裁の自由主義的福祉政策であり、医療皆保険、厚生年金などは官僚主導型福祉政策であり、福祉の内容は概して低く、大企業中心的な構造をしており、それは労使関係が企業別組合であることと深く関わっているのです。

1970年代末から労働運動の危機が起こり、組織率の低下、労働協約締結の低下が見られます。この間、北欧では従来のストライキを伴った、組合争議活動が活発となり、賃金の上昇が続いたのですが、米・英では減少しています。

1990年代以降、国際競争力の激化により、日本では資本の海外移転などにより国内産業の空洞化が生じ、労働組合の組織率もさらに低下しました。この変化により、経営側が優位に立ち、労働組合の力が落ち、社会保障の内容もレベルダウンしていったのです。

現在の日本の労使関係を国際比較すると、際立って弱体であることが特徴です。その原因を改めてまとめてみます。

・第一に「企業別組合」であること。
・しかもそれでユニオンショップ制が一般で、労働協約で組合員を全社員強制加入とすること。
・組合の組織率は現在、約17%で先進諸国で最下位。

従って、日本の労使関係では社会保障を充実させる力も弱く、国の規制緩和策、福祉政策の後退に対しても反応が弱いのです。

今後の展望としては、福祉受益者のネットワークによる抵抗力、国際競争力に対する市場の規制＝「規制された市場」への進展がキーポイントであり、その如何によって労使関係、ひいては福祉制度のあり方が影響を受けると思われます。
・右の4類の型より見て、日本の社会、歴史、国民性はどれに近いのか、日本の在るべき福祉政策は今後どうあるべきか、改めて考える必要があります。日本の国民性、伝統的仏教社会から見れば、「大陸ヨーロッパ型福祉国家」とも考えられ、今後、横断的労働組合の活動による、高度福祉国家が望ましいと考えます。
・日本の現状は未だ封建思想、天皇制思想が残存する上に、第二次大戦により米国に占領されたために、日米安保条約による膨大な軍事費負担も増大しつつあり、福祉政策の低減ばかりか、なかなか真の民主主義、民主政治が国民に浸透しないのが実情です。ここでも、日本の低福祉政策の元凶は日米安保条約の存在です。
戦後の「企業別労働組合」の弱体性は、教育界での「米国型PTA」が日本へ輸入されながら、それとは異質な「日本型PTA」の弱体性と酷似しています。即ち米国でのPTAが地域の教会を中心にした地域の横断的な住民中心の組織、活動であり、日本のような学校単位の組織ではなく、そのPTAメンバーは通学児童の有無を問いません。従って、米国のPTAは「校長」の任命や「カリキュラム」の決定は地元地域の多職種の住民らで行ない、PTAを組織して学校運営に協力しているのです。

これに対して日本の「PTA」は、通学児童の父母しかPTA会員になれないので、児童が学校に人質として取られ「学校内父母組織」と化し、これは労働組合員が企業に人質として取られている「企業内労働組合」と酷似しているのです。

そのために、日本のPTA活動では、地域の民主的な教育活動ができていないばかりか、学校、校長、さらに政治、経済界による教育界への介入が原因で、児童のためのよき学校組織活動がそもそも不可能です。戦後約70年近く経過しても、このような事情もあって未だに「いじめ、不登校、児童自殺」が繰り返しているのです。現状の日本のＰＴＡ活動では、今後もいじめや不登校問題の解決は難しいと考えます。

結局、日本の福祉政策は、いずれの福祉国家類型の外見的な見栄えのよい点をモザイク的・ミックス的につまみ食いした大企業のための偽福祉政策なのです。

モザイク的とは、アメリカの自由市場経済堅の放任策の採用、ニュージーランドの仲裁的賃金決定（人事院勧告）の悪用、北欧型の転職自由的な猿真似な「働き方改革」など、人件費削減策強行などの福祉政策です。

この指摘は最重要なポイントです。日本の労働組合はなぜ弱体なのか、日本の革新政党はなぜ弱いのか、なぜ国民は低福祉政策に甘んじているのか、なぜその政策を決める自公政権に反対しないのか。日本の革新勢力が全般的に弱い究極原因は、まさに「企業別労働組合」に根本的な原因があると考えます。

なお、日本の状況を見るに、戦前は軍事・産業強化方針であり、戦後は米国の要求が強く、到底「労働政党型福祉国家」とは言えず、あえて言えば「米国、大企業、国家官僚」中心型の福祉政策であるのではないでしょうか。

3　福祉国家のための外交政策

日米安保条約の破棄

今後、日本の安全保障の確保方法としては、日米安保条約の破棄、日米平和条約へ改定、自衛隊の改組が必要です。

昭和27年10月の安保条約締結以降の約70年余、日米安保条約は、日本に何をもたらしたでしょうか。言うまでもなく、米軍基地の騒音や自衛隊の肥大、軍事費増大、社会保障費削減以外にも、日本の米国一辺倒の外交、米国要請の経済政策、財政政策、農林・水産・牧畜政策、その他日本の国民生活のあらゆる分野に極めて不当、異常な政策の歪みを生み出して今日に至っています。

その原因は、安保条約が超大国米国との極端に不平等、有害な軍事条約であるからです。この不平等、有害な安保条約をただちに破棄する必要があります。

それでは日本の平和維持、日米経済関係が上手くいかないという人もいるかもしれません。しかし、日本にとって不平等、且つ有害な安保条約を破棄し、代わって平等な日米友好平和条約を結んで日米関係を維持、アジア東北関係国（中国、北朝鮮、韓国、ロシア、米国など）との相互平和条約の締結、国連中主義の外交実現などに努めなければ、日本の安全、平和な国民生活は実現可能とならないと考えます。

安保条約を破棄し、それとともに「安保戦争法制」の破棄、辺野古基地建設の中止、日米地位協定の廃止、憲法９条の維持は必要です。

これからの日本は、日米同盟を平和友好同盟に切り換える政府を作っていかねばなりません。安倍・菅・

岸田内閣は軍事優先、米国追従内閣であり、早期に退陣させ、平和追求の新内閣成立が必要です。日米安保同盟が解消すれば、次の政策が可能となります。

・地位協定に基づく騒音問題など不平等条約の解消。
・自主的な経済政策。
・対等で平和的な日米関係、対等な貿易関係。
・北東アジアの平和外交の実行と貿易関係。
・国連中心主義の実行、早期の国連軍の結成。
・被爆国としての非核政策の推進。

今後、50年先、100年先の日本を考えれば、日本は今、大きく舵を切って、平和国家として安心し、過度な資本競争社会、格差社会を乗り超えて、すべての国民が心豊かに生活できる環境作りが是非とも必要であると考えます。そのためには、日々着実に政治改革、国連改革を進めなければならぬと考えます。

世界の軍事同盟の破棄・縮小などの実例

今や世界戦略として、大国の軍事同盟組織は徐々に縮小されつつあります。すでに解散、失効した米国の軍事同盟はいくつもあります。例えば「東南アジア条約機構」（ベトナム戦争敗北で1977年解散）、「米華相互防衛条約」（米中の国交樹立で1979年失効）、「中東条約機構」（1979年解散）などがあります。機能停止・縮小の軍事同盟は、「太平洋安全保障条約」（1985年ニュージーランド拒否）、「米比相互防衛条約」（フィリピン1992年米軍撤退）。

現在機能している米軍の世界軍事同盟は、日米安保条約、北大西洋条約（NATO）、米韓相互防衛条約、このわずか3条約のみです。このうちNATOは欧州、特にドイツと米国の対立があり、米韓相互防衛条約も撤退縮小が言われています。これに対して、日米安保条約だけが安倍派政治の「米国の言いなり外交」により、基地の拡大、駐留米軍の増大が飛びぬけているのです。日本は自らの実質的、法的独立を主張し、安保条約の縮小・解消を目指すべきです。

ここで軍事同盟ではなく、平和同盟の実例として、ASEANについて述べます。ASEANは2022年6月10日から各国の国防相による「アジア安全保障会議」（通称・シャングリラ会合）を開催しました。そこで各国の国防相の発言は異口同音に「米国と中国、どちら側にもつかず、自覚的地位を保つ、しかも米中とともに協力する」との意見で一致しました。特にベトナムの国防相は「いかなる軍事同盟にも加わらない、対立する国々の一方の側につかない、自国内に外国の軍事基地を置かない、国際紛争に武力の威嚇・行使をしない」と、真に国連憲章そのものの厳守をASEANで実行すると述べているのです。誠に頼もしいASEANだと思います。

安全保障確保に向けて

改めて考えるに、戦後、昭和27年10月、安保条約締結以降の70年余は、軍事同盟である安保条約、地位協定（以下両者を日米安保条約とも述べる）は、日本に何をもたらしたでしょうか。言うまでもなく、米軍基地の騒音や自衛隊の肥大、軍事費肥大、社会保障費削減以外にも、米国一辺倒の軍事外交、米国要請の経済・金融政策、財政政策、農林・水産・牧畜政策など国民生活のあらゆる分野の政治、経済に極めて不当且つ反国民的な政策の歪みを生み出して今日に至っています。

その原因は、安保条約が超大国米国（米軍）の世界の覇者であり続けるための協力要請のために、極端に不平等、有害な軍事・経済条約であるからです。有害な日米安保条約を速やかに破棄する必要があります。

それでは日本の平和維持、日米経済関係が不安定になり、平和が維持できないという人もいるかもしれません。しかし、日本にとって不平等且つ有害な安保条約を破棄し、同時に代わって平等な「日米友好平和条約」を結んで日米関係を維持し、アジアの近隣国との友好関係を形成することが、最も確実な平和維持外交だと考えます。安保条約を破棄して、さらにそれとともに「安保戦争法制」の破棄、辺野古基地建設の中止、日米地位協定の廃止、憲法9条の維持の政策が必要です。

今や世界平和のための米国の覇権的、世界的軍事同盟は衰退しつつあり、その従属国として日本がいつまでも底なしの武器強化による平和維持協力は、多額の軍事費が必要であり、米国のみに平和維持を頼ることは時代遅れの外交と考えます。世界のいかなる国からも覇権主義は追放すべきです。

現在、覇権主義をとるのは特に米国と中国、ロシア、北朝鮮などであり、その中でも米国の覇権主義に基づく日米安保条約は、飛び抜けた軍事優先の不平など条約なのです。今やＮＡＴＯ軍事条約も衰退しつつあり、代わってＡＳＥＡＮなどの地域平和協定が進行しつつある時代です。

これからの日本は、日米軍事同盟を平和友好同盟に切り換える外交政策を積極的に進めねばなりません。安倍内閣継承の岸田内閣では、日本国民の平和維持は不可能であり、軍事優先、米国追従の内閣は早期に退陣させ、国連中心の平和外交を進める新内閣成立が必要と考えます。

国連中心主義、国連強化策、非武装中立外交

第二次世界大戦以降、国際連合結成からも78年が経過していますが、現在の世界でもウクライナ紛争、ミャンマー内戦、米中対立など国際的な対立・武力紛争が絶えることはありません。

この現実は、国際紛争解決機関として、国連の機能が十分に発揮されていないためです。その一例として、米国は2005年から国連中心主義を転換し、米国中心主義を標榜し、ことあるごとに米国軍中心の「友志連合」を結成して武力介入をしているのです（2001年9月11日事件に対するクエート侵攻など）。

その最大の原因は、第二次大戦後の東西対立、具体的には国連の決議における戦勝国5か国（米、英、仏、中国、ロシア）ら常任理事国に与えられた「拒否権」の存在に起因してると考えます。

この対立は、資本主義対共産主義（または社会主義）という国家体制の根幹に関わることであり、重大な事柄です。しかし、国連の存在意義、即ち二回にわたる世界大戦を経て、何千万人もの戦争犠牲者を出した反省から、今後は地球上から武力紛争を排除し、紛争解決は協議による平和的交渉に徹する誓いとして設立されたものであり、その存在価値、存在意義は国家体制を越える全人類共通の最高価値であると思います。

国連の存在価値をこのように解すれば、現在の国連につき、まず基本的な改革案としてまず2点が挙げられると考えます。

第一は、安全保障理事会における常任理事国5か国の「同意一致原則」（国連憲章第27条）、換言すれば常任理事国の「拒否権制度」を廃止すること。

第二は「国連軍」の創設（同憲章第42条）を早期実現することです。「国際連合」は言うまでもなく

「われらに一生のうち、二度まで言語に絶する悲哀を人類に与えた戦争の惨害を救う」（同憲章前文）ために１９５６年12月に設立された最高の国際機関です。同憲章によれば、特に国際紛争の解決方法については詳しく定めています。

一、「交渉、調停、司法解決など平和的手段によらねばならい」（同憲章第33条）と加盟国に平和的交渉解決の義務を課す。

二、「安全保障理事会」は「経済関係、航空、通信手段の中断、外国関係の断絶」など、あくまでも非軍事的措置を決定できる（同憲章41条）。

三、国連憲章は第33条、第41条の措置でも紛争解決に至らない場合には、最終的に安全保障理事会の決定にて「国連軍」を組織し、必要な行動をとることができる（同憲章第42条）。

ただし、この国連軍の創設は常任理事国の拒否権により、戦後75年以上が経過しても創設されずに時間がかかっており、この間、ＮＡＴＯなどの集団的自衛権（同憲章51条）の行使が横行しているのが現状です。

国際連合及び国際連合憲章による世界平和の維持方法に対して、常任理事国でありながら、ロシアによるウクライナへの武力侵略は、前代未聞、言語同断の国際平和の破壊行為です。

ロシアは国連憲章第１条（国際平和維持の目的）、第２条（加盟国は平和的手段で平和維持義務がある）、前記第33条、第41条などに明白な違反をしているのです。このようなロシアの暴挙が２０２２年２月26日以来１年以上も継続し、国連がこの間、有効な対応を取り得ないのは誠に残念です。この事実を目前にして、国連組織の改革案として前記載の安全保障理事会における常任理事国の拒否権制度の廃止、国連軍の早期創設が必要と考えます。

現在は「過去の東西対立」が消えたとは言え、潜在的な「新東西対立」が存在しており、その克服のためには、新東西対立を超えた新国際連合の組織改革改定、組織強化が是非とも必要と考えます。

日本のこれからの外交施策は、憲法9条の精神を世界に広めるために、日米安保条約を早々破棄して、国際連合の組織強化、世界平和にために邁進すべきと考えます。なお、若干の国連組織改革について以下のとおり述べてみます。

・国連の執行機関としては任期3年の平等な権利の「常任理事国」15か国を選出する。

・15か国の選出方法は例えば「欧州は3か国、北・中米は2か国、南米は2か国、アフリカは3か国、西・中央アジアは3か国、東南アジア・豪州は2か国」として地域内の選挙による。

・国家を形成しない「独立地域」(ただし、固有の国土と人口、独立政治・財政権を有する地域)は1国とみなす。

・国家間の紛争解決方法は、常任理事国の多数決決議に従う。ただし、常任理事国が当事者である国家は議決権行使はできない。国家間の紛争について、常任理事国の決議については、2か月以内に国連総会の多数決の決議により確定する。

・常任理事国15か国は、紛争解決決議と同時に、紛争当事国に対して国連決議履行監視団を派遣し、武力紛争を停止させ監視する権限を認める。従わなければ、ただちに国連総会決議の結成による「国連軍」の派遣により武力解決を図る。

・加盟国の出資金負担額(国連運営費)は総会で決定する。

4　福祉国家のための自民党政権交代の必要性

日本の高度福祉国家への移行条件

自公政権を打倒するには、横断的労働組合の存在が不可欠です。そのためには、労組法第7条二号の理解が必要です。即ち、企業別の横断的組合組織を結成し、団体交渉は二段階で行なうことです。つまり、企業内の個別紛争は企業内の交渉で解決する。しかし、業界全体の共通労働条件（賃金、労働時間、産休、時間外手当など）は、業界全体の問題として、横断的労働組合と業界経営者団体などのストライキも辞さない、横断的団体交渉で解決を目指すべきでしょう。

現にEUでは、横断的産業別組合との二段階で団体交渉が広く行なわれており、賃上げ、ベースアップ交渉も実績を上げています。企業内組合だけで団体交渉する日本式労使交渉は、企業間の競争が組合の競争を生み、同種他企業の労働組合との共闘ができず、結局、資本競争で労働組合を弱体化させ、組合の団結力を発揮することが難しいのです。

高度福祉国家への移行論

高度福祉国家への体制移行ステップ、即ち、現在の日本の高度金融資本主義体制から高度福祉国家への体制改革移行へステップするにつき、大胆且つ長期的な視野で述べてみると、概略はおよそ次のように考えます。

・労働組合の組織改革による全国的な「横断的単一労動組合」の組織化運動。
・労働組合・革新政党・市民団体などの共闘による与野党逆転の国政選挙の実現（第一次平和的議会改革）。

・国会決議の法律成立を通じ、大資本活動の制限・縮小、社会保障の充実、三権分立の厳格化、司法改革、国会の機能回復、行政権の制限、マスコミの健全化など。
・日本国憲法の完全履行化、日米安保条約を日米平和条約へ転換、自衛隊の改組。
・大企業の資本主義的生産関係の改革（大企業・公営企業の国有化＋協同組合＋小規模個人経営（第二次平和的改革）。
・高度福祉国家の実現。
・高度福祉国家新体制のさらなる福祉国家の強化推進。

移行のプロセスにおいて重要なことは、国民の多様な意見を尊重して、国政選挙を通じ、国会決議による平和的移行であることです。その原動力となるのは、労働組合の改革が是非とも必要です。以上を前提として、社会体制の移行論、労働組合の役割、歴史、組織などについて述べてみます。

マルクスは『共産党宣言』（1848年）の中で「資本主義から共産主義国家の実現には、国や状況によっては平和革命の可能性もあるが、大多数の国では「暴力的転覆」（暴力革命）が必要である」と主張しています。

この点はエンゲルスもマルクスの死後、『フランスにおける階級闘争』の序文において、普通選挙による合法的な闘争方法を高く評価しています。

日本共産党は移行論について、1951年頃には当時の野坂参三、徳田球一らがソ連のコミンテルン（国際共産主義の司令部）からの指示で武装闘争路線を決定したことがありました。しかし、その直後、自己批判して1955年「第6回全国協議会」で武装闘争路線放棄の決議をなし、1958年、1961年にも同趣旨の決議をしています。今日では「資本主義枠内での国会議会決議」による平和的移行を明確に主張しています。

現代の社会体制移行論で目を引くのは、社会主義国から資本主義国へのいわゆる「逆移行」です。なぜこのようなことが起こるのでしょうか。言うまでもなく、いわゆる「社会主義国」と言われる国々（中華人民共和国、ロシアなど）の社会体制が、さらに高度な社会主義レベルを標榜しながら、実際は逆に国民の人権を侵害し、反民主主義的な「独裁国家」となっているからではないかと思います。

一旦、社会主義国となったと称しても、現実がこのような独裁者による独裁国家であるがゆえに、このような現象が見られるのでしょう。

マルクス理論の発想によれば、今後の日本において、さらなる高度な体制改革を行なうとすれば、それは社会主義体制であると考えられます。しかし、現在の中国、ロシア、北朝鮮などはあまりにも人権侵害が多い独裁国家となり、中国も社会主義国家とは言えず、このような自称「社会主義国家」には、将来日本が進むべき方向ではないと考えます。

今後、日本が向かうべき高度福祉国家、さらにはその先に考えられる社会主義国家については、次の点が重要と考えます。高度資本主義による過当な資本競争の制限。生産活動における労働者からの搾取、疎外の排除された体制であること。利益獲得や資本の競争ではなく、生産物の良品質の競争を重視する。各種「協同組合」の拡大活動、公営企業の充実など。職業、性別、身分などによる賃金差別、経済的格差のない社会であること、実質的な同一労働同一賃金。高度な社会保障（医療健康保険、失業保険、介護保険、年金、学費など）の充実などと考えます。

労働組合の横断化組織による革新政党などとの共闘

岸田内閣の打倒方法については、現在の議会制民主主義制度においては、国会議員の選挙において、野党が過半数を獲得する方法が唯一無二であると考えます。特に衆議院議員選挙において、過半数獲得が必要です。

具体的な方法としては、国会議員選挙による革新野党議員の過半数獲得による平和的移行が必要です。過半数の獲得に至るまでのプロセスにおいては、各野党が互いに足を引っ張りあったり、自党のみの優越を求めることなく、第一歩は自公政権を倒すことのみを共通、唯一の目的として一致団結し、各選挙区において、特に一人区においては統一候補を擁立し、複数人区においても野党間で立候補者を調整し、統一候補を擁立して、好結果を出すように調整すべきです。物の順序としても、ともかく自公政権の打倒が第一であり、野党間の優劣は第二の問題であると考えます。

まず、野党間で統一選挙公約を決定し、その公約のもとで自公政権を打倒すべきです。現在の野党での政権が獲得できたならば、その時に初めて野党間での政策論争を行ない、その優劣につき、さらに国民の審判を受けるべきであり、野党政権ができぬ前から野党間で政策論争をし、野党間の団結を崩すようなことは絶対に避けるべきであり、国民にとっても大変迷惑なことと考えます。

そのようにして成立した全野党連立内閣に、安倍・菅・岸田政権が行なってきた憲法違反の諸悪法律（集団的自衛権、安保法制、秘密保護法、働き方改革法など）をすべて廃止する法律を国会で成立すべきです。この実現のためには、まず、参議院議員選挙、衆議院議員選挙での勝利が何としても不可欠であり、特に一人区での野党統一候補の全員当選が必要です。なお、ここで野党統一候補の人選決定について一言述べれば、1人区の人選については、選挙前の各党の現職議員数に比例して振り分けるのがまず合理的方法と考えます。何しろ、与党の安倍・岸田内閣勢力では強く結束しているのに、野党統一候補の人選では野党内対立・分裂が見られることは一般市民から見て誠に残念です。

一般の選挙民は、子や孫の幸せのために投票するのに、野党各党は内心では「我が党躍進のための選挙」と密かに考え、統一候補の人選・選挙運動に臨んでいるので、選挙協力の効果が上がらないのです。第二次大戦中の中国における毛沢東共産党と蒋介石国民党の共通の敵である日本軍に対してとった共同作戦、即ち「国・共合作」が今の日本の野党間で必要と考えます。

野党間の選挙協力で衆議院議員の過半数がとれれば、旧野党間での連立政権でもよいので連立内閣を組閣し、安倍派政治時代に成立した多くの悪法を次々と破棄、または修正議決し、よりよい政策を実行してもらいたいものです。

「選挙で野党国会議員の過半数確保」→「野党の連立内閣樹立＝安倍・菅・岸田内閣打倒」→「安倍・菅・岸田悪法の破棄・修正議決」の流れです。一旦、野党の政権が樹立すれば、決して自公政権の復活などの「すき」を与えてはなりません。

現代日本人の希薄な主権者意識

戦後77年経過した現在、主権者として日本人の民主主義の意識は未だに希薄であると思います。国政選挙の投票率が30％～40％以下であり、社会生活で一番大切なものは生活費＝金銭稼ぎは当然としても、その確保のみでの忖度や付き合い、自民党などの会社ぐるみの組織選挙の存在、日常的に政治、政治信条の話は避けていることなどの風潮は、主権者意識希薄化の表れでしょう。

無論、一定の生活費は必要であり、周囲の友人との円満な付き合いは不可欠です。しかし、現代の日本人の多くは政治話はタブーであり、ともかく個人の意見は控えて、差しさわりのない天気や芸能話、あるいは金銭稼ぎの話が蔓延しているのではないでしょうか。

その原因について考えてみるに、日本人にはほかの一般大衆と同じ考え、大衆と同じ行動を取りたい、周囲から違った目で見られたくないという自己否定的な思考があるように思えます。この習性は突きつめると、封建的思想になるのでしょう。封建的思想をさらに突きつめると、戦後自民党による政治教育への介入、近現代史や政治教育の不存在、天皇制賛美の行事、戦前の軍隊、現代の自衛隊の活動の賛美などがあると考えます。

昨今では、一部にこの殻を破って堂々と自己主張、自己の能力の発揮する多くの人が現れてきています。将棋の藤井聡太、アイススケートの羽生結弦、野球の大谷翔平、ゴルフの渋野日向子などです。しかし、いずれも彼らにつき、主権者としての意見が聞かれないのが残念です。過去において、むしろ花形スポーツ選手が自民党の推薦立候補者となる場合が多いのも残念です。日本人の生活感覚は未だに明治期、あるいは江戸時代の習性が抜けきれていないのでしょう。憲法上の国民は、国政の主権者としての規定と、現実の日本人個人の意識の間に大きなギャップがあるのです。このギャップの自覚が大切だと思います。

国会議員選挙での過半数確保の方策

実際に国会において、過半数の国会議員を獲得するには野党共闘、市民団体の活動・共闘、労働組合改革、マスコミ改革、教育改革、選挙制度改革などが必要でしょう。これらの諸改革が徐々に進み、その総合的な結集力がまとまって初めて、野党議員過半数の結果が出ると考えます。そのため、かなりの時間と知恵と努力、忍耐が必要です。

これまでの日本国民は、第二次大戦前は天皇中心の国体護持の精神に貫かれ、加えて軍部、財閥のもとで反民主的、非自立的な扱いを受けて、国民もその圧力下で多くの権力の弾圧を受けてきました。大戦後の日本は、天皇が神を否定し、人間宣言をなして象徴となり、国体護持の圧力は法律上消滅しましたが、なお憲法上「象徴天皇」の存在は、未だ反民主主義的に存在しているのです。

国体護持の圧力に代わって、戦後は東西対立の世界で米国の占領政策、その後の安保条約のもとでの圧力、さらに財閥復活による大資本企業中心の経済社会となり、米国と大企業の優先の自民党長期政権のもとで生活を強いられています。このような不自由な格差拡大の政治でも、未だ日本国民の反自民政治の運動が盛り上がらないのはなぜでしょうか。その原因探究の中に、次のような日本国民の特殊性が見い出されると思います。

第一は、明治の近代日本の幕開け前に、約250年以上続いた「江戸時代の封建制」の影響が未だ日本人の心の底にあるからだと思います。この点は歴史上、封建時代のない米国の国民性と比較すれば理解し得ると思います。米国においても、人種差別という非民主的な国民性がありますが、基本的人権、国民主権の意識は奥深いものがあると考えます。これに対して、日本では未だに男女差別、上意下達、天皇制尊重、家父長的生活習慣が多く見られます。いずれも、明治以前の何百年にもわたる封建時代に培われた国民性だと思います。

第二に、この封建的精神が起因となって、明治維新の改革、太平洋戦争終結時の対応、いわゆる60年安保闘争、戦後長きにわたる企業内組合の存在など、日本国民全体の抵抗権の爆発はいずれも国家権力に抑え込まれて不発となり、国民主権の抵抗権発露の経験が未だ一度もなく、いかなる正義の主張、行動に対しても「長いものには巻かれろ」、「和を以て貴しとする」、「出る釘は打たれる」式の意識が優先するのだと思います。

第三に、日本の地理的条件がアジア大陸の東端の太平洋上に浮かぶ小さな島で、他民族からの政治的、民族的、文化的刺激不足から、軟弱な国民性として生活習慣に慣らされてきたからではないでしょうか。個人主義や民主主義意識、主権者意識や階級意識が希薄な日本国民の特殊性については、今後の日本政治、社会のあり方、国民運動のあり方を考える時、充分に再思考すべきことと思います。

国民一人一人の自覚、自律的投票により、市民、国民の生活状況が大きく変わった事例がごく最近、横浜市で起きました。

横浜市は従来から、自民、公明支持の林文子市長のもとで新自由主義的市政、主テーマとしてカジノ誘致を進めて来ました。２０２１年8月22日実施の市長選挙で立憲、共産、国民民主など野党統一候補の「山中竹春氏」が18万票の大差をつけて新横浜市長に当選しました。山中新市長の政策が9月10日の市議会で次のとおり表明されました。

カジノ誘致は撤回する、中学校給食の全員実施（自校方式や親子方式など）、75歳以上の敬老パスは自己負担なし、子どもの医療費を無料とする、56万円かかっている出産費用を無料にする、林前市長の計画「新たな劇場」事業（建築費で６１０億円）を中止する、などです。

このように、賢明な市民らの選挙を通じて市長（地域政権）が代わると、市民の生活環境が大きく改善される実例です。真の民主主義行政は、自覚的な選挙投票により、可能であることを肝に銘じることが必要と考えます。

政権交代「移行後」の基本的政策と「日本国の将来の姿」

政権交代後の日本国の基本的政策及びそれに基づく「日本国の将来の姿」としては次のように考えられます。

・資本活動制限の具体策は、新自由主義における資本の横暴を厳しく排除し、国民生活の福祉重視の政策に転換し、高度福祉国家の形成を目指します。

・日米安保条約の破棄して、東アジア諸国（ロシア、北朝鮮、韓国、中国、東南アジア諸国）との集団的平和外交、国連中心主義の外交を目指します。

・労働組合の横断化組織による組合運動、市民運動の推進して、政権の一翼を担います。

・社会のインフラ事業（電気事業、上下水道事業、ガス、基幹鉄道など）の公営化です。

英国労働党の2022年9月の年次大会において、スターマー党首は国営の再生エネルギー会社の設立、鉄道の再公営化を主張しています。これらインフラ事業は公共性が極めて強く、国民生活の基本的な事業であり、私的利益目的の事業にはふさわしくなく、特に電力発電事業は国民全体の福祉、サービスの観点から公営事業とすべきと考えます。

多数の基幹的公共的事業の私企業と公共企業の「混合経済」を経て、その先に国会手続で国民に納得のもと、民主主義の支えられた社会主義社会が目前に迫り、大企業の生産手段の公有化への「変革」が進行し得るのではないかと考えます。

以上のような国内的な基本政策の基での政治活動、市民活動により、国際関係では今後、国連中心主義により米国とは距離を置き、東アジア諸国との集団的平和・政治・経済関係の形成に努め、内・外の武力による紛争・戦争を回避した平和的な高度福祉国家としての日本国の実現を目指すべきです。

喫緊の問題

現在、喫緊の問題は、いかにして岸田内閣を打倒するかの具体的方法の呈示です。同時に、日本の国の将来の具体的な「国の姿、産業・生活のあり方の基本方針」を提示することも大切と思います。

その一例として、「憲法9条を堅持し、近隣諸国との平和連帯協定締結、国連中心主義の平和外交を強力に推し進め、米国従属、安保条約を破棄し、自主独立、真の民主主義の中立国家」の呈示で十分です。将来の日本の方向は多くの良心的な学者、知識人により、例えば朝鮮の歴史問題を専門とする東大名誉教授・和田春樹氏、東大大学院教授・小野塚知二氏らにより強く支持されているところです。

安倍・岸田政治の米軍傘下の軍備超拡大、大企業優遇の新自由主義経済、大企業・官僚などの利権の即時廃止、国民の年齢、収入に応じた福祉の充実した福祉国家への建設、予算配分こそ目指すべきです。

また、現在の国家的危機の国家運営は、多くの国民の無知、無関心、無責任に原因があるのではないでしょうか。国民の多くは安倍・岸田政治による、偏向教育、偏向テレビ、偏向マスコミに毒されており、騙されており、現代日本の哀れな米国の奴隷のような姿に気がついていないのです。

このままの安倍・岸田政治では、子ども、孫、ひ孫の代には国民全体の生活が破綻し、国家の経済力も無になってしまうでしょう。一刻も早く岸田政権を倒し、資本活動を制限し、労働者、市民中心の平和産業、平和・平等な社会の実現に努めるべきと考えます。

あとがき

江戸末期から令和五年までの約170年間の日本の近代史を筆者の能力不足ながら振り返ってみて、この間多くの日本国民の生活が時の政府の政策により、右往左往して何とか生き延びてきたことをつくずく思いました。江戸時代の士農工商の身分制封建時代は無論のこと、明治時代に入り、近代文明開花の時代と言われながらも、国民の生活は絶対明治天皇制時代で、徴兵令（1873年）の発令で日清・日露・第一次世界大戦に多数の国民が駆り出され、生活面でも膨大な戦費ゆえの貧困生活を強いられました。

昭和時代に入れば、関東軍の謀略で始まった満州事変は連続的に日中戦争へ、また当時の岸信介商工大臣の指導のもと、満蒙開拓団（約27万人）の移住とその後のソ連軍進軍による悲劇の発生、さらに無謀なアジア太平洋戦争では、約3年半にわたり世界規模の戦争となり、およそ2300万人の尊い人命が奪われました。

筆者は昭和14年に生まれ、ものごころがついた時、広島市内で生活をしていました。呉軍港もあり、度々、B29の爆撃襲来があり、その都度、急いで防空頭巾をかぶり、親兄弟とともに裏山の横穴式防空壕に逃げ込みました。そして、1945年8月6日、午前8時6分に父親の出勤を見送るためパンツ一枚という裸姿で門を出た時に原爆投下があり、被曝しました。幸い、屋外だったため、砂埃の爆風を受けましたが、外傷はありませんでした。しかし、家に戻ると、家中のガラス戸のガラスがすべて細かくナイフ型に割れており、柱、壁、床、天井などに突き刺さり、屋根は落下していました。

しばらくすると、市の中心街で被爆した人たちのやけど姿を目の当たりにしました。その人たちは、服はボロボロに焦げ、肌は焼けただれ、裸足でトボトボと歩いていました。私たちは家からゴマ油を持ってきて、焼けただれた全身に懸命に塗っていました。

戦後は新憲法のもと、民主主義と言われた社会で、今日まで東京で過ごしてきましたが、本書記載のとおり、天皇に代わって今度は日米安保条約下の生活でした。

八十歳も半ば近くになって思うことは、現在の日本は、一見、民主国家として繁栄しているかのように思えますが、日本社会は「生魚」と同様に頭から腐り始めていると思います。特に安倍晋三元首相一派の政治家、日本経団連幹部らの腐敗度はひどいものです。

本書により、現代日本の腐敗状況を知り、さらにその事実を乗り越えて、活き活きとした「いのち」を取り戻して、まともな指導者がいる日本になることが実現できれば、これに勝る喜びはありません。

最後になりましたが、本書の完成につきまして、編集者の猪瀬盛氏に大変お世話になりました。心からお礼申し上げます。

２０２３年　11月　川島　仟太郎

付記（東電は汚染水の海洋放出をただちに中止せよ）

福島原子力汚染水の海洋放出は東電・政府・ＩＡＥＡ三者の国際的な犯罪

日本政府及び東京電力は、２０２３年８月24日（木）午後１時過ぎ、福島原発爆破事故で発生した「放射能性物質・汚染水」を同年７月４日、ＩＡＥＡ（国際原子力機関）の報告書記載の「国際的な安全基準以下に浄化した処理水の海洋放出」と称して、同報告書を唯一の根拠として福島湾沖合約一キロメートル先の太平洋に海洋放水を開始し、今後約30年間以上継続放水するという。

放出前にＩＡＥＡのグロッシ事務局長は日本記者クラブで記者会見し、今回の海洋放出について「人や環境への放射能の影響はごくわずかである」と述べた。この発言を吟味すると「わずかではあるが、放射能汚染水」を含む汚水を海洋に放出したことを認めた重大発言である。

同時に、グロッシ事務局長は今回の東電・日本政府（以下東電らと言う）の海洋放出計画自体について「推奨するものでも、支持するものでもない」との奇妙な発言もしています。その言わんとするＩＡＥＡの真意は、放射能物質に直接触れた汚染水をわずかでも海洋放出することは、地球環境に好ましくないとの意味を遠回しに述べた見解であると推測できます。

然るに、東電らは右発言について、ＩＡＥＡが「東電の海洋放出は無視できるレベルだ」と過少評価し、金貨玉条の「お墨付き」と受け止め、海洋放水を開始、実行したのです。

日本政府・東電及び「原子力村」村民、即ち大手電機関連企業、政治家、大手マスコミ、御用学者集団らのＩＡＥＡ報告書及びグロッシ事務局長の記者会見に対する評価は、素人でも驚くばかりの危険な

評価です。（原子力市民委員会が２０２３年7月19日付で発表した内容を参考）

原発事故の「汚染水」が極めて危険、有害である理由

①政府・東電などは放射能「処理水」の海洋放出は米、英、仏、韓国などで現在も行なわれているから問題ないと言います。しかし、諸外国の原発設備からの放水は、原発の正常運転中に原子炉の周囲を冷却するために使用した、処理水の海洋放出であり、これに対して福島での海洋放出は原発事故により原子炉が爆発・破壊し、原子棒が融解してデブリが露出し、多種多様な放射能物質に触れ、強い放射能を含んだ「放射能汚染水」を海洋投棄するものです。「放射能汚染水」の公海放出は世界でも前例がなく、今回が初めてなのです。それ故、他国の原発からの「処理水放出」とは全く事情が異なるのです。

②東京電力は放射能汚染水を浄化するために、多核種除去設備として「アルプス」を設置し、汚染水をすべてアルプスを通過させて放射性物質を浄化して海洋放出するので安全であると発表しました。その際、東電はアルプスで除去できない放射性汚染物質はトリチウムのみであると政府審議会に公表してきました。しかし、２０１８年に報道機関により、そのほかにセシウム、ストロンチウム、ヨウ素などの放射性物質が除去されないことが明らかとなったのです。

（ⅰ）トリチウム

東電は、トリチウムは健康被害が確認されていないと説明しています。しかし、分子生物学者によれば、トリチウム（半減期12～13年）は水に似た分子構造であり、容易に体内に取り込みやすく、体内ではタンパク質、糖、脂肪などの有機物と結合して「有機結合型トリチウム（ＯＢＴ）」となり、ベーター線などの放射能を放出し、15年間も体内に留まると、内部被爆に晒され、白血病、新生児の死亡率増加、ダウン症などが発生し、その実例もあります。

（ii）セシウム

核爆爆発事故や原発運転により生ずる放射能廃棄物として、セシウム135（半減期230万年）、セシウム137（半減期30年）もアルプスでは除去されません。これらは核汚染物質であり、海洋放出で魚類を通じて、人間の体内に取り込まれて、有害放射性物質であるベーター線を出する発がん性物質です。

（iii）ストロンチウム

ストロンチウム90（半減期29年）も主要な放射性廃棄物であり、その崩壊する過程でイットリウム90が発生し、ガンマ線を放出し、骨がん、白血病の健康被害が懸念されています。

（iv）ヨウ素131、ヨウ素129

ヨウ素も放射性物質であり、原発爆発の際などに発生し、これもアルプスでは除去できません。ヨウ素を吸うと、喉がんや甲状腺腫になる可能性が高いのです。

以上の通り、東電らはアルプスで浄化した汚染水に大量の海水を混ぜて海に放出するので、安全であると言いますが、とんでもない虚位です。

（ⅰ）～（ⅳ）の人体に有害な放射性物質などを含む汚染水を公海に30年以上も放出し続けるのです。これを犯罪と言わずして何と言うのでしょうか。現に福島県民により「公害犯罪の処罰に関する法律」に基づき、東電社長を刑事告発している事実もあります。

③東電は放射性物質の除去について2回行なうと言っています。第一次浄化は「アルプス」多核種除去設備でのろ過であり、さらに第二次浄化もアルプスで行なうと言います。しかし第二次浄化の結果は不明であり、ＩＡＥＡの検査もされていません。即ち、ＩＡＥＡの報告書では、第二次浄化の結果について全く触れていません。

そもそも、アルプス設備の水質検査でもＩＡＥＡは事前に東電と政府の二者のみからサンプル提供を受けて、そのほかの公正な第三者機関、または自らの自由、任意の試料採取はなく「報告書」を作成しているので、この点でもＩＡＥＡの「報告書」は客観的な信用性がないのです。

④放射能汚染水の処理については、原子力委員会で複数の方法が検討されたと言います。例えば大型堅固タンクに保管する、モルタルで強固固体化する、堅固な巨大ガラス玉の中に放射性物質を詰め込む、海水で薄めて海洋放出するなどです。

その各処理方法の予算は30億円～３２０億円であったと言われています。

これらの方法を東電と政府は検討して、今回は一番安い「海洋放出」に決定したと言われています。放射性物質、汚染水の処理については、当然のことながら「安全性」こそ一番重視されるべきであるのに、東電と政府は一番安価で一番危険な方法、即ち海洋放出に決めたのです。全くこの点こそ全世界にとって無責任な大問題です。

参考のために述べれば、1986年の旧ソ連でのチェルノブイリ原発事故後の処理は、原発施設の全体を厚い堅固なコンクリート塊に固めました。1979年、米国のスリーマイル島の原発事故では42％の放射性物質が露出し、汚染水も発生しましたが、河川や海には一切放水せず、堅固な固形物に固めて現在も監督管理中とのことです。

この前例から考えても今回の東電と政府の汚染水海洋放出は、極めて安易、危険な方法であり、それも今後30年～50年以上にわたる超長期間の汚染水の海洋放出です。前代未聞の無責任、危険極まりない国際的犯罪行為（「公海に関する条約　第25条」違反）です。

⑤放射性汚染水を公海に放出すれば、そこにいる魚類が汚染水を飲み、汚染された海藻を食べ、放射能汚染された魚類は、食物連鎖でやがて人間が放射能汚染魚類を食べることになります。人間にとっても極めて有害、危険であることは明白なことです。

この明白な事実から、現地の福島県、さらに福島県漁業協同組合連合会、漁業関連業者は終始一貫して海洋放出に反対してきました。これに対して、政府は2015年8月25日、「漁業関係者へ丁寧な説明などして、関係者の理解なしにはいかなる処分も行ないません」と書面にて回答しました。然るに今回、この公的な書面による約束に反して「漁業関係者の理解もやや広がった」と根拠不明な説明をし、今回の海洋放出を行なったのです。政府と東電のこの背信行為は、今後も政府との約束をむやみに信用すべきではないことの典型例でしょう。

⑥東電と政府は海洋放出による「風評被害」につき、水産業業者らに数百億円の予算措置をとると言います。そもそも「風評被害」とは実害がないのに、風の様に広まる根拠のない噂を意味する言葉です。しかし、福島原発事故の場合は、実際に有害な放射性汚染水が全世界の公海に流されるので「実被害」であり、「風評被害」という言葉も詭弁です。

この点につき、過日の農水大臣が「汚染水」との表現での発言をなし、岸田総理が「汚染水」発言の撤回を求めました。これに対して農水大臣が撤回、陳謝しました。総理と農水大臣のこの対応経過は政治家主演の喜劇であり、国民にとっては悲劇でしょう。自民党首脳部がいかに国民をバカにしているかであり、岸田総理こそ国民を騙し、ウソを流布しており、必罰されるべきです。

⑦岸田総理は中国が今回の汚染水海洋放水に対して、日本の水産物の全面輸入禁止措置を取ったことに対して、WHOに提訴するとの見解を発表しました。さらに9月7日開催の「ASEAN首脳会議」、続いて9月9日のインドで開催の「G20サミット」でも「汚染水放出」の正当性を演説し、特に中国を批判する発言をしました。この岸田総理の中国批判、虚偽演説は、国際会議で主要な首脳に対して公言したもので、日本人として誠に恥ずかしく、非科学的な虚偽演説です。

⑧東電では汚染水の海洋放出につき、海水を大量に混ぜて放出するのでさらに安全であると述べています。この点は第一に、いかに大量の海水を混ぜても放射能汚染物質量は減少しません。海水で薄めるから安全になるとの発想も極めて低レベルの猿知恵です。第二にいくら汚染水を薄めても、海洋では太陽光で多くの真水が蒸発し、海に雨も降ることがあっても、約30年間以上は海中の放射能濃度が徐々に

濃くなっていくのです。この単純な事実を考えても東電・政府・原子力村の発想は誠に貧弱、無責任です。海洋放出は科学的知見が欠如していることは明らかです。

⑨そもそも、放射能物質など毒物の河川、公海への投棄は許されるものではありません。海洋投棄については、米国の太平洋上での原爆、水爆実験が多数回行なわれていますが、いずれも強国の身勝手な不法行為であり、国連にて至急禁止すべきです。この点に関し、2023年8月18日、米国ニューヨーク州では、原子力汚染水のハドソン川への放出を禁止する法律が成立しました。その理由は、汚染水にはトリチウムなどの放射性物質が含まれているからとの理由です。

⑩IAEAに対する批判

(i)IAEAは福島の海洋放出汚染水につき、IAEAの安全基準につき、①「正当性」は不適合、②「幅広い関係者との意見聴取」につき、不適合と判定しています。②については、そもそも「IAEAの包括報告書」の作成は、2021年4月に日本政府が海洋放出を決定し、その後に東電作成の「放射線影響評価報告書」(この作成には利害関係人の事情聴取、公聴会などは行なっていない)の提出、日本の原子力規制委員会が「審査プロセス」を点検した資料を元に作成されたものです。即ち東電、政府サイドの作成された資料のみを基にIAEAが作成した報告書ですから、ワンサイド見解の報告書なのです。従って、その内容は一面的見解であり、信用性はなく、よってIAEAの報告書もずさんな「報告書」となっているのです。IAEAも幅広い関係者の意見が足りないと自ら認めているのです。

今回の汚染水の海洋放出は、このようなずさんなIAEAの「報告書」を唯一の根拠として実施されているのです。

（ii）今回のＩＡＥＡ報告書については、ＩＡＥＡ自身の適格性に問題があります。ＩＡＥＡは「国際原子力機関」として国連の傘下機関であり、その設置目的は原子力利用の促進、原子炉及びその付属施設の安全性が本来の審査機関なのです。故に原発事故の際の環境保護や海洋汚染、被害者の人権保護などの業務は専門外なのです。従って、今回の「報告書」でも、放射能汚染水放出による海の生態系や魚類への長期的な放射能の影響などについては何ら触れていません。しかし、漁業関係者にとってはまさに汚染水放出による海洋環境、魚類などへの影響こそ重要であり、この点でも報告書は重要調査事項につき欠陥があるのです。このようなＩＡＥＡの不完全な報告書をもって、汚染水の海洋投棄が安全であるという根拠にすることとはできないのです。換言すれば、今回のＩＡＥＡ報告書は単に日本政府と東電の提出資料をそのまま追認した報告書であり、到底、科学的に正しい判断とは言えません。

（iii）ＩＡＥＡ報告書は、今回の海洋放出以前に山林、田畑、住宅地などに大量に放出・拡散された放射能汚染の概量、その累積的悪影響について何ら調査も評価が行なわれていません。地上での放射能被害、放射能汚染水の累積的被害を十分に考慮して、この度のアルプスの検証、アルプス内の汚染内容、除去能力をも考慮して、その海洋放出の影響を検査する必要があるのに、その検査もしていないのです。

（iv）汚染水の第二次ろ過処理の問題。前述の通り、東電は第一次除去を「アルプス」で行ない、さらに「アルプス」で第二次除去を行なうと述べています。その理由は、アルプスでの第一次処理後の処理水では放射能汚染の基準濃度が未だ上回っているので、第二次処理で基準濃度以下にする必要があるためです。しかし、第二次処理の実施回数は極めて少なく、さらにＩＡＥＡの調査は、第二次処理については全く行なっていないので、今後、長期間にわたり、第二次処理が適切に行なわれることについてＩＡＥＡは全く安全性を保証をしていないのです。

（ｖ）今回の東電の放射能汚染水の海洋放出は世界でも初めてのことです。その放出過程で不測の事態や事故が起きた場合につき、ＩＡＥＡ「報告書」はこの不測の事故の点についても何ら言及しておらず、報告書にも何ら記載がありません。右の通り、ＩＡＥＡの汚染水の検査には多々不備、欠陥、不公正があり、ＩＡＥＡの報告書は到底信用できず、それを唯一の根拠とする東電、政府の海洋放出は危険極まりない行為なのです。

結　論

（ｉ）これまでに述べた通り、今回の汚染水の海洋放出は政府、東電、ＩＡＥＡによる国際法違反の海洋放水であり、その被害者は海の魚類を食べて生活する全ての地球上の人類が重大な被害を長期間にわたり受けるので、東電はただちに海洋放出を中止すべきです。

（ii）原発事故の汚染水放出は人類全体の生命、生活の源である大海を汚し、公海として全世界を循環する海洋に有害であり、許されることではありません。

本来、原子力発電自体、使用済核廃棄物の処理方法問題が未解決状態であるので、原発稼働すること自体が許されないのです。従って、原発事故による核汚染物質が存在する現在、廃棄物処分は被害を最小限、最小地域に留める実現可能な代替案を早急に知恵を絞って案出すべきことが現在の緊急課題です。その努力もせずに東電、政府は安易な海洋投棄の方法を選択し、ＩＡＥＡはずさんにもそれにお墨付けをしたのであり、この海洋放出の犯罪は東電、政府、ＩＡＥＡ三者の犯罪と言いうるのです。

(iii) ＩＡＥＡでは、放射能物質を止むを得ず空気中に放出せざるを得ない時には、その放射線防護の「安全基準」を定めています。それは「放出による損害よりも、それを上回る経済的、社会的、環境的などの放出の正当性が必要である」との基準です。

この点、今回の汚染水の海洋放出につき、東電は「ほかに選択肢がない」、「廃炉作業・経済復興のために、早期に満杯の汚染水タンクの排除が必要」と繰り返すのみで、何ら「放出の正当性」につき考慮せず、ＩＡＥＡの安全基準に違反しています。この点はＩＡＥＡにおいても、日本政府から海洋放出を決定した後の依頼であったので、「放出の正当化性」については調査していないことを認めており、ＩＡＥＡの大きなミスです。

以上の通り、福島県の「汚染水」の海洋放出は地球全体、人類全体の健康を放射能で確実に汚染する極めて重大な犯罪行為、違反行為であり、ただちに中止すべきです。

参考文献

『戦後史の正体』　孫崎享　創元社
『日米合同委員会の研究』　吉田敏浩　創元社
『日米地位協定入門』　前泊博盛　緒創元社
『安保条約の成立』　豊下楢彦　岩波新書
『主権なき平和国家』　伊勢崎賢治、布施祐仁　集英社
『日本の支配者』　佐々木憲昭　新日本出版社
『内閣情報調査室』　今井良　幻冬舎新書
『原発にしがみつく人びとの群れ』　小松公生　新日本出版社
『資本主義の終焉と歴史の危機』　水野和夫　集英社新書
『日本の戦争　天皇と戦争責任』　山田朗　新日本出版社
『日本降伏』　纐纈厚　日本評論社
『13歳からの日本外交』　孫崎享　かもがわ出版
『福祉国家の射程　社会政策学会編』　ミネルバ書房
『日本の戦争　歴史認識と戦争責任』　山田朗　新日本出版
『日本会議　戦前回帰への情念』　山田雅弘　集英社新書
『森友事件の真相』　渡辺国男　日本機関紙センター
『日米戦争同盟』　吉田敏弘　河出書房新社
『奢る権力、煽るメディア』　斎藤貴男　新日本出版社

『新労働法講座　不当労働行為』日本労働法学会編集
『電通の正体』週刊金曜日取材班　金曜日
『昭和史』遠山茂樹、今井清一、藤原彰　岩波新書
『安保改定60年』しんぶん赤旗政治部　安保・外交班
『従属的同盟からの脱却を目指して』安保破棄中央実行委員会
『脱　大日本主義』鳩山由紀夫　平凡新書
『日本近現代史を生きる』大日方純夫　学習の友社
『非戦の国防論』会田寅彦著　あけび書房
『労働辞典』大河内一男、吾妻光俊　青林書院新社
『安保法制違憲訴訟』寺井一弘、伊藤真　日本評論
『歴史の真実と向き合おう（歴史修正主義への反論）』井口和起ほか、文理閣
『太平洋戦争への道１９３１〜１９４１』半藤利一、加藤陽子、保坂正康　ＮＨＫ出版新書
『日米安保と砂川判決の黒い霧』吉田敏浩　彩流社
『日本近現代史①巻〜⑩巻』岩波新書
『福祉国家スウェーデンの労使関係』猿田正機　ミネルヴァ書房
『長期腐敗体制』白井聡　角川新書
『国体論』白井聡　集英社新書
『昭和史』遠山茂樹、他　岩波新書

川島 仟太郎（かわしま せんたろう）

1939 年 6 月に生まれる
1963 年 3 月、慶応義塾大学経済学部卒業
1965 年 3 月、中央大学法学部法律学科卒業
1967 年 10 月、司法試験合格
1970 年 4 月、弁護士登録（第二東京弁護士会所属）
法務省関係 —— 人権擁護委員
弁護士会関係 —— 紛議調停委員会副委員長
豊島区関係 —— 法律相談員、豊島区法曹界幹事、結核審査会委員
池袋警察署 —— 犯罪被害者救済委員会委員
2020 年 9 月　弁護士業務五十年表彰

『安保条約を解消し、豊かな福祉国家へ』

2023 年 11 月 20 日　第 1 刷発行 ©

著者　川島 仟太郎

発行　東銀座出版社
〒 171-0014　東京都豊島区池袋 3-51-5-B101
TEL：03-6256-8918　FAX：03-6256-8919
https://www.higasiginza.jp

印刷　モリモト印刷株式会社